2025

DANIELA COPETTI CRAVO

VENDA CASADA NO MERCADO DIGITAL

Dados Internacionais de Catalogação na Publicação (CIP) de acordo com ISBD

C898v   Cravo, Daniela Copetti
        Venda casada no mercado digital / Daniela Copetti Cravo. - Indaiatuba, SP : Editora Foco, 2025.

        192 p. ; 16cm x 23cm.

        Inclui bibliografia e índice.
        ISBN: 978-65-6120-204-6

        1. Direito. 2. Direito digital. 3. Mercado digital. 4. Venda casada. I. Título.

2024-4049   CDD 340.0285   CDU 34:004

Elaborado por Odilio Hilario Moreira Junior - CRB-8/9949

Índices para Catálogo Sistemático:

1. Direito digital 340.0285
2. Direito digital 34:004

DANIELA
COPETTI
CRAVO

VENDA CASADA NO MERCADO DIGITAL

2025 © Editora Foco
Autora: Daniela Copetti Cravo
Diretor Acadêmico: Leonardo Pereira
Editor: Roberta Densa
Coordenadora Editorial: Paula Morishita
Revisora Sênior: Georgia Renata Dias
Capa Criação: Leonardo Hermano
Diagramação: Ladislau Lima e Aparecida Lima
Impressão miolo e capa: FORMA CERTA

DIREITOS AUTORAIS: É proibida a reprodução parcial ou total desta publicação, por qualquer forma ou meio, sem a prévia autorização da Editora FOCO, com exceção do teor das questões de concursos públicos que, por serem atos oficiais, não são protegidas como Direitos Autorais, na forma do Artigo 8º, IV, da Lei 9.610/1998. Referida vedação se estende às características gráficas da obra e sua editoração. A punição para a violação dos Direitos Autorais é crime previsto no Artigo 184 do Código Penal e as sanções civis às violações dos Direitos Autorais estão previstas nos Artigos 101 a 110 da Lei 9.610/1998. Os comentários das questões são de responsabilidade dos autores.

NOTAS DA EDITORA:

Atualizações e erratas: A presente obra é vendida como está, atualizada até a data do seu fechamento, informação que consta na página II do livro. Havendo a publicação de legislação de suma relevância, a editora, de forma discricionária, se empenhará em disponibilizar atualização futura.

Erratas: A Editora se compromete a disponibilizar no site www.editorafoco.com.br, na seção Atualizações, eventuais erratas por razões de erros técnicos ou de conteúdo. Solicitamos, outrossim, que o leitor faça a gentileza de colaborar com a perfeição da obra, comunicando eventual erro encontrado por meio de mensagem para contato@editorafoco.com.br. O acesso será disponibilizado durante a vigência da edição da obra.

Impresso no Brasil (11.2024) – Data de Fechamento (11.2024)

2025
Todos os direitos reservados à
Editora Foco Jurídico Ltda.
Rua Antonio Brunetti, 593 – Jd. Morada do Sol
CEP 13348-533 – Indaiatuba – SP

E-mail: contato@editorafoco.com.br
www.editorafoco.com.br

PREFÁCIO

É com grande satisfação que apresento aos leitores esta obra notável, "Venda Casada no Mercado Digital", de Daniela Copetti Cravo. Reconhecida por sua sólida formação acadêmica e pela brilhante trajetória profissional, a autora nos brinda com um trabalho de fôlego que é, ao mesmo tempo, profundo em suas reflexões teóricas e de grande utilidade prática para os operadores do Direito e para todos os que ocupam dos mercados digitais.

No livro, analisa-se como o *tying* (venda casada) e o *bundling* (empacotamento) são aplicados em mercados digitais, como, por exemplo, a inclusão de navegadores *web* em sistemas operacionais. Nos mercados digitais, a capacidade de integração e interoperabilidade de produtos tecnológicos torna as práticas de venda casada mais dinâmicas e menos evidentes. As autoridades de proteção do consumidor e de defesa da concorrência enfrentam desafios para adaptar regras tradicionais a essas novas realidades.

Discute-se com muita propriedade o *Digital Markets Act* (DMA), legislação editada pela União Europeia para combater as práticas de *gatekeepers* (controladores de plataformas digitais) que se valem da venda casada para limitar a competição e prejudicar consumidores. Analisa-se também, no que diz respeito ao Brasil, o Projeto de Lei 2.768/2022, no qual, sob a inspiração do DMA, busca-se regular o mercado digital, a partir de regras para evitar que grandes plataformas digitais abusem de sua posição de mercado.

O livro também aborda casos práticos, bem como o impacto da integração de serviços digitais nas escolhas dos consumidores, trazendo ricos exemplos da complexidade da era digital e deixando claro que, para garantir a livre concorrência e a proteção do consumidor, é necessário promover maior harmonização entre as esferas e as autoridades do Direito da Concorrência e do Direito do Consumidor.

Além disso, o conceito de servitização, ou a integração de produtos e serviços em pacotes completos, também é debatido. Tudo a evidenciar a necessidade de revisões legislativas para lidar com os novos desafios trazidos pela economia digital.

É, portanto, uma honra e um privilégio apresentar ao público esta obra original e muito bem fundamentada em ampla bibliografia, que certamente se tornará uma referência para todos os que se interessam pelo Direito da Concorrência, pelo Direito do Consumidor e pela regulação dos mercados digitais.

Brasília, 9 de setembro de 2024

Ricardo Villas Bôas Cueva
Ministro do Superior Tribunal de Justiça.

SUMÁRIO

PREFÁCIO V

INTRODUÇÃO IX

1. RELAÇÃO ENTRE DEFESA DA CONCORRÊNCIA E DEFESA DO CONSUMIDOR 1

    1.1 Desenho normativo e institucional 1

    1.2 Objetivo comum 17

2. HARMONIZAÇÃO E COORDENAÇÃO ENTRE A DEFESA DA CONCORRÊNCIA E A DEFESA DO CONSUMIDOR 37

    2.1 O que coordenar e harmonizar 37

    2.2 Como coordenar e harmonizar 51

3. CONDUTAS ABUSIVAS 67

    3.1 Proteção direta aos consumidores 67

    3.2 Abuso de posição dominante 80

4. VENDA CASADA 93

    4.1 Aspectos gerais da venda casada 93

    4.2 Dúplice capitulação da venda casada 106

5. MERCADO DIGITAL 119

    5.1 A revolução pós-industrial e a sociedade da informação 119

    5.2 Economia digital, dados e desafios regulatórios 132

6. VENDA CASADA NO MERCADO DIGITAL 145

   6.1 Aspectos gerais 145

   6.2 Vendas casadas no regulamento dos mercados digitais 2022/1925 (*Digital Markets Act* – DMA) 152

CONSIDERAÇÕES FINAIS.. 161

REFERÊNCIAS.. 163

INTRODUÇÃO

A venda casada ocorre quando um fornecedor condiciona a compra de um produto à aquisição de outro distinto, ou quando a venda de um serviço é vinculada à utilização de outro. Esse comportamento, quando desprovido de razoabilidade[1], não apenas prejudica a escolha do consumidor e explora suas deficiências informacionais, mas também pode levar ao pagamento de preços superiores ao valor justo e restringir a concorrência. Reconhecida como infração à ordem econômica pela Lei de Defesa da Concorrência, a venda casada também é classificada como prática abusiva pelo Código de Defesa do Consumidor (CDC), refletindo sua dupla capitulação.

O fenômeno da venda casada é diversificado e se divide em duas espécies principais. A primeira espécie é o *"tying"*, que ocorre quando um fornecedor condiciona a venda de um produto (chamado de *tying product*) à compra de outro produto distinto (o *tied product*), que pode ser do próprio fornecedor ou de um terceiro designado por ele. Apenas o *tied product* pode ser adquirido separadamente[2].

Quando essa exigência é imposta de imediato, no momento da tentativa de compra do produto desejado, a situação é chamada de *ties-in*. Por outro lado, quando a exigência é feita em um momento posterior, geralmente através de serviços complementares, a venda casada é denominada *ties-out*[3].

A segunda espécie de venda casada é o *bundling*, que consiste na venda de um pacote contendo dois ou mais produtos, com a restrição de que os componentes

---

1. A venda casada só se caracteriza quando a venda conjunta não é razoável. Caso contrário, até mesmo a venda de uma caixa de ovos poderia ser considerada venda casada. Um exemplo esclarecedor é a venda de pares de calçados, que ocorre porque é contraproducente vender os sapatos separadamente, dada a necessidade de que ambos sejam idênticos. Produtos que normalmente são vendidos juntos, como pacotes de iogurtes ou conjuntos de panelas, também não configuram venda casada. Ver: PFEIFFER, Roberto Augusto Castelhanos. Proteção do Consumidor e Defesa da Concorrência: Paralelo entre Práticas Abusivas e Infrações contra a Ordem Econômica. *Revista de Direito do Consumidor*. ano 19, n. 76, out./dez. 2010, p. 131-151; RAYMOND, Guy. *Incidences de La Loi MURCEF sur le Marketing des Établissements de Crédit*. Limoges: Pulim, 2004.
2. UNIÃO EUROPEIA. *DG Competition Discussion Paper on the Application of Article 82 of the Treaty to Exclusionary Abuses*. Disponível em: http://ec.europa.eu/competition/antitrust/art82/discpaper2005.pdf. Acesso em: 24 jan. 2018.
3. ESTADOS UNIDOS DA AMÉRICA. *Competition and Monopoly*: Single Firm Conduct Under Section 2 of the Sherman Act. Disponível em: http://www.justice.gov/atr/public/reports/236681.htm. Acesso em: 24 jan. 2018.

do pacote não podem ser adquiridos separadamente[4]. Essa prática pode, às vezes, ocorrer de forma mais sutil, como no mercado tecnológico, onde há a integração de produtos que originalmente seriam vendidos separadamente.

A realização da venda casada pode ser motivada pelos seguintes efeitos: (i) ganho de participação de mercado no mercado do produto vinculado, por meio de alavancagem; (ii) fechamento ou aumento de barreiras no mercado do produto vinculado, prejudicando a entrada de novos concorrentes; (iii) discriminação de preços; (iv) exploração dos consumidores ou compradores; e (v) evasão da fiscalização de preços em mercados regulados[5].

Com a ascensão dos mercados digitais, a venda casada ganhou novas dimensões e complexidades. A integração de aplicativos de software em sistemas operacionais exemplifica como o *tying* digital pode ocorrer, muitas vezes limitando a concorrência e a escolha do consumidor. A digitalização também trouxe à tona o conceito de servitização[6], que integra produtos e serviços, oferecendo soluções completas, mas também apresentando desafios para a concorrência e a proteção dos direitos dos consumidores.

Neste contexto, o Digital Markets Act (DMA) da União Europeia surge como uma resposta proativa para enfrentar as práticas de venda casada e *bundling*, estabelecendo regras rigorosas para *gatekeepers*, ou controladores de plataformas digitais, visando promover uma concorrência justa e proteger os consumidores. O Projeto de Lei 2768/2022, atualmente em tramitação no Congresso Nacional brasileiro, segue uma linha similar, buscando regular o mercado digital no Brasil com base em princípios inspirados pelo DMA.

Este livro explora a evolução das práticas de venda casada e suas implicações no mercado digital, analisando como essas práticas têm sido abordadas em diferentes jurisdições e a eficácia das regulamentações atuais. Através de uma análise detalhada, pretende-se oferecer uma compreensão aprofundada dos desafios e das soluções emergentes para garantir uma competição justa e proteger os direitos dos consumidores na era digital.

---

4. ESTADOS UNIDOS DA AMÉRICA. *Competition and Monopoly*: Single Firm Conduct Under Section 2 of the Sherman Act. Disponível em: http://www.justice.gov/atr/public/reports/236681.htm. Acesso em: 12 abr. 2012.
5. SULLIVAN, Lawrence A.; GRIMES, Warren S. *The Law of Antitrust*: An Integrated Handbook. St. Paul: West Group, 2000.
6. HOJNIK, Janja. *Regulatory aspects of servitisation: study materials for global course*. E-knjiga. Maribor: Univerza v Mariboru, Univerzitetna založba, 2024.

1
RELAÇÃO ENTRE DEFESA DA CONCORRÊNCIA E DEFESA DO CONSUMIDOR

1.1 DESENHO NORMATIVO E INSTITUCIONAL

A instituição jurídica de uma Ordem Econômica veio a ocorrer, no plano mundial, com as Constituições Sociais[1], das quais a Constituição Mexicana de 1917[2] foi a pioneira e a Constituição Alemã de Weimar de 1919[3], o modelo responsável pela disseminação de Constituições que contemplam a questão econômica em seu corpo. No Brasil, a primeira Constituição que adotou tal padrão foi a de 1934[4].

Uma vez instituída em nível constitucional, a disciplina econômica permaneceu em todos os diplomas posteriores[5], inclusive na atual Constituição de 1988[6] (CF). No entanto, a disciplina econômica na atual Carta aparece com uma

---

1. No século XVIII, a dimensão jurídica da economia era estranha à ideia de Constituição, já que a grande preocupação estampada pelo liberalismo era restringir os fins estatais, garantindo as liberdades individuais. Manoel Gonçalves Ferreira Filho explica: "Tal omissão, ademais, se ajusta perfeitamente ao pensamento econômico liberal, segundo o qual a regra de ouro seria o *laissez faire, laissez passer*, devendo o Estado abster-se de ingerência na órbita econômica. Melhor do que ele, a 'mão invisível' de que fala Adam Smith regularia a economia". FERREIRA FILHO, Manoel Gonçalves. *Curso de Direito Constitucional*. 31. ed. São Paulo: Saraiva, 2005. p. 348. Sobre o Estado Liberal e o Social, interessante é a colocação de Alberto Venâncio Filho de que aquele operou uma dissociação bem nítida entre a atividade econômica e a atividade política, já este, principalmente tendo como referência a formulação econômica de John Maynard Keynes, recriou a concepção de que a economia e a política estão indissoluvelmente ligadas. VENÂNCIO FILHO, Alberto. *A Intervenção do Estado no Domínio Econômico*: O Direito Público Econômico no Brasil. Rio de Janeiro: FGV, 1968.
2. MÉXICO. Constituição da República do México de 1917. *Diário Oficial de la Federación*: 5 de fevereiro de 1917.
3. ALEMANHA. Constituição do Império Alemão de 1919. *Amtsblatt*: 11 ago. 1919.
4. BRASIL. Constituição de 1934. *Diário Oficial*: 16 jul. 1934.
5. Sobre a Constituição Econômica, ver: GURGEL, José Marcelo Monteiro. O Desenvolvimento da Constituição Econômica no Brasil e o Impacto das Reformas Constitucionais no Modelo Econômico. *Caderno de Pós-Graduação em Direito Público*. São Paulo: v. 4, n. 1, p. 33-44, 2004.
6. BRASIL. Constituição Federal de 1988. *Diário Oficial da União*: 5 out. 1988.

nova orientação, que deixa de ter, segundo Washington Peluso Albino de Souza[7], a essência "nacionalista e intervencionista das Cartas que a antecederam".

O Estado assume, a partir dessa orientação, nova fase, qual seja, a de agente normativo e regulador. Augusto Jaeger Junior[8] elucida que, nesse diapasão, o Estado deixa cada vez mais de ser agente econômico e passa a garantir à iniciativa privada o acesso a setores até então reservados a ele. Assim, com base no entendimento de Eros Roberto Grau[9], o papel estatal passa a ser verificado na implementação de políticas públicas, que possibilitem estabilidade e segurança ao mercado.

A consagração da livre iniciativa e, por conseguinte, do sistema capitalista, não é, todavia, absoluta, sendo balizada pelos preceitos e princípios estabelecidos na Constituição[10], que, além de limitar o exercício da atividade econômica, impõem ao Estado uma atuação normativa e reguladora, constituindo a assim chamada por Claudia Lima Marques[11] "ordem pública econômica"[12]. É neste rol que se encontram a livre concorrência[13] e a defesa do consumidor, as quais são elevadas, pela primeira vez em 1988, como princípios da Ordem Econômica[14].

A Carta de 1988[15], no que toca à livre concorrência veio, ainda, a repetir a disposição já prevista desde a Constituição de 1946[16], a qual busca reprimir qualquer forma de abuso de poder econômico. Essa preocupação com o abuso de poder econômico e a consagração da livre concorrência como um princípio da ordem econômica encontraram respaldo no Direito Antitruste Norte-Ame-

---

7. SOUZA, Washington Peluso Albino de. *Primeiras Linhas de Direito Econômico*. 4. ed. São Paulo: LTR, 1999, p. 230.
8. JAEGER JR., Augusto. *Direito Internacional da Concorrência*. Curitiba: Juruá, 2008.
9. GRAU, Eros Roberto. *A Ordem Econômica na Constituição de 1988*. 11. ed. São Paulo: Malheiros, 2006.
10. BRASIL. Constituição Federal de 1988. *Diário Oficial da União*, 5 out. 1988.
11. MARQUES, Claudia Lima. *Contratos no Código de Defesa do Consumidor: O Novo Regime das Relações Contratuais*. 5. ed. São Paulo: RT, 2005, p. 597.
12. Bruno Miragem complementa introduzindo que, como parte da ordem constitucional positiva, o Direito do Consumidor, por expressa determinação da CF, não pode ser afastado ou desconsiderado na atividade de regulação econômica. MARQUES, Claudia Lima; BENJAMIN, Antonio Herman; MIRAGEM, Bruno. *Comentários ao código de defesa do consumidor*. São Paulo: RT, 2006, p. 1149.
13. Para Isabel Vaz, livre concorrência é "ação desenvolvida por um grande número de competidores, atuando livremente no mercado de um mesmo produto, de maneira que a oferta e a procura provenham de compradores ou de vendedores cuja igualdade de condições os impeça de influir, de modo permanente e duradouro, nos preços dos bens ou serviços". VAZ, Isabel. *Direito Econômico da Concorrência*. Rio de Janeiro: Forense, 1993, p. 27.
14. Nesse sentido, expõe Claudia Lima Marques: "a Constituição Federal de 1988, pela primeira vez na história dos textos constitucionais brasileiros, dispõe expressamente sobre a proteção dos consumidores, identificando-os como grupo a ser especialmente tutelado através da ação do Estado". MARQUES, Claudia Lima. *Contratos no Código de Defesa do Consumidor: O Novo Regime das Relações Contratuais*. 5. ed. São Paulo: RT, 2005, p. 595.
15. BRASIL. Constituição Federal de 1988. *Diário Oficial da União*: 5 out. 1988.
16. BRASIL. Constituição de 1946. *Diário Oficial*: 19 set. 1946.

ricano[17], de origem bem mais antiga que as próprias constituições econômicas. Essa matriz histórica[18], que inspirou inúmeras normas no mundo todo, teve como marco inicial o *Sherman Act*[19] de 1890[20], que ficou caracterizado como um texto severo e de grande abrangência.

Com a repressão dos *trusts*, que constituíam a maior preocupação na época da edição do *Sherman Act*, a defesa da concorrência nos Estados Unidos da América passou a apresentar novos desafios: a utilização de operações societárias para controlar os preços e a produção. Assim, surgiu o *Clayton Act* em 1914[21], a fim de proteger os consumidores norte-americanos por meio do controle de fusões e aquisições (*mergers and acquisitions*)[22].

Voltando ao contexto brasileiro, a regulamentação do abuso de poder econômico, expresso em nossas Constituições desde a de 1946[23], foi o que deu ensejo à edição da Lei 4.137/62[24], a qual, segundo Augusto Jaeger Junior[25] pode ser considerada como a primeira – verdadeiramente – Lei Antitruste brasileira.

Como complemento à Lei 4.137/62[26], já sob a égide na nova Constituição, surgiu a Lei 8.158 de 1991[27], a qual, apesar de representar, num primeiro momento, a implementação da política antitruste de uma maneira técnica e eficiente, acabou, na prática, sendo desvirtuada. Paula Forgioni[28] explica que a mesma

---

17. Sobre a evolução do Direito Antitruste Norte-americano e suas origens ideológicas, citamos: PAGE, William. The Ideological Origins and Evolution of U.S Antitruste Law. *ABA Section of Antitrust Law*, v. 1, n. 1, p. 1-17, 2008.
18. Devemos ressaltar, no entanto, que, segundo Paula Forgioni, as normas de concorrência surgiram antes mesmo da existência do livre mercado, podendo ser encontradas em períodos como antiguidade grega e romana e idade média. FORGIONI, Paula Andréa. *Os Fundamentos do Antitruste*. 3. ed. São Paulo: RT, 2008.
19. ESTADOS UNIDOS DA AMÉRICA. Sherman Anti-Trust Act. *National Archives*: 2 jul. 1890.
20. Há de se ressaltar, no entanto, que o *Sherman Act* não pode ser considerado uma novidade. Esse vem apenas compilar o objetivo já exposto em teorias que buscavam reprimir práticas prejudiciais ao comércio, segundo Giorgio Bernini. BERNINI, Giorgio. *Um Secolo di Filosofia Antitrust*. Bologna: Editrice, 1991, p. 93.
21. ESTADOS UNIDOS DA AMÉRICA. Clayton Act. *National Archives*: 15 out. 1914.
22. Federal Trade Commission. *FTC Fact Sheet: Antitrust Laws: A Brief History*. Disponível em: http://www.ftc.gov/bcp/edu/microsites/youarehere/pages/pdf/FTC-Competition_Antitrust-Laws.pdf. Acesso em: 28 fev. 2013.
23. BRASIL. Constituição de 1946. *Diário Oficial*: 19 set. 1946.
24. Note-se que a Lei 4.137/62 é considerada pela doutrina especializada como a primeira Lei Antitruste Brasileira, apesar da mesma ter sido antecedida pelo Dec.-Lei 7.666 de 1945, conhecido como Lei Malaia, que dispôs sobre os atos contrários à ordem moral e econômica, além de reprimir os *trusts*, cartéis e demais práticas anticompetitivas que tivessem como efeito o domínio do mercado nacional. BRASIL. Lei 4.137, de 10 set. 1962. *Diário Oficial*: 12 de novembro de 1962.
25. JAEGER JR., Augusto. *Direito Internacional da Concorrência*. Curitiba: Juruá, 2008.
26. BRASIL. Lei 4.137, de 10 set. 1962. *Diário Oficial*: 12 nov. 1962.
27. BRASIL. Lei 8.158, de 8 jan. 1991. *Diário Oficial da União*: 9 jan. 1991.
28. FORGIONI, Paula Andréa. *Os Fundamentos do Antitruste*. 3. ed. São Paulo: RT, 2008.

foi "abafada" e utilizada como instrumento de ameaça e retaliação, por parte do governo federal, a determinados setores da economia.

A fim de aperfeiçoar e sistematizar, pois, a matéria antitruste, foi editada a Lei 8.884/94[29], responsável pela consolidação e visibilidade dos órgãos de defesa da concorrência. Em que pese os reconhecidos avanços trazidos pela Lei 8.884/94[30], mudanças ao sistema se fizeram necessárias, tanto para enfrentar novos desafios, quanto para preservar os avanços já conquistados, o que acabou desembocando em uma nova Lei Antitruste, a Lei 12.529/11[31], que entrou em vigor em 29 de maio de 2012[32].

Assim, lançando mão dessa estrutura institucional idealizada pela nova Lei[33], a tutela da livre concorrência, ao concretizar um dos princípios da ordem econômica constitucional, visa a garantir a alocação eficiente de recursos na economia, de maneira a impedir a transferência indevida de renda entre fornecedor e consumidor e a exclusão do mercado de consumo de parcela da população.

A regulamentação infraconstitucional da defesa do consumidor, no entanto, é mais recente que a da concorrência e teve como impulso a Constituição de 1988[34]. Leciona Claudia Lima Marques[35] que a Constituição, além de estabelecer como princípio de direito fundamental e da ordem econômica a proteção do consumidor, veio a indicar a elaboração de um código de defesa do consumidor, "demonstrando a sua vontade (e a necessidade) de renovar o sistema"[36].

Como bem observado na posse da Comissão de Atualização do Código do Consumidor, o CDC veio a coroar a tendência de novos direitos e responsabilida-

---

29. BRASIL. Lei 8.884, de 11 jun. 1994. *Diário Oficial da União*: 13 jun. 1994.
30. BRASIL. Lei 8.884, de 11 jun. 1994. *Diário Oficial da União*: 13 jun. 1994.
31. BRASIL. Lei 12.529, de 30 nov. 2010. *Diário Oficial da União*: 30 nov. 2011.
32. As modificações trazidas pela nova Lei Antitruste vieram a atender as exigências demandadas por uma eficiente e moderna tutela da concorrência, a qual era inviabilizada pelo sistema anterior. É notório o esforço que o Brasil, especialmente após a edição da Lei 8.884/94, vem desempenhando na tutela da concorrência, através do SBDC (Sistema Brasileiro de Defesa da Concorrência), mas, em que pese o reconhecimento internacional e a consolidação do CADE como instituição, reformas ao sistema tornaram-se necessárias, há pelo menos uma década, tanto para enfrentar novos desafios, quanto para preservar os avanços já conquistados. O fato gerador dessa reforma, sem dúvida, recai no desenho do SBDC, que era tido por muitos como ineficiente. Diante da impossibilidade de otimizar o mesmo através de meios infralegais, tornou-se imperiosa a criação da nova Lei, que entrou em vigor no dia 29 de maio de 2012.
33. BRASIL. Lei 12.529, de 30 nov. 2010. *Diário Oficial da União*: 30 nov. 2011.
34. BRASIL. Constituição Federal de 1988. *Diário Oficial da União*: 5 out. 1988.
35. MARQUES, Claudia Lima. *Contratos no Código de Defesa do Consumidor*: O Novo Regime das Relações Contratuais. 5. ed. São Paulo: RT, 2005, p. 599.
36. A elaboração de um Código de Defesa do Consumidor veio prevista nas Disposições Constitucionais Transitórias (ADCT) da Constituição Federal de 1988: "Art. 48. O Congresso Nacional, dentro de cento e vinte dias da promulgação da Constituição, elaborará código de defesa do consumidor". BRASIL. Constituição Federal de 1988. *Diário Oficial da União*, 5 out. 1988.

des centrados na relação de consumo, bem marcada pela evocação do Presidente Kenedy, em 1962, de que todos somos consumidores[37].

Isso não significa dizer, por outro lado, que o consumidor brasileiro, antes da CF de 1988[38] e do CDC, não recebia qualquer tipo de proteção. Desde a década de 30 podemos observar no Brasil a edição de diversas leis que, ao regular sobre saúde, sistema financeiro, economia popular, acabavam protegendo indiretamente o consumidor. Dentre essas citamos: Decreto Federal 22.626/33 (Lei da Usura), Lei 1221/51(Lei de Economia Popular) e Lei Delegada 4/62 (Lei sobre a livre distribuição de produtos necessários ao consumo do povo).

Pode-se observar que a proteção, em que pese não fosse a mais eficiente, era implementada, em especial, pelas normas de Direito Comercial e Econômico, conforme sustenta Fábio Konder Comparato[39]. No mesmo sentido, aborda Antonio Herman Benjamin[40]:

> é equivocado imaginar-se que a proteção do consumidor nasceu do 'nada'. Em realidade, o movimento consumerista encontra parte de sua origem na luta mais antiga contra os monopólios, oligopólios e as práticas de dominação de mercado. É aí, na fase que precede o consumo (o plano concorrencial), que vamos localizar uma primeira preocupação com a posição de vulnerabilidade do consumidor.

Nessa trilha, com apoio em Arthur Badin[41], conclui-se que "a proteção do consumidor, no Direito brasileiro, é hoje objeto de dois microssistemas jurídicos distintos": de um lado, a Lei Antitruste e, do outro, o CDC[42]. Claudia Lima Marques[43] respalda o entendimento: "a proteção do consumidor (...) representa, politicamente, um comprometimento com a lealdade do mercado, assegurada em visão macro pelo direito da concorrência e em visão micro,

---

37. SARNEY, José. *Discurso Presidente Sarney por ocasião da posse da Comissão de Atualização do Código de Defesa do Consumidor*. Disponível em: http://www.senado.gov.br/senado/codconsumidor/palavra_presidente.asp. Acesso em: 5 jun. 2013.
38. BRASIL. Constituição Federal de 1988. *Diário Oficial da União*: 5 out. 1988.
39. COMPARATO, Fábio Konder. A Proteção do Consumidor. Importante Capítulo de Direito Econômico. In: MARQUES, Claudia Lima; MIRAGEM, Bruno (Org.). *Direito do Consumidor: Doutrinas Essenciais*. São Paulo: RT, v. I, cap. 7, p. 167-186, 2011.
40. BENJAMIN, Antonio Herman de Vasconcellos. Proteção do Consumidor e Patentes: O Caso dos Medicamentos. *Revista de Direito do Consumidor*, São Paulo: RT, v. 10, p. 22, abr./jun. 1994.
41. BADIN, Arthur. Venda Casada: Interface entre a Defesa da Concorrência e do Consumidor. *Revista de Direito da Concorrência*, Brasília: Iob; CADE, n. 5, p. 49-86, jan./mar. 2005.
42. BRASIL. Código de Defesa do Consumidor: Lei 8.078, de 11 de setembro de 1990. *Diário Oficial da União*: 12 set. 1990.
43. MARQUES, Claudia Lima. *A Insuficiente Proteção do Consumidor nas Normas de Direito Internacional Privado* – Da Necessidade de uma Convenção Interamericana (CIDIP) sobre Lei Aplicável a Alguns Contratos e Relações de Consumo. Disponível em: http://www.oas.org/dil/esp/CIDIPVII_home_temas_cidipvii_proteccionalconsumidor_leyaplicable_apoyo_propuestabrasil_port.pdf – Cláudia LIMA MARQUES 2001. Acesso em: 14 abr. 2012.

(...), pelo direito do consumidor", assim como Bruno Miragem[44]: "a proteção da livre concorrência resulta, ainda que de modo indireto, na proteção dos direitos do consumidor".

Cristiano Heineck Schmitt[45], em complementação, enfatiza que a proteção do interesse do consumidor a partir da garantia à livre concorrência entre os fornecedores, respalda a realidade jurídica que é instaurada pelo chamado Direito Social. Essa se consubstancia em um ambiente estruturado por critérios de justiça social, mas, ao mesmo tempo, fundado na livre iniciativa.

Esse foi o modelo implementado no Brasil, ou seja, preferiu-se que a tutela do consumidor e a da concorrência fossem desenvolvidas de maneira apartada. Cada âmbito terá um *watchdog* diferente, apesar dos agentes econômicos serem os mesmos.

No entanto, a questão de uma agência única não passou despercebida, distante de eventuais propostas legislativas. Para demonstrar essa evolução de desenho institucional que acabou resultando no Conselho Administrativo de Defesa Econômica (CADE) e na SENACON (Secretaria Nacional do Consumidor), aquele como uma autarquia independente e a esta como um órgão subordinado ao Ministério da Justiça, necessário se faz analisar a evolução e criação dos órgãos integrantes do Sistema Brasileiro de Defesa da Concorrência (SBDC) e do Sistema Nacional de Defesa do Consumidor (SNDC).

O CADE foi criado pela Lei 4.137/62[46], que determinou que esse seria diretamente vinculado à Presidência do Conselho de Ministros, com a incumbência de apurar e reprimir os abusos do poder econômico, nos termos da Lei. Já com relação ao SNDC, com a edição da primeira norma de proteção direta ao consumidor – o CDC[47] –, foi atribuída à Secretaria Nacional de Direito Econômico (SNDE) do Ministério da Justiça, criada pelo Decreto 99.244[48] de 10 de maio de 1990, a coordenação, através do Departamento Nacional de Defesa do Consumidor, da política do SNDC[49].

---

44. MIRAGEM, Bruno. *Curso de Direito do Consumidor*. 3. ed. São Paulo: RT, 2012, p. 69.
45. SCHMITT, Cristiano Heineck. A Proteção do Interesse do Consumidor por Meio da Garantia à Liberdade de Concorrência. *Revista dos Tribunais*: Doutrina Civil. São Paulo: RT, p. 11, ano 98, fev. 2009.
46. BRASIL. Lei 4.137, de 10 set. 1962. *Diário Oficial:* 12 nov. 1962.
47. BRASIL. Código de Defesa do Consumidor: Lei 8.078, de 11 set. 1990. *Diário Oficial da União*: 12 set. 1990.
48. BRASIL. Decreto 99.244, de 10 de maio de 1990. *Diário Oficial*: 11 maio 1990.
49. AMARO, Zoraide. Estrutura Orgânica do Mercosul: Direito de Concorrência no Processo de Integração. *Revista Jurídica da Presidência da República*, Brasília, v. 9, n. 85, p. 34, jun./jul. 2007.

Com a edição da Lei 8.158 de 1991[50], que veio a complementar a Lei 4.137/62[51], a SNDE passou a receber mais uma atribuição, além daquela conferida pelo CDC[52]. Essa nova atribuição, no entanto, tinha natureza concorrencial.

Caberia à SNDE, assim, através do seu Departamento de Proteção e Defesa Econômica (DPDE):

> (...) apurar e propor as medidas cabíveis com o propósito de corrigir as anomalias de comportamento de setores econômicos, empresas ou estabelecimentos, bem como de seus administradores e controladores, capazes de perturbar ou afetar, direta ou indiretamente, os mecanismos de formação de preços, a livre concorrência, a liberdade de iniciativa ou os princípios constitucionais da ordem econômica[53].

Um dos momentos mais marcantes para o desenvolvimento institucional da Defesa da Concorrência ocorreu, no entanto, em 1994, com a Lei 8.884[54], que, segundo Paula Forgioni[55], veio a sistematizar e aperfeiçoar a matéria antitruste. Instituiu-se, com a referida lei, o SBDC, composto pelo CADE – que se transformou em autarquia –, Secretaria de Direito Econômico (SDE) e Secretaria de Acompanhamento Econômico (SEAE), que muito contribuíram para aumentar a difusão da concorrência do país.

Percebe-se que nessa oportunidade a antiga Secretaria Nacional de Direito Econômico (SNDE) passou a ser denominada de Secretaria de Direito Econômico (SDE). A sua dúplice participação no SNDC e no SBDC era respalda pelo Decreto 6.061 de 2007[56-57], que aprovava a organização da secretaria em dois departamentos: o de proteção e defesa econômica e o de proteção e defesa do consumidor.

O interessante de ser analisado nesse modelo apresentado é que os dois sistemas (SNDC e SBDC), apesar de autônomos, possuíam um órgão comum, representado pela Secretaria de Direito Econômico (SDE). A grande questão que se coloca é saber se, na prática, essa intersecção era apenas formal e visava, em última análise, à redução do gasto público através de uma economia de escopo, ou se objetivava uma convivência frutífera entre as duas políticas.

---

50. BRASIL. Lei 8.158, de 8 jan. 1991. *Diário Oficial da União*: 9 jan. 1991.
51. BRASIL. Lei 4.137, de 10 set. 1962. *Diário Oficial*: 12 nov. 1962.
52. BRASIL. Código de Defesa do Consumidor: Lei 8.078, de 11 set. 1990. *Diário Oficial da União*: 12 set. 1990.
53. Cópia *ipsis litteris* do artigo 1º da Lei 8.158 de 1991. BRASIL. Lei 8.158, de 8 jan. 1991. *Diário Oficial da União*: 9 jan. 1991.
54. BRASIL. Lei 8.884, de 11 jun. 1994. *Diário Oficial da União*: 13 jun. 1994.
55. FORGIONI, Paula Andréa. *Os Fundamentos do Antitruste*. 3. ed. São Paulo: RT, 2008, p. 143.
56. BRASIL. Decreto 6.061 de 2007, *Diário Oficial da União*: 16 mar. 2007.
57. O Decreto 6.061, de 15 de março de 2007, foi oficialmente revogado e substituído por outros decretos, que estabeleceram novas diretrizes e regulamentações em seu lugar.

Acredita-se que uma resposta para essa questão possa ser identificada através da análise das propostas de modificação desse desenho institucional. Conforme relatado no trabalho "O Sistema Brasileiro de Defesa da Concorrência: Uma Proposta de estruturação"[58], durante dois anos e meio, os três órgãos integrantes do SBDC foram incumbidos da responsabilidade de elaborar projeto de lei sobre uma possível reorganização desse sistema.

Assim, foi elaborado um Grupo de Trabalho Interministerial – composto por representantes da Casa Civil da Presidência da República, do Ministério da Fazenda, do Ministério da Justiça, do Ministério do Planejamento, Orçamento e Gestão e do Ministério do Desenvolvimento, Indústria e Comércio Exterior – em 2000.

Nessa oportunidade, concluiu-se que, apesar dos grandes avanços obtidos pelo SBDC, ainda havia uma série de dificuldades estruturais que comprometiam o desempenho da tutela da concorrência no Brasil. Esses problemas resumiam-se não só a um inadequado desenho institucional e uma a carência de recursos, mas principalmente versavam sobre impropriedades de ordem normativa da Lei 8.884/94[59].

Desta feita, o Grupo de Trabalho, em 26 de outubro de 2000, apresentou como resultado da análise dois anteprojetos de lei. O primeiro referia-se à Criação da Agência de Defesa do Consumidor e da Concorrência (ANC) e o segundo, simplesmente, a alterações pontuais na Lei 8.884/94[60].

A criação desta nova agência, que unificaria as duas tutelas, seria formada pela fusão da SDE com o CADE. Além disso, parte da SEAE que trata da questão da concorrência também seria incorporada à nova agência.

Essa assumiria a forma administrativa autárquica de natureza especial, nos moldes das demais agências reguladoras: independência administrativa, mandato fixo, estabilidade de dirigentes e conselheiros e autonomia financeira. Sua estrutura seria formada por: um Tribunal da Concorrência, uma diretoria geral e cinco outras diretorias. Em compensação, a vinculação ministerial não foi inicalmente estabelecida no anteprojeto, sendo essa uma das questões mais polêmicas e sensíveis da proposta legislativa.

Os projetos foram submetidos à consulta pública, oportunidade que deu ensejo a manifestações de diversas entidades da sociedade civil. Estavam incluídas nessas, segundo o trabalho "O Sistema Brasileiro de Defesa da Concorrência:

---

58. SISTEMA BRASILEIRO DE DEFESA DA CONCORRÊNCIA. *O Sistema Brasileiro de Defesa da Concorrência*: Uma Proposta de Reestruturação. Brasília: SEAE, CADE e SDE, 2002.
59. BRASIL. Lei 8.884, de 11 jun. 1994. *Diário Oficial da União*: 13 jun. 1994.
60. BRASIL. Lei 8.884, de 11 jun. 1994. *Diário Oficial da União*: 13 jun. 1994.

Uma Proposta de estruturação"[61], a Comissão de Defesa do Consumidor, Meio Ambiente e Minorias da Câmara dos Deputados, a Ordem dos Advogados do Brasil, o Instituto Brasileiro de Estudos das Relações de Concorrência e de Consumo e o Instituto Hélio Beltrão.

Tanto os interessados na Defesa do Consumidor, quanto os na da concorrência chegaram a uma conclusão uníssona: a criação dessa agência unificada seria um retrocesso institucional[62]. Reportagem do Estadão[63] destacou alegações de que a medida implicaria em perda considerável de conquistas alcançadas pelos consumidores, em especial algumas consolidadas no CDC[64].

Para Gesner de Oliveira, ex-presidente do CADE, o modelo adotado de agência no anteprojeto estaria "na contramão da tendência internacional e da própria evolução institucional brasileira e do Mercosul"[65]. Gilberto de Abreu Sodré Carvalho[66], em análise sobre a proposta de uma agência única, alertou:

> O conceito de uma agência com função dupla parece produto do equívoco de querer-se dar nova solução para questões já em curso maduro de bons resultados, por outros meios e modelagens. A defesa do consumidor é bem atendida, pela própria cidadania, junto aos órgãos próprios do Judiciário, Ministério Público, departamentos das administrações públicas estaduais e municipais, e entidades civis, em muitos anos de sucesso, a partir do começo da vigência do Código de Defesa do Consumidor.

Nessa senda, as principais propostas geradas por intermédio da consulta pública foram, em síntese: (a) a criação de uma agência nacional exclusiva para tratar da defesa do consumidor, tendo em vista que as desvantagens de uma agência única para cuidar dos dois temas (defesa da concorrência e do consumidor) superaria as vantagens; (b) a implementação da política nacional de defesa do consumidor junto às demais agências reguladoras, através de um sistema de competências compartilhadas de forma harmônica; (c) a interação entre consumidor e concorrência, com a participação da defesa do consumidor nos assuntos

---

61. Sistema Brasileiro de Defesa da Concorrência. *O Sistema Brasileiro de Defesa da Concorrência*: Uma Proposta de Reestruturação. Brasília: SEAE, CADE e SDE, 2002.
62. Nessa mesma linha de raciocínio são as críticas de Daniel Firmato. GLÓRIA, Daniel Firmato de Almeida. *A Livre Concorrência como Garantia do Consumidor*. Belo Horizonte: Del Rey; FUMEC, 2003, p. 130.
63. Disponível em: http://www.estadao.com.br/arquivo/economia/2001/not20010112p10290.htm. Acesso em: 2 mar. 2013.
64. BRASIL. Código de Defesa do Consumidor: Lei 8.078, de 11 de setembro de 1990. *Diário Oficial da União*: 12 set. 1990.
65. OLIVEIRA, Gesner. *Modelo Fujimori para a defesa da concorrência?* Disponível em: http://www1.folha.uol.com.br/fsp/dinheiro/fi2810200004.htm. Aceso em: 2 mar. 2013.
66. CARVALHO, Gilberto de Abreu Sodré. Concorrência e Consumidor no Âmbito da Administração Pública: Uma Relação a Ser Vista Como de Tensão no Plano dos Valores. *Revista de Administração Pública*. Rio de Janeiro: FGV, n. 38, p. 653, jul./ago. 2004.

da concorrência e vice-versa; e (d) a reestruturação do SBDC através da criação de um guichê único, que extinguiria o velho modelo ineficiente dos três balcões representados pelo CADE, SDE e SEAE.

É essencial considerar não apenas as críticas provenientes do meio institucional, acadêmico, do terceiro setor e de agentes econômicos, mas também o contexto histórico do anteprojeto de criação da ANC, desenvolvido durante a gestão do Presidente Fernando Henrique Cardoso. Durante o segundo mandato de Cardoso, a política econômica foi consolidada por meio de uma tríplice mudança que abrangia aspectos cambiais, monetários e fiscais. No que se refere ao regime fiscal, foram implementadas alterações para assegurar uma política econômica que visava alcançar um superávit primário significativo[67]. Esse superávit era necessário para estabilizar a relação entre a dívida pública e o Produto Interno Bruto (PIB), conforme destacado por Gesner Oliveira e Frederico Turolla[68].

Assim, poderíamos inferir, ainda que superficialmente, que a motivação desse anteprojeto, longe de buscar coordenar a implementação de políticas públicas na área econômica de correção às falhas de mercado, sejam essas internas, sejam externas, que tanto prejudicam os consumidores, seria a redução de gastos, a busca por uma maior eficiência.

Nesse sentido, complementa Ronaldo Porto Macedo Junior[69]:

> E recursos. Essa era uma questão que surgiu no governo Fernando Henrique, houve algumas oscilações, no governo Lula ficou mais parado. Salvo engano, se discutiu mais isso no governo Fernando Henrique. De se criar uma agência de defesa do consumidor e concorrência, e se deveria ser uma agência única. Curiosamente, quais eram os argumentos prós e contras? De um lado, *uma agência única tem, é claro, ganho de escala e de poder*, e de quadros, isso no ponto de vista de uma bandeira de fortalecimento de uma democracia encarregada e capacitada. Isso é super importante! *Não tem porque ter o órgão, e uma secretária e um economista aposentado. É uma exigência ter uma agência toda equipada.* (Grifo nosso.)

---

67. Caio Marini e Humberto Martins justificam a adoção destas medidas: "Os países dependentes de crédito para o desenvolvimento deveriam seguir a linha do "consenso de Washington" – expressão cunhada por John Williamson (1990) para se referir ao conjunto de políticas liberais que deveriam iluminar a reestruturação econômica e a reforma dos Estados latino-americanos, condicionando a concessão de crédito e a atribuição de credibilidade aos países em desenvolvimento à adoção de duras medidas de ajuste fiscal que implicariam na redução do Estado. Pressupunham que o ajuste fiscal se bastaria, sinalizando credibilidade e atraindo investimentos, ou seria uma pré-condição para o desenvolvimento". MARTINS, Humberto; MARINI, Caio. Fundamentos do Modelo Matricial de Gestão. *PROGEAL*, Integrando Planejamento e Gestão para o Desenvolvimento de Alagoas. Alagoas, 2006, p. 4.
68. OLIVEIRA, Gesner; TUROLLA, Frederico. Política Econômica do Segundo Governo FHC: Mudança em Condições Adversas. *Tempo Social*, São Paulo: v. 15, n. 2, nov. 2003.
69. MACEDO JR., Ronaldo Porto. Íntegra Entrevista Pensando o Direito. Secretaria de Assuntos Legislativos do Ministério da Justiça. *Agências Reguladoras e a Tutela do Consumidor*. SAL: Brasília, 2010. p. 91.

Em compasso com as críticas lançadas à criação de uma agência única, as propostas acabaram se aprimorando e concluíram que a competência da agência, que, então, passaria a manter o nome CADE, o que posteriormente rendeu o apelido de "Supercade", deveria ficar restrita à defesa da concorrência[70]. Além disso, desde essa oportunidade já se alertou sobre a falha do SBDC de focar apenas nos atos de concentração, deixando de lado a repressão a condutas anticompetitivas.

Assim, concluiu-se, na época, pelo não encaminhamento da proposta de criação da ANC. No entanto, a proposta de modificação do SBDC teve seguimento, por impulso da Administração do então Presidente Luís Inácio Lula da Silva.

A proposta teve início na Câmara de Deputados com o Projeto de Lei 3.937/2004, que propunha alterações específicas e pontuais à Lei de Concorrência, Lei 8.884/94. A tramitação legislativa foi complementada com um outro Projeto de Lei, de n. 5.877/2005, que foi apensado ao Projeto de Lei 3.937/2004 e um substitutivo, que visavam a revogar a Lei 8.884/94[71].

Sendo a reestruturação do SBDC incluída no Programa de Aceleração de Crescimento (PAC) da Administração do Presidente Luís Inácio Lula da Silva, o Projeto de Lei foi aprovado em plenário pela Câmara dos Deputados e transformado em norma jurídica, submetida à sanção presidencial. Em 1º de dezembro de 2011 foi, então, sancionada a Lei 12.529/11[72], com um período de *vacatio legis* de 180 dias a contar da data de sua publicação. Essa, finalmente, entrou em vigor em 29 de maio de 2012[73].

A aprovação dessa lei se deu após uma espera de quase dez anos, segundo Leonor Augusta Giovine Cordovil e Vicente Bagnoli[74]. A mudança estampada nessa, como já observado por César Costa Alves Mattos[75], embute profunda alteração institucional, que busca, ao diminuir o relacionamento dos agentes econômicos com três balcões, quais sejam, SDE, SEAE e CADE, racionalizar o Sistema de Defesa da Concorrência. Dentro do formato proposto, a nova estru-

---

70. Sistema Brasileiro DE Defesa Da Concorrência. *O Sistema Brasileiro de Defesa da Concorrência*: Uma Proposta de Reestruturação. Brasília: SEAE, CADE e SDE, 2002.
71. BRASIL. Lei 8.884, de 11 jun. 1994. *Diário Oficial da União*: 13 jun. 1994.
72. BRASIL. Lei 12.529, de 30 de novembro de 2010. *Diário Oficial da União*: 30 nov. 2011.
73. Sobre a nova Lei, ver: ANDERS, Eduardo Caminati; CORDOVIL, Leonor Augusta Giovanne; BAGNOLI, Vicente; CARVALHO, Vinícius Marques de. *Nova Lei de Defesa da Concorrência Comentada*. São Paulo: RT, 2012.
74. CORDOVIL, Leonor Augusta Giovine; BAGNOLI, Vicente. *Condutas Anticoncorrenciais e a Lei do Cade*. Disponível em: http://paginas.urisantiago.br/ccontabeis/noticia/1124. Acesso em: 16 ago. 2012.
75. MATTOS, César. *Projeto de Lei 5877/2005* – Reestrutura o Sistema Brasileiro de Defesa da Concorrência (SBDC). Disponível em: http://www.econ.puc-rio.br/pdf/seminario/2007/Resumo%20Projeto%20 de%20Lei%205877.pdf. Acesso em: 11 fev. 2012.

tura do CADE contempla uma Superintendência-Geral com uma Procuradoria Geral, um Departamento de Estudos Econômicos e um Tribunal Administrativo.

Assim, visando eliminar a *via crucis* dos três guichês, a SDE retira-se do SBDC: suas competências passam a ser atribuídas à Superintendência-Geral do CADE. Já a SEAE torna-se a verdadeira advogada da concorrência.

Uma das maiores novidades trazida com a edição da nova Lei[76] diz respeito à notificação dos atos de concentração, que deixou de ser após a consumação do ato. A aprovação do CADE, portanto, é condição precedente à implementação da operação.

A apreciação do CADE passa a ter um prazo fixo, que será de, no máximo, 240 (duzentos e quarenta) dias, a contar do protocolo de petição ou de sua emenda. Esse prazo poderá ser dilatado, eventualmente, em apenas duas hipóteses: (i) mediante requisição das partes envolvidas na operação por até 60 (sessenta) dias improrrogáveis; ou (ii) mediante decisão fundamentada do Tribunal por até 90 (noventa) dias improrrogáveis. Além desse prazo, ficou determinado com a nova Lei que aos atos de concentração será dada prioridade em relação aos processos que apurem condutas anticoncorrenciais.

Os critérios de notificação dos atos de concentração também sofreram modificação. Conforme a redação original, submeter-se-ão à aprovação do CADE as operações em que (i) pelo menos um dos grupos econômicos envolvidos na operação tiver registrado, no último balanço, faturamento bruto anual no Brasil, no ano anterior à operação, igual ou superior a R$ 400.000.000,00 (quatrocentos milhões de reais) e (ii) pelo menos um do grupo econômico envolvido na operação tenha registrado, no último balanço, faturamento bruto anual no Brasil, igual ou superior, a R$ 30.000.000,00 (trinta milhões de reais).

Importante mencionar que tão logo a legislação entrou em vigor, os atos de concentração já passaram a observar novos valores mínimos, tendo em vista a Portaria Interministerial MJ/MF 994 de 30 de maio de 2012[77]. O faturamento de R$ 400.000.000,00 (quatrocentos milhões de reais), exigido incialmente pela Lei, foi substituído pelo de R$ 750.000.000,00 (setecentos e cinquenta milhões de reais) e o faturamento de R$ 30.000.000,00 (trinta milhões de reais) pelo e R$ 75.000.000,00 (setenta e cinco milhões de reais)[78].

---

76. BRASIL. Lei 12.529, de 30 nov. 2010. *Diário Oficial da União*: 30 nov. 2011.
77. BRASIL. Portaria Interministerial MJ/MF 994 de 30 maio 2012. *Diário Oficial*: 30 maio 2012.
78. Para Elizabete Farina e Fabiana Tito, "o efeito dessa mudança será a redução do número de casos notificados, liberando recursos tangíveis e intangíveis para uma análise mais cuidadosa dos casos complexos e também para investigação de condutas anticompetitivas, o coração da defesa da concorrência. Ganha-se eficiência no processo". FARINA, Elizabete; TITO, Fabiana. *Nova Era de Defesa da Concorrência Brasileira*. Disponível em: http://www.ibrac.org.br/Noticias.aspx?id=1639. Acesso em:

Além disso, a nova Lei Antitruste abarcou novos critérios de fixação de penalidades para a prática de infrações à ordem econômica. Conforme a redação da lei, a prática de infração da ordem econômica, no caso de empresa, sujeita essa ao pagamento de multa de 0,1% (um décimo por cento) a 20% (vinte por cento) do valor do faturamento bruto da empresa, grupo ou conglomerado obtido, no último exercício anterior à instauração do processo administrativo, no ramo de atividade empresarial em que ocorreu a infração, a qual nunca será inferior à vantagem auferida, quando for possível sua estimação[79].

Outra mudança de relevância implantada pela nova Lei refere-se à aplicação de multa para litigantes de má-fé, estampada no § 3º do artigo 65 da Lei 12.529/11[80]. Interessante notar que na Lei 8.884/94[81] não havia qualquer previsão equivalente.

No rol de infrações à ordem econômica, pode-se visualizar algumas alterações pontuais, em especial a retirada de algumas condutas, como os acordos de exclusividade. Não obstante, deve ser ressaltado que mesmo as condutas que foram retiradas do rol poderão configurar como infração à ordem econômica, desde que tenham por objeto ou possam produzir os efeitos dispostos no artigo 36 da Lei 12.529/11[82] (incisos I a IV), ainda que não alcançados, o que respalda a natureza exemplificativa do rol.

No que toca ao setor de telecomunicações, a nova Lei Antitruste sofreu reflexos do grande clima de insatisfação existente quanto à defesa da concorrência

---

4 mar. 2013. No entanto, devemos alertar que esse critério bastante alto, comparável ao critério de economias bastante sofisticadas, pode representar um retrocesso às conquistas da Defesa da Concorrência, permitindo que agentes, com significativo poder de mercado, mas longe de atingir os novos critérios de faturamento, fiquem isentos do controle prévio antitruste.

79. Dentre as novidades trazidas pela nova Lei, sem dúvida, a questão da multa será uma das que trará muita discussão ao CADE, à academia, aos agentes econômicos, aos consumidores e até mesmo ao judiciário. A primeira questão seria verificar se de fato a lei se tornou ou não mais benéfica ao administrado, parte passiva de um processo administrativo no CADE. Segundo, sendo mais benéfica, deve-se estudar a obrigatoriedade ou não de sua retroação, estendendo-se e aplicando-se a norma contida no artigo 5º, inciso XL da CF. Por fim, mais uma vez considerando que a norma seria mais benéfica, há de se concluir pelo retrocesso da nova Lei, que acabará incentivando a prática de infrações à ordem econômica, como bem levantado por Gabriel Pinto Moreira. MOREIRA, Gabriel Pinto. *A infração Compensa na Nova Lei de Defesa da Concorrência*? Disponível em: http://www.valor.com.br/opiniao/3004748/infracao-compensa-na-nova-lei-de-defesa-da-concorrencia#ixzz2Mc1d7oN3. Acesso em: 4 mar. 2013. Devemos ter em mente, apenas complementado o aspecto negativo da nova Lei tendo em vista a diminuição dos critérios de fixação da pena, que apesar de essa frisar que a pena nunca será inferior à vantagem auferida, na prática é muito difícil essa estimação. Nesse sentido, temos o estudo OCDE sobre efetividade das sanções, que bem destaca essa problemática: Organization for Economic Cooperation and Development. *Fighting Hard Core Cartels:* Harm, Effective Sanctions and Leniency programmes. Paris, 2002. Disponível em: http://www.oecd.org/dataoecd/41/44/1841891.pdf. Acesso em: 20 abr. 2012.
80. BRASIL. Lei 12.529, de 30 nov. 2010. *Diário Oficial da União:* 30 de novembro de 2011.
81. BRASIL. Lei 8.884, de 11 jun. 1994. *Diário Oficial da União:* 13 jun. 1994.
82. BRASIL. Lei 12.529, de 30 nov. 2010. *Diário Oficial da União:* nov. 2011.

implementada conjuntamente pela ANATEL (no lugar das secretarias do SBDC) e pelo CADE. Assim, deixa-se de lado o antigo procedimento adotado pela ANATEL – que passou a ser atribuição integral do CADE – o qual era considerado, consoante estudo da Organização para a Cooperação e Desenvolvimento Econômico (OCDE) sobre Lei e Política de Concorrência no Brasil[83], como menos eficiente do que se a investigação fosse conduzida unicamente pelo SBDC, conforme ocorreria em todos os demais setores regulados.

Essas foram, em linhas gerais, as principais mudanças ocasionadas ao SBDC, com a entrada em vigor da Lei 12.529/11[84]. Apesar de não ter sido implementada a agência única de defesa do consumidor e da concorrência –ANC–, não é possível afirmar que a defesa do consumidor não passou por mudanças em 2012, já que essa sofreu, sim, reflexos desse novo ambiente institucional.

Note-se que com a nova estruturação do CADE, a SDE perdeu um de seus braços institucionais, no que se refere ao Departamento de Proteção e Defesa Econômica (DPDE), já que esse passou a compor a Superintendência-Geral, integrante da organização administrativa do CADE. Assim, a SDE acabou sendo extinta.

No entanto, o Departamento de Proteção e Defesa do Consumidor (DPDC), pertencente à antiga SDE, acabou sendo integrado a outra secretaria, especificamente destinada à Defesa do Consumidor. Essa secretaria é a SENACON – Secretaria Nacional do Consumidor –, vinculada ao Ministério da Justiça, como sua antecessora, e criada pelo então vigente Decreto de n. 7.738 de 2012[85].

Dentre as atribuições da SENACON está a coordenação do Sistema Nacional de Defesa do Consumidor (SNDC)[86], além da análise de questões com repercussão nacional e interesse geral, assim como o planejamento, elaboração, coordenação e execução da Política Nacional de Defesa do Consumidor. Um dos pontos sensíveis é a articulação entre os sistemas de concorrência, defesa do consumidor e

---

83. Organização para a Cooperação e Desenvolvimento Econômico – OCDE. *Lei e Política de Concorrência no Brasil*: Uma Revisão Pelos Pares. Disponível em: http://www.oecd.org/dataoecd/4/41/45154401.pdf. Acesso em: 11 fev. 2012.
84. BRASIL. Lei 12.529, de 30 nov. 2010. *Diário Oficial da União*: 30 nov. 2011.
85. BRASIL. Decreto de 7.738 de 2012. *Diário Oficial da União*: 29 maio 2012.
86. O Artigo 5º do CDC apresenta a constituição SNDC: "Para a execução da Política Nacional das Relações de Consumo, contará o poder público com os seguintes instrumentos, entre outros: I – manutenção de assistência jurídica, integral e gratuita para o consumidor carente; II – instituição de Promotorias de Justiça de Defesa do Consumidor, no âmbito do Ministério Público; III – criação de delegacias de polícia especializadas no atendimento de consumidores vítimas de infrações penais de consumo; IV – criação de Juizados Especiais de Pequenas Causas e Varas Especializadas para a solução de litígios de consumo; V – concessão de estímulos à criação e desenvolvimento das Associações de Defesa do Consumidor". BRASIL. Código de Defesa do Consumidor: Lei 8.078, de 11 de setembro de 1990. *Diário Oficial da União*: 12 set. 1990.

o sistema regulatório. Sobre essa problemática, José Marques Teixeira[87] sugeriu que fosse mais explicitado quais órgãos federais integram o SNDC, bem como que as agências reguladoras também façam parte desse sistema.

Importante pontuar que, diferentemente do SBDC, que é bastante centralizado, os integrantes do SNDC encontram-se em nível federal, estadual e municipal, o que demonstra uma boa capilaridade da política.

Assim, diante dessa digressão histórica a respeito do modelo institucional brasileiro, podemos inferir que não só foi desejado não seguir em frente com um modelo único para a defesa do consumidor e da concorrência, como se operou – até mesmo – um afastamento dos departamentos pertencentes e subordinados a uma mesma Secretaria. Essa proximidade configurava, mesmo que idealmente, uma articulação e uma comunicação maior entre essas duas tutelas, já que estavam ali, uma ao lado da outra.

Conquanto seja esse o modelo desejado pelo Brasil, no seu estágio atual de amadurecimento institucional e econômico, nem todos os países seguem esse mesmo padrão. A OCDE publicou em 2008 um estudo sobre a interface Consumidor e Concorrência[88] que bem analisa os diferentes desenhos institucionais adotados por diversos países, explanando as suas vantagens e desvantagens.

Nesse, a OCDE relevou que o design institucional é um fator importante na implementação de uma política pública efetiva:

> As políticas públicas não operam em um vácuo; essas são implementadas por instituições, e a qualidade das instituições determina de várias maneiras a capacidade do sistema de oferecer bons produtos (políticas públicas) para os cidadãos. No caso das políticas de concorrência e do consumidor, a questão central é saber quando combinar as duas funções em uma única agência. Há vantagens e desvantagens para esta abordagem, e os países têm tomado decisões diferentes sobre esta questão[89].

As vantagens apresentadas pelo estudo vão além de uma simples redução dos custos e de burocracia: (a) poderá haver um substancial compartilhamento de dados e informações dos dois lados, de maneira que a formulação e implementação das políticas poderá ser mais coerente; (b) tendo em vista que a política do

---

87. TEIXEIRA, José Marques. *Conquistas Obtidas pelos Consumidores e Proposta de Reformulação do CDC em Curso no Senado Federal*. Audiência Pública – Comissão de Defesa do Consumidor da Câmara dos Deputados, 2011.
88. Organização para a Cooperação e Desenvolvimento Econômico – OCDE. *The Interface between Competition and Consumer Policies*. Disponível em: http://www.oecd.org/regreform/sectors/40898016.pdf. Acesso em: 5 mar. 2013.
89. Tradução livre autora. Organização para a Cooperação e Desenvolvimento Econômico – OCDE. *The Interface between Competition and Consumer Policies*. Disponível em: http://www.oecd.org/regreform/sectors/40898016.pdf. Acesso em: 5 mar. 2013.

consumidor e a da concorrência exigem similar, embora não idêntico, *expertise*, ter isso numa agência única seria bastante positivo, já que o nível técnico exigido é bastante específico e limitado a pouco profissionais; (c) como os Estados, em geral, são mais familiarizados com a política do consumidor do que com a da concorrência – principalmente naquelas em que esta é bastante incipiente –, a combinação da tutelas pode ajudar no desenvolvimento da política da concorrência; (d) considerando que a defesa do consumidor tem *fewer supporters* do que a da concorrência, uma agência única pode ser positiva à primeira, que receberia uma parcela maior de orçamentos[90]. A respeito das desvantagens de um modelo único para as defesas, o estudo[91] relata o seguinte:

> Mas a aglutinação das duas funções em uma agência pode também apresentar problemas. A política de concorrência e a política do consumidor estão longe de serem idênticas, apesar de tudo. Embora não seja citado por nenhuma agência única a ocorrência, em tese, a coordenação de procedimentos, casos e objetivos díspares poderia ser difícil. Os dois lados podem competir por recursos, com o resultado sendo menor do que o ideal. Também há a visão, apesar de minoritária, que, mesmo que as duas políticas operem separadamente, essas podem ser adequadamente coordenadas, então, duas vozes juntas, por exemplo na *public advocacy*, podem ser mais eficazes do que uma[92].

Um bom modelo que serve de paradigma para a instituição de uma agência única refere-se àquele adotado pela Austrália. Segundo a colaboração dada por esse país ao estudo da OCDE[93], a Austrália formula as políticas da concorrência e do consumidor de uma maneira integrada.

O *enforcement* das políticas fica a cargo da Australian Competition and Consumer Commission (ACCC). Pode-se afirmar que esse modelo institucional uno garante à ACCC sinergias e eficiências.

Exemplo que justifica esses ganhos constantes de escopo é registrado no estudo da OCDE[94], qual seja, entender a dinâmica competitiva de um mercado pode ajudar a ACCC a identificar e avaliar os possíveis danos sofridos pelos

---

90. Organização para a Cooperação e Desenvolvimento Econômico – OCDE. *The Interface between Competition and Consumer Policies*. Disponível em: http://www.oecd.org/regreform/sectors/40898016.pdf. Acesso em: 5 mar. 2013.
91. Organização para a Cooperação e Desenvolvimento Econômico – OCDE. *The Interface between Competition and Consumer Policies*. Disponível em: http://www.oecd.org/regreform/sectors/40898016.pdf. Acesso em: 5 mar. 2013.
92. Tradução livre autora.
93. Organização para a Cooperação e Desenvolvimento Econômico – OCDE. *The Interface between Competition and Consumer Policies*. Disponível em: http://www.oecd.org/regreform/sectors/40898016.pdf. Acesso em: 5 mar. 2013.
94. Organização para a Cooperação e Desenvolvimento Econômico – OCDE. *The Interface between Competition and Consumer Policies*. Disponível em: http://www.oecd.org/regreform/sectors/40898016.pdf. Acesso em: 5 mar. 2013.

consumidores. Deve-se ressaltar, ademais, que essa unificação da defesa do consumidor e da concorrência garante à ACCC o uso do mais efetivo *mix* de medidas de *enforcement*, como processos judiciais, execuções, processos administrativos, persuasão e educação para atingir o *compliance* da legislação.

Como se pode perceber, pelo menos no caso do Brasil, o elo entre a Defesa do Consumidor e da Concorrência não se encontra positivado em uma Lei única[95], nem recai no modelo institucional. Assim, indaga-se, onde estaria o liame que exige uma coordenação e harmonização dessas tutelas? Um apanhado da literatura específica sobre o tema dá indícios de que esse residiria no objetivo compartilhado pelas defesas.

1.2 OBJETIVO COMUM

Conforme o raciocínio desenvolvido anteriormente, apesar de o desenho institucional brasileiro não privilegiar uma agência única dedicada às duas defesas (do consumidor e da concorrência) e o ordenamento jurídico ser composto por Leis apartadas nessas temáticas, há algo que une intimamente essas duas defesas. O que essas defesas compartilham é o seu objetivo[96], afirmação essa que é amplamente aceita e confirmada em várias ocasiões, segundo Henry Ergas[97].

Buscando proporcionar e garantir o bem-estar do consumidor, o Direito do Consumidor atua no lado da demanda – *demand-side* –, isto é, no lado oposto ao da Concorrência, como será visto a seguir. Essa atuação visa a estabelecer uma escolha livre, qualitativa e consciente do consumidor.

Para tanto, estabelecem-se direitos essenciais como: o de ser protegido contra a comercialização de bens e serviços que sejam prejudiciais à sua saúde e à sua propriedade, o de ser informado sobre a qualidade, quantidade, potência, pureza

---

95. Diferentemente do que ocorre na Austrália que, além de uma agência única, as provisões relacionadas à proteção do consumidor, às condutas anticompetitivas e às operações societárias estão combinadas em uma Lei singular: o *Trade Practices Act 1974*. SYLVAN, Louise. *Activating Competition*: The Consumer Protection – Competition Interface. Trade Practices Workshop, University South Australia, 2004.
96. Conforme será desenvolvido no presente trabalho, o objetivo da concorrência é, em última análise, garantir o bem-estar do consumidor. Para tanto, os mercados deverão ser eficientes, em termos de preço e qualidade. Nesse sentido, coloca Louise Sylvan: "Há, em geral, pouca ou nenhuma discussão acerca da assertiva que a concorrência é boa para os consumidores. Várias evidências empíricas atestam o benefício aos consumidores, em termos de proposições de preço-qualidade, quando um mercado é competitivo. SYLVAN, Louise. *Activating Competition: The Consumer Protection* – Competition Interface. Trade Practices Workshop, University South Australia, 2004.
97. ERGAS, Henry. The Interaction and Coordination of Competition Policy and Consumer Policy: Challenges and Possibilities. Organização para a Cooperação e Desenvolvimento Econômico – OCDE. *The Interface between Competition and Consumer Policies*. Disponível em: http://www.oecd.org/regreform/sectors/40898016.pdf. Acesso em: 5 mar. 2013.

padrão e o preço de bens ou serviços, o de ser assegurado, sempre que possível, o acesso a uma variedade de bens e serviços a preços competitivos, o de não ser coagido por práticas de abuso de poder de mercado (aqui em consonância com a Defesa da Concorrência), entre outros.

Thierry Bourgoignie[98] bem explicita:

> Os objetivos do direito do consumidor são: educação e informação dos consumidores; a proteção de seus interesses econômicos, de sua saúde e de sua segurança física; acesso dos consumidores à justiça e, por fim, organização, representando seus interesses coletivos[99].

Acrescente-se que o Direito do Consumidor também proporciona a redução dos custos de procura (*search costs*) e de substituição (*switching costs*), como bem assevera Martha Kisyombe. O *Office of Fair Trade* (UK)[100] define *switching costs* como:

> Os custos de mudança surgem quando há um custo incorrido por mudar de fornecedor, que não ocorre quando se permanece com o provedor atual. Estes custos normalmente surgem devido a algum investimento específico da empresa, que não é transferível para o novo fornecedor, como o investimento em equipamentos ou em aprendizagem para usar o produto. Esse investimento específico de uma empresa acarreta economias de escala de compras-repetidas, que é o que cria um crédito ao consumidor enquanto esse permanecer a comprar do fornecedor atual, o que não ocorrerá quando o consumidor muda para outro fornecedor[101].

Pode-se perceber que o objetivo do Direito do Consumidor é bastante claro. Mas o do Direito da Concorrência, será tão claro assim?

Maurice E. Stucke[102] relata qual é a importância de se ter o objetivo da concorrência bem definido e claro. Segundo o autor, os objetivos da concorrência informam o aplicador da lei, moldando as prioridades da política e sua execução. Esses alertam os formuladores da política de qualquer *gap* entre os resultados atuais e os desejados da corrente implementação. Ademais, eles podem assistir as Cortes nas aplicações dos requisitos legais, a fim de assegurar que os resultados estejam alinhados com os objetivos.

Em segundo lugar, ainda no pensamento de Maurice E. Stucke[103], os objetivos podem aumentar o *accountability* da política da concorrência, já que estimulam

---

98. Bourgoignie, Thierry. *Droits des Consommateurs et Marché Économique*: Une Perspective Doctrinale. Bruxelles: Story-Scientia, 1993, p. 52.
99. Tradução livre da autora.
100. Office of Fair Trade. *Switching Costs*. Londres: OFT, 2003, p. 11.
101. Tradução livre autora.
102. STUCKE, Maurice E. Reconsidering Antitrust's Goals. *Boston College Law Review*. v. 53, 2012, p. 558.
103. STUCKE, Maurice E. Reconsidering Antitrust's Goals. *Boston College Law Review*. v. 53, 2012, p. 558.

a transparência e facilitam o debate no que toca às razões de decidir explicitadas nos casos individuais.

Por fim, e o mais importante, Maurice E. Stucke[104] destaca que a definição dos objetivos permite que os esforços das diferentes agências que atuam sobre vertentes que afetam a concorrência possam ser melhores coordenados e reforçados, tornando menos viável a execução de políticas que enfraqueçam uma as outras, ou se contradigam.

Apesar dessa evidente relevância, definir os objetivos da defesa da concorrência é uma tarefa, por si só, bastante complicada. Em uma perspectiva histórica da política antitruste nos Estados Unidos da América se observa que nem a jurisprudência, nem a legislação conseguem bem delimitar o objetivo precípuo da política.

Tradicionalmente sempre se associou a defesa da concorrência com múltiplos benefícios à sociedade e à economia como um todo, que seriam: (i) eficiência econômica, (ii) proteção da democracia, ao impedir o acúmulo de poder, e (iii) promoção do desenvolvimento.

Como se pode perceber, tais objetivos são claramente muito amplos. Essa amplitude provoca muita insegurança e põe em xeque a efetividade da defesa da concorrência.

Assim, no recente ciclo político norte-americano, segundo Maurice E. Stucke[105], tentou-se limitar o antitruste a um objetivo único. Nesta tentativa de unificação, apontou-se o bem-estar do consumidor.

O grande problema, como relata Maurice E. Stucke[106], é que não existe consenso acerca do que bem-estar do consumidor realmente significa. A esse respeito, discorre:

> Em 1987, um estudioso observou que os termos eficiência e bem-estar do consumidor 'tinham se tornado os termos dominantes no discurso antitruste sem haver qualquer consenso claro quanto ao que significariam exatamente', e que bem-estar consumidor 'é o termo mais abusadamente utilizado na moderna análise antitruste.' Isto continua a ser verdade hoje[107].

A respeito do bem-estar do consumidor, Charles-Etienne Gudin[108] indaga:

---

104. STUCKE, Maurice E. Reconsidering Antitrust's Goals. *Boston College Law Review*. v. 53, 2012, p. 558.
105. STUCKE, Maurice E. Reconsidering Antitrust's Goals. *Boston College Law Review*. v. 53, 2012, p. 568.
106. STUCKE, Maurice E. Reconsidering Antitrust's Goals. *Boston College Law Review*. v. 53, 2012, p. 568.
107. Tradução livre.
108. GUDIN, Charles-Etienne. Qu'est Devenu le Consommateur em Droit Communautaire e de la Concurrence? *Revue des Affaires Européennes*, Paris: v. 8, n. 3, p. 223, 1998.

de que se trata? De uma utopia ou, ao contrário, de uma realidade que se baseia nas teorias econômicas mais precisas? Provavelmente os dois, pois a precisão das teorias não as impedem de se suceder e, rapidamente, se contrariarem, deixando o jurista perplexo ou secretamente satisfeito[109].

Segundo Calixto Salomão Filho[110], para qualquer escola antitruste a busca e a preservação do bem-estar do consumidor é o fim último a ser tutelado, seja para os estruturalistas, para os neoclássicos, ou para os ordoliberais. A grande divergência entre as teorias decorre da conceituação do termo "bem-estar" do consumidor.

A Escola de Harvard, também conhecida como estruturalista, surgiu em meados do Século XX. O argumento central da escola residia no número de agentes atuando no mercado e seus tamanhos, considerando que, quando os mercados são concentrados, as firmas tendem a implementar condutas anti-competitivas.

Trata-se do Paradigma Estrutura, Conduta e Desempenho (E – C – D), o qual visa a demonstrar que o resultado ou desempenho do mercado, isto é, o sucesso de uma indústria em produzir benefícios aos consumidores e empregados, estabilizar preços e desenvolver avanços tecnológicos, está relacionado à conduta dos agentes econômicos e dos consumidores. Esta conduta será determinada pela estrutura do mercado relevante[111].

Buscando, portanto, evitar as excessivas concentrações de poder econômico, a questão central dos estruturalistas é que o valor a ser protegido é a concorrência em si mesma e não a eficiência. Paula Forgioni[112] pontua que a base estruturalista é manter a estrutura pulverizada, "evitando-se as disfunções no mercado", sendo, por tal razão, que a Escola de Harvard pode ser identificada pela frase *"small is beautiful"*.

Para Thomas A. Piraino[113], o erro da Escola mencionada reside em não ter levado em consideração os prejuízos causados ao mercado por uma concorrência agressiva, selvagem, que pode ser igualmente prejudicial às estruturas e, por consequência, ao desempenho. Além disso, as Cortes e Agências Reguladoras, embasadas nessa Escola, barraram operações societárias que poderiam ter be-

---

109. Tradução livre autora.
110. SALOMÃO FILHO, Calixto. *Direito Concorrencial*: As Condutas. Malheiros: São Paulo, 2003.
111. Em resumo, para tal teoria, a estrutura influencia a conduta e determina o desempenho. Além disso, a teoria também se preocupa com a presença de barreiras à entrada, que possibilitam a colusão e o aumento dos preços.
112. FORGIONI, Paula Andréa. *Os Fundamentos do Antitruste*. 3. ed. São Paulo: RT, 2008, p. 179.
113. PIRAINO. Thomas A. Reconciling the Reconciling the Harvard and Chicago Schools: A New Antitrust Approach for the 21st Century. *Indiana Law Journal*. v. 82, p. 346-409, 2007.

neficiado os consumidores sem trazer maiores prejuízos às empresas com menor participação no mercado[114].

A Escola de Harvard foi bastante utilizada pela política antitruste norte-americana nos anos 60 e assim permaneceu até a difusão da visão neoclássica, que ganhou soberania em meados dos anos 70. Com bem destaca Calixto Salomão Filho[115], "a partir do final dos anos 70, a Escola de Harvard simplesmente desaparece, já que seus representantes aceitaram grande parte dos pressupostos da Escola de Chicago".

Ganha destaque, assim, a Escola de Chicago, no final dos anos 70, principalmente quando vários dos seus estudiosos são nomeados para a Suprema Corte Federal (Bork, Easterbrook e Posner). Esta teoria ─conhecida também como neoclássica ─vem a romper a tradição fundamentalmente estruturalista, determinando que a concentração pode gerar benefícios à sociedade e ao consumidor, quando proporcionar a denominada eficiência econômica. Outra afirmação dos estruturalistas que é rebatida pelos neoclássicos refere-se à possibilidade de haver concorrência, ainda quando forem poucos os agentes no mercado.

Roger Van Den Bergh e Patrick Van Cayseele[116] relatam que o ponto de partida da Escola de Chicago pode ser encontrado na teoria neoclássica do preço. Foi o confronto entre a dogmática clássica e o ângulo microeconômico que deu origem a uma nova teoria da eficiência.

Para os *Chicagoans*, as condutas dos agentes econômicos no mercado não são justificadas pelas estruturas, mas sim explicadas pela maximização dos lucros, utilidade e bem-estar. O principal objetivo da tutela antitruste para esses estudiosos residiria na eficiência, deixando as concentrações de serem vistas como um mal a ser evitado, quando pudessem trazer ganhos aos consumidores e ao mercado.

Para Robert Bork[117], a eficiência buscada pela tutela antitruste pode ser definida como uma condição para maximizar o bem-estar dos consumidores, através da redução dos custos e, consequentemente, dos preços, bem como do aumento da oferta de produtos e serviços desejados por esses. Como bem coloca Thomas

---

114. Apesar de trazer algumas inconsistências, a Escola de Harvard trouxe benefícios à análise antitruste, observa Thomas A. Piraino, principalmente no que toca à segurança jurídica. As Cortes passaram a adotar uma presunção de ilegalidade a inúmeros tipos de condutas, sendo dispensável, então, realizar, para tais casos, a complicada análise econômica do mercado relevante. Os agentes econômicos, por seu turno, passaram a ter o prévio conhecimento das condutas que deveriam evitar. PIRAINO. Thomas A. Reconciling the Reconciling the Harvard and Chicago Schools: A New Antitrust Approach for the 21st Century. *Indiana Law Journal*. v. 82, p. 346-409, 2007.
115. SALOMÃO FILHO, Calixto. *Direito Concorrencial*: As Condutas. Malheiros: São Paulo, 2003, p. 22.
116. BERGH, Roger Van Den; CAYSEELE, Patrick Van. *Antitrust Law*. Disponível em: http://encyclo.findlaw.com/5300book.pdf. Acesso em: 1º out. 2012.
117. BORK, Robert H. *The Antitrust Paradox*: A Policy at War with Itself. New York: Free Press, 1993.

A. Piraino[118], Bork acreditava que o único objetivo legítimo do Direito Antitruste norte-americano seria a maximização do bem-estar do consumidor, sendo que quaisquer outros objetivos, incluída a proteção dos pequenos empresários em face das grandes empresas, seriam irrelevantes.

Tal posicionamento de Bork resta bastante evidente em sua obra intitulada de "*The Antitrust Paradox: A Policy at War with It Itsefl*"[119]. Para o mencionado autor, a coexistência de outros objetivos sendo tutelados pelo Direito Antitruste acabaria por criar uma situação paradoxal na aplicação de suas normas.

Pode-se concluir, destarte, que a Escola Neoclássica vem romper a tradição estruturalista, introduzindo a concepção da eficiência econômica[120]. A partir desta revolução ocasionada pela Escola de Chicago, a concorrência deixa de ser um fim em si mesma, podendo ser sacrificada em prol de bens maiores. As concentrações não são mais vistas como algo prejudicial à estrutura de mercado, passando os seus benefícios à sociedade e aos consumidores a serem destacados e sopesados.

A grande contraposição lançada à Escola de Chicago, seja pelos ordoliberais, seja pelos Pós-Chicago, é que a eficiência econômica não é suficiente para garantir que os ganhos sejam distribuídos aos consumidores e não, simplesmente, retidos pelos agentes econômicos. Além disso, nem sempre os consumidores buscam apenas preços mais baixos, razão pela qual, critérios como inovação, variedade e qualidade devem ser, também, levados em consideração.

A abordagem Ordoliberal, nascida na Escola de Freiburg[121], na Alemanha, baseia-se na garantia da competição, não sendo necessária, todavia, a sua existên-

---

118. PIRAINO. Thomas A. Reconciling the Reconciling the Harvard and Chicago Schools: A New Antitrust Approach for the 21st Century. *Indiana Law Journal*. v. 82, p. 346-409, 2007.
119. BORK, Robert H. *The Antitrust Paradox*: A Policy at War with Itself. New York: Free Press, 1993.
120. É inegável a contribuição da Escola de Chicago para o desenvolvimento da análise do Direito Antitruste. Como afirma Thomas A. Piraino, 'by the early 1990s, the Chicago School had completed a revolution in antitrust analysis' (tradução livre da autora: 'no início dos anos 1990, a Escola de Chicago já havia completado uma revolução na análise antitruste'). Foi a partir da Escola de Chicago e dos estudos de Aaron Director que surgiu a Análise Econômica do Direito, uma ferramenta eficaz para a elaboração, interpretação e aplicação do Direito, de modo que os benefícios gerados superem os custos. Contudo, é importante destacar que essa ferramenta não deve ser aplicada de forma irrestrita, devendo ser abandonada quando valores fundamentais estejam em jogo. (PIRAINO, Thomas A. Reconciling the Harvard and Chicago Schools: A New Antitrust Approach for the 21st Century. *Indiana Law Journal*, v. 82, p. 346-409, 2007).
121. A emergência da Escola de Freiburg, no âmbito do direito concorrencial, com sua filosofia econômica ordoliberal, ocorreu após a Segunda Guerra Mundial, diante da necessidade de renascimento da economia europeia e, em especial, da alemã. A principal estratégia para tanto foi a busca por um desenvolvimento econômico sustentável, sendo indispensável um aparato legal de promoção e defesa da concorrência. A esse respeito, Carl Martin Gölstam explica: "Quando a Segunda Guerra Mundial terminou e a Alemanha foi derrotada em 1945, houve uma enorme necessidade de recuperação econômica na Europa. Muitos governos europeus voltaram-se para o direito da concorrência a fim de garantir o crescimento sustentável. Assim fez a Alemanha, mas a Alemanha não teve outra escolha. Para

cia, mas sim a sua potencialidade, que seria assegurada pela ausência de barreiras à entrada no mercado. Em decorrência disso, toda a identificação do poder econômico se dará através da constatação ou não de barreiras a novos concorrentes.

Através dessa concepção busca-se assegurar a liberdade de escolha do consumidor, entre as opções ofertadas pelos agentes econômicos. A Escola defende que o bem-estar do consumidor estará protegido com a possibilidade de escolha, que decorre da pluralidade potencial ou real de produtos e serviços e suas respectivas qualidades e preços, ou seja, defende o interesse do consumidor sobre a ótica da oferta (*supply-side*).

É nesse ponto que a Escola de Freiburg confronta a Escola de Chicago. Calixto Salomão Filho[122] explicita que enquanto o bem-estar dos consumidores para os Ordoliberais significa liberdade de escolha, para os teóricos neoclássicos ele significa apenas a eficiência econômica.

Em consonância com os Ordoliberais, no que toca ao direito de escolha do consumidor, encontra-se o movimento Pós-Chicago, conhecido também como revisionismo, que lança críticas à Escola de Chicago, por entender que essa se apoia demasiadamente na ideologia *laissez-faire*. O movimento Pós-Chicago[123], nessa linha de raciocínio, é caracterizado por uma política antitruste um pouco mais agressiva, porém sem abandonar os princípios econômicos[124].

---

recuperar a plena soberania, o Estado alemão teve que provar aos ocupantes americanos que a indústria de pré-guerra, fortemente cartelizada, nunca seria ressuscitada (...). A Alemanha, não apreciando no mesmo grau que outros países europeus a voluntariedade neste assunto, foi forçada a adotar não só leis de concorrência, mas todo um sistema de concorrência. Um primeiro passo importante foi dado em 1947, quando os estatutos anticartelização foram postos em vigor. O trabalho foi finalizado em 1958, quando o sistema de direito da concorrência alemão, o *Gesetz gegen Wettbewerbsbeschränkungen* (GWB), foi adotado. A coerção dos ocupantes não desempenhou um papel crucial neste processo legislativo, pois também houve um impulso interno para reformar a economia. Um quadro para a reforma já havia sido elaborado secretamente na Universidade de Freiburg, no início da década de 1930, quando Hitler estava no poder. No momento em que a guerra terminou, e durante o período do pós-guerra, os pensamentos de Freiburg haviam se tornado uma filosofia política e econômica bem definida, conhecida como ordoliberalismo" (GÖLSTAM, Carl Martin. *Article 102 TFEU, Aimed at Serving the Ordoliberal Agenda or European Consumers?* Författare: Ulf Adolphson, 2010, p. 14).

122. SALOMÃO FILHO, Calixto. *Direito Concorrencial*: As Condutas. Malheiros: São Paulo, 2003.
123. O movimento Pós-Chicago se apoia nas novas ferramentas econômicas, especialmente na teoria dos jogos que enfatiza um comportamento estratégico entre os agentes econômicos.
124. John E. Lopatka e William H. Page complementam: "*In recent years, post-Chicago scholars have advocate a more activist approach to antitrust, identifying circumstances in which, under certain assumptions, markets may fail and government intervention may be justified*"(tradução livre autora: nos recentes anos, escolas pós-chicago tem advogado uma abordagem mais ativista da defesa da concorrência, identificando as circunstâncias em que, sob determinados pressupostos, os mercados podem falhar e a intervençao estatal pode ser justificada"). LOPATKA, John E.; PAGE, William H. *Post-Chicago Developments in Antitrust Law*. Massachusetts: Edward Elgar Publishing Limited, 2002. p. 129.

O American Antitrust Institute[125] define os *Post-Chicago marketers* como aqueles que, da mesma forma que os neoclássicos, tendem a ter uma grande confiança nos mercados e uma abordagem regulatória orientada pela análise econômica. No entanto, esses encontraram um objetivo adicional à eficiência gerada pelo ambiente competitivo, tal como a inovação e a escolha dos consumidores. Esses seriam, segundo o instituto, menos sanguinários que o homem econômico que age racionalmente no sentido neoclássico, uma vez que observam as falhas do mercado com mais frequência que a Escola de Chicago e têm maior confiança em sua capacidade de regular e intervir na presença de uma falha de mercado[126].

Utilizando-se da Análise Econômica proposta pelos neoclássicos e introduzindo novas metodologias com enfoque estruturalista, os Pós-Chicago buscam verificar quando a eficiência supera as perdas ocasionadas pela concentração no mercado, bem como pela diminuição de incentivos à entrada no mercado de novos concorrentes. O ponto fulcral nessa nova abordagem, no que toca ao bem-estar dos consumidores, é apontar que "nem sempre soluções centradas apenas no resultado alocativo vão ao encontro dos interesses dos consumidores" [127], alerta Paula Forgioni.

---

125. American Antitrust Institute. *The Post-Chicago School*. Disponível em: http://www.antitrustinstitute. org/content/post-chicago-school. Acesso em: 11 mar. 2013.

126. Em mercados competitivos, podemos afirmar que há eficiência no sentido de Pareto. No entanto, o ambiente propício para tal eficiência requer ausência de poder de mercado e simetria de informações. É evidente que, na prática, esses pressupostos são difíceis de alcançar, e justamente nessa dificuldade residem as falhas de mercado. Gregory Mankiw corrobora: 'no mundo real, contudo, a concorrência muitas vezes está longe de ser perfeita' (MANKIW, Gregory. *Introdução à Economia*: Princípios de Micro e Macroeconomia. Rio de Janeiro: Elsevier, 2001, p. 157). Podemos apontar como falhas de mercado a existência de externalidades, bens públicos, poder de mercado, mercados incompletos ou que apresentam riscos elevados, assimetria informacional e a presença de desemprego e inflação. Vejamos mais detalhadamente algumas dessas falhas, que podem ser consideradas as mais relevantes. O poder de mercado é a capacidade de um único comprador ou vendedor (ou um pequeno grupo) de controlar os preços de mercado. Esse poder pode gerar ineficiência ao manter os preços e quantidades distantes do equilíbrio entre oferta e demanda. As externalidades são os efeitos colaterais que algumas decisões de compradores e vendedores causam, afetando terceiros fora do mercado, como explica Gregory Mankiw (MANKIW, Gregory. *Introdução à Economia*: Princípios de Micro e Macroeconomia. Rio de Janeiro: Elsevier, 2001, p. 157). Tendo em vista que compradores e vendedores não consideram esses efeitos em suas decisões, o equilíbrio de mercado pode ser ineficiente do ponto de vista da sociedade como um todo. A assimetria de informação ocorre quando um agente em uma transação tem mais informações que o outro, ferindo um dos requisitos de um mercado competitivo e ocasionando falhas de mercado. A partir dessa assimetria, surgem problemas como a seleção adversa, um fenômeno pré-contratual em que bons pagadores são penalizados pelos maus, e o risco moral, que ocorre na fase pós-contratual, quando a conclusão de um negócio altera o comportamento dos agentes, prejudicando a outra parte de boa-fé. A respeito da assimetria de informação, é importante conferir o trabalho de George Akerlof (AKERLOF, George A. *The Market for "Lemons"*: Quality, Uncertainty and The Market Mechanism. Quarterly Journal of Economics, 84, p. 488-500, 1970). Por fim, tecemos alguns comentários acerca dos bens públicos, que podem ser consumidos a preços inferiores ao custo marginal (ou até mesmo nulo), devido à impossibilidade de excluir o uso por freeriders (caronas).

127. FORGIONI, Paula Andréa. *Os Fundamentos do Antitruste*. 3. ed. São Paulo: RT, 2008, p. 171.

Apesar das divergências entre as teorias econômicas antitruste, defende-se que o Direito da Concorrência, em consonância com o Direito do Consumidor, tem a busca pelo bem-estar do consumidor como a sua razão de ser.

Assim, pode-se expressar aqui que a proteção da concorrência tem como fim último a garantia da satisfação dos interesses dos consumidores. Amanda Flávio Oliveira complementa a questão sustentado que o caráter instrumental do direito da concorrência é o que permite que a proteção do consumidor seja entendida como sua finalidade[128].

O trabalho do CUTS-International[129] bem arremata tudo o que tentou-se desenvolver e defender acima, nas seguintes palavras:

> Em outras palavras, a promoção da concorrência é um meio para atingir esses objetivos. Claramente, a maximização do interesse do consumidor se torna uma preocupação principal. A política de concorrência faz o mercado funcionar e protege o consumidor de qualquer decepção. Esses são também os dois objetivos importantes da defesa do consumidor. Assim, os objetivos finais das duas políticas são, na base, idênticos. No entanto, a política da concorrência é uma política mais pró-ativa, que entre outras coisas visa a promover os interesses dos consumidores, enquanto que a defesa do consumidor é mais reativa. Ela protege os interesses dos consumidores e assegura o acesso aos meios de defesa para contestar os abusos. É claro que a política de defesa do consumidor também contém igualmente elementos proativos. Neste contexto, as duas políticas são altamente complementares, já que possuem o interesse do consumidor como um objetivo comum[130].

Conclui-se, então, com apoio na tese de Augusto Jaeger Junior[131], pela "necessária correlatividade, interdependência, indissociabilidade e indivisibilidade" da relação da concorrência com o tema do consumidor[132]. Importante citar, a fim de respaldar a literatura estrangeira com a realidade jurídica brasileira, que logo no artigo 1º da Lei 12.529/11[133], no capítulo denominado *Da Finalidade*, pode-se encontrar a seguinte disposição[134]:

---

128. OLIVEIRA, Amanda Flávio de. Defesa da concorrência e proteção do consumidor. *Revista do IBRAC*, São Paulo: IBRAC, v. 14, n. 01, p. 169-181, 2007.
129. Cuts-International. *La Politique de la Concurrence et la Politique de la Protection des Consommateurs*. Jaipur: Centre for Competition, Investment & Economic Regulation, 2008, p. 1.
130. Tradução livre autora.
131. JAEGER JR., Augusto. *A Liberdade de Concorrência como a Quinta Liberdade Fundamental*: Contribuição para um Mercado Comum do Sul. 2005. 620 f. Tese (Doutorado em Direito) – Faculdade de Direito, Universidade Federal do Rio Grande do Sul, Porto Alegre, 2005, p. 172.
132. Nesse sentido, bem destaca Daniel Frimato de Almeida Glória: "não há sentido na concorrência se não houver a ótica do consumidor". GLÓRIA, Daniel Firmato de Almeida. *A Livre Concorrência como Garantia do Consumidor*. Belo Horizonte: Del Rey; FUMEC, 2003, p. 116.
133. BRASIL. Lei 12.529, de 30 de novembro de 2010. *Diário Oficial da União*: 30 nov. 2011.
134. Ana Paula Martinez afirma que tal artigo "torna inequívoca a posição que os consumidores ostentam frente às normas de defesa da concorrência, devendo a proteção de seus interesses servir como diretriz

Art. 1º Esta Lei estrutura o Sistema Brasileiro de Defesa da Concorrência – SBDC e dispõe sobre a prevenção e a repressão às infrações contra a ordem econômica, orientada pelos ditames constitucionais de liberdade de iniciativa, livre concorrência, função social da propriedade, *defesa dos consumidores* e repressão ao abuso do poder econômico.

Parágrafo único. A coletividade é a titular dos bens jurídicos protegidos por esta Lei[135]. (Grifo nosso.)

Imperioso frisar o destaque dados aos consumidores na exposição da finalidade da Lei[136]. Soma-se a isso a titularidade dos bens jurídicos protegidos pela Lei, de maneira que o princípio da livre concorrência deva ser visto como um instrumento a serviço da coletividade, consoante os ensinamentos de Tércio Sampaio Ferraz Junior[137], nomeadamente a serviço dos consumidores.

Diante do texto legal, pode-se tirar outra conclusão: a concorrência não é um fim em si mesmo, e sim um instrumento. Paula Forgioni[138] complementa que "aparece clara, conjuntamente com o aspecto instrumental desse tipo de norma, sua aptidão de servir à implementação de políticas públicas[139], especialmente políticas econômicas".

---

para o aplicador de tais normas". MARTINEZ, Ana Paula. A Defesa dos Interesses dos Consumidores pelo Direito da Concorrência. *Revista do Ibrac*, São Paulo: IBRAC, v. 11, n. 01, p. 79, 2004.

135. Através de uma comparação, podemos perceber que se trata do mesmo dispositivo previsto na antiga Lei, a 8.884 de 1994.

136. Estudo realizado pela UNCTAD sobre modelos de Lei de Concorrência nos revela que na análise dos objetivos ou dos propósitos das Leis do mundo todo, pode-se observar que muitas dessas legislações apontam para o interesse do consumidor com uma das suas finalidades, vejamos: "na Argélia: 'a organização e promoção da livre concorrência e a definição das regras para a sua protecção com o objectivo de estimular a eficiência económica o bem dos *consumidores*', no Canadá: 'para manter e incentivar competição no Canadá, a fim de promover a eficiência e capacidade de adaptação da economia canadiana, a fim de ampliar as oportunidades de participação canadense nos mercados do mundo, enquanto ao mesmo tempo, o reconhecimento do papel da competição estrangeira no Canadá, a fim de assegurar que o as pequenas e médias empresas tenham uma equitativa oportunidade de participar na economia canadense e a fim de oferecer aos *consumidores preços competitivos e opções de produtos*'.(...) No Panamá: 'para proteger e garantir o processo de desenvolvimento econômico de livre concorrência, eliminando práticas monopolistas e outras restrições, do eficiente funcionamento dos mercados e serviços, e para a salvaguarda *do superior interesse dos consumidores*', no Peru: 'Para eliminar práticas monopolistas, controladoras e restritivas, que afetam a livre concorrência, buscando o desenvolvimento da iniciativa privada e o *benefício dos consumidores*', (...) na Venezuela: 'promover e proteger o exercício da livre concorrência' bem como a 'eficiência que beneficia os produtores e consumidores'" (...) (grifo nosso). United Nations Conference on Trade and Development. *Model Law on Competition*. Geneva, United Nations, 2000, p. 14.

137. FERRAZ JR., Tércio Sampaio. Concorrência como Tema Constitucional: Política de Estado e de Governo e o Estado como Agente Normativo e Regulador. *Revista do IBRAC*. São Paulo: IBRAC, v. 16 n. 1. p. 174, 2009.

138. FORGIONI, Paula Andréa. *Os Fundamentos do Antitruste*. 3. ed. São Paulo: RT, 2008, p. 179.

139. Maria das Graças Rua define políticas públicas (*policies*) como resultantes das atividades política (*politics*), compreendem um conjunto de decisões e ações relativas à alocação imperativa de valores. RUA, Maria das Graças e Carvalho. *O Estudo da Política*: Tópicos Selecionados. Brasília: Paralelo 15, 1998.

A grande ressalva que deve ser feita, já à guisa de conclusão, é que nenhuma política pública econômica poderá ignorar os direitos fundamentais, em particular a proteção ao consumidor (artigo 5º, inciso XXXII da CF[140]), sendo essa a finalidade que deve nortear a aplicação da Lei de concorrência. A não observância de tais preceitos carece de juridicidade, uma vez que de nada adianta os direitos e as garantias serem declarados na Constituição, se o Estado não busca empreender esforços para promovê-los e concretizá-los[141].

Note-se, por oportuno, que a defesa do consumidor caracteriza-se como um direito fundamental e, portanto, encontra-se no núcleo duro da Constituição. Desta feita, eventuais restrições a esse direito fundamental devem ser razoáveis e justificadas pela necessária promoção de outros direitos fundamentais.

Adverte Gonet Branco[142] que, "na medida em que ganha força a ideia de que o Poder Público deve ser exercido segundo exigências do postulado do respeito à dignidade da pessoa humana, estabiliza-se a noção de que o Estado, no momento em que legisla ou em que aplica o direito, não pode ser arbitrário. Isso redunda no postulado de que devem ser razoáveis as deliberações tomadas (...)".

Nesta seara, identifica-se, de cara, que a "busca", puramente, pelo desenvolvimento econômico, muito embora tenha previsão constitucional como objetivo da República, não é suficiente para justificar possível infringência aos direitos do consumidor. Humberto Ávila[143] nos alerta: "a realização de uma regra ou princípio constitucional não pode conduzir à restrição a um direito fundamental que lhe retire um mínimo de eficácia."

Um exemplo fático do possível conflito entre política econômica e defesa do consumidor, que muitas vezes tem sede na política da concorrência, é o caso de operações societárias para a criação de grandes empresas brasileiras. Trata-se

---

140. BRASIL. Constituição Federal de 1988. *Diário Oficial da União:* 5 out. 1988.
141. Nessa temática, merece destacar a Ação Direta de Inconstitucionalidade de n. 2591-1. A norma acoimada como inconstitucional nessa ADIN era a do § 2º, do art. 3º do CDC, que define como serviço qualquer atividade fornecida no mercado de consumo, inclusive as de natureza bancária, financeira, de crédito e securitária. A ADIN restou julgada improcedente, por maioria dos votos, a fim de determinar que as instituições financeiras estão, todas elas, alcançadas pela incidência das normas veiculadas pelo Código de Defesa do Consumidor. BRASIL. Supremo Tribunal Federal. Ação Direta de Inconstitucionalidade 2.591. Requerente: Confederação Nacional do Sistema Financeiro – CONSIF. Requeridos: Presidente da República e Congresso Nacional. Relator Ministro Carlos Velloso e Relator para Acórdão Ministro Eros Grau. Tribunal Pleno. Julgado em 07 jun. 2006.
142. BRANCO, Paulo Gustavo Gonet. *Juízo de ponderação na jurisdição constitucional.* Rio de Janeiro: Grupo GEN, 2012.
143. ÁVILA, Humberto. *Teoria dos Princípios*: Da Definição à Aplicação dos Princípios Jurídicos. Porto Alegre: Malheiros Editores, 2008, 146.

dos campeões nacionais ou *national champions*, que Paulo Todescam Mattos[144] apresenta nos seguintes termos:

> O fortalecimento de grupos econômicos nacionais poderia, no entanto, ser analisado sob outra perspectiva. Tal como descrevemos acima, pode ser um fortalecimento necessário para garantir, dadas as condições macroeconômicas de determinado país, o aumento da competitividade industrial por meio da ampliação da capacidade de investimentos produtivos (incluindo investimentos em inovação). Ao mesmo tempo, em situações de crise financeira, pode ser um fortalecimento crucial para evitar processos de desindustrialização.

Nos últimos tempos, muito se ouviu falar, no Brasil, nesses tais campeões nacionais, em que o Estado, ainda que indiretamente através do BNDES[145], seria um dos maiores incentivadores das operações societárias, questão que foi exaustivamente discutida nos jornais e na internet[146] em face da especulada (e suspensa) fusão entre Carrefour e Pão de Açúcar.

Outro caso, não menos paradigmático, refere-se à aprovação, mediante Compromisso de Desempenho, da fusão entre Perdigão e Sadia, como a criação da gigantesca e líder em –alguns mercados– Brasil Foods S.A.[147].

Para Roberto Domingos Taufick[148], a defesa dos campeões nacionais nada mais é que um *trade-off* entre um prejuízo para o consumidor nacional e o benefício aos consumidores dos outros mercados. Esse *trade-off* enfrentado pelas autoridades antitruste – que deverão sempre levar em consideração os interesses dos consumidores – se materializa na apreciação dos atos de concentração.

Esse papel preventivo, que sofreu uma das mudanças mais significativas com a entrada em vigor da Lei 12.529 de 2011[149], como destacado anteriormente no presente estudo, levanta inúmeras preocupações e gera muita divergência,

---

144. MATTOS, Paulo Todescam. Política Industrial e política de Defesa da Concorrência: Conflito ou Convergência? *Revista Conjuntura Econômica* – FGV/IBRE, Rio de Janeiro, 1º jul. 2009.
145. Desse papel do BNDES emergem muitas preocupações, tanto de ordem competitiva, quanto com relação aos consumidores. Interessante é a reportagem de Patrick Cruz intitulada "BNDES é Bom para Quem?", publicada pela Revista Exame em 7 mar. 2013: CRUZ, Patrick. *BNDES é Bom Para Quem?* Disponível em: http://exame.abril.com.br/revista-exame/edicoes/1036/noticias/o-bndes-e-bom-para-quem?page=4. Acesso em: 19 mar. 2013.
146. Citamos aqui um dos destaques: The Economist. *Too Little, Too Late*. Disponível em: http://www.economist.com/node/18929248. Acesso em: 19 mar. 2013.
147. Não podemos deixar de destacar aqui o posicionamento de Lúcia Helena Salgado e Rafel Pinho de Morais sobre esse ato de concentração: "na sessão do Cade que aprovou a fusão Sadia-Perdigão, decidiu-se sobre algo indisponível: o interesse público da concorrência. Com a palavra os que ainda creem em sua defesa". SALGADO, Lúcia Helena; MORAIS, Rafael Pinho. *Pesadelo para o Consumidor*. Disponível em: http://www.ipea.gov.br/portal/index.php?option=com_content&view=article&id=9547&Itemid=75. Acesso em: 19 mar. 2013.
148. TAUFICK, Roberto Domingos. *Nova Lei Antitruste Brasileira*. Rio de Janeiro: Forense, 2012.
149. BRASIL. Lei 12.529, de 30 de novembro de 2010. *Diário Oficial da União*: 30 nov. 2011.

nomeadamente quando pensamos no bem-estar do consumidor. Por tal razão, um *diálogo* entre as duas políticas se torna quase que *indispensável*.

O controle de estruturas ganha destaque e relevância principalmente em decorrência do fenômeno social de concentração econômica[150], que proporcionou a "era das fusões". As megaempresas vão tomando corpo, tendo como âmbito de atuação não mais apenas territórios nacionais, mas sim mercados mundiais, deixando de lado as antigas fronteiras.

Trabalhos sobre o assunto, assim os de Heloisa Carpena[151] e Daniel Glória[152], vêm apontando que o CADE e demais autoridades antitruste brasileiras não têm concedido a tutela que o princípio da proteção dos consumidores não apenas requer, mas também necessita, ficando esse interesse, na maioria dos atos de concentração, restrito, quando muito, às notas de rodapé. Por tal razão, Heloisa Carpena[153] indaga, "como tornar realidade a dignidade da pessoa humana sem contemplar o consumidor em primeiro lugar, como portador de interesse prioritário a ser tutelado?"

Postas as preocupações que dizem respeito ao objeto específico deste trabalho, passamos à análise técnica e procedimental do controle dos atos de concentração realizado pelo CADE, a fim de, num segundo momento, focar na questão do bem-estar do consumidor na tomada de decisão. A primeira questão que nos vem à mente é a seguinte: mas por que o CADE analisa atos de concentração?

De maneira bastante simplificada e objetiva, podemos dizer que esse tipo de conduta em um mercado atrai a atenção das autoridades antitruste, já que a possibilidade de concorrentes autônomos/independentes passarem a atuar conjuntamente sinaliza a possibilidade de efeitos negativos ao mercado como um todo. Urs Lehmann e Rolf Watter[154] justificam o controle de estruturas: "em geral, as concentrações adicionais de poder são indesejáveis".

Ao chegar a notificação do ato no CADE, que passa a ser prévia e portanto deverá ser feita após um instrumento formal que vincule as partes, mas antes

---

150. Waldirio Bulgarelli nos informa que esse fenômeno possui origem bastante antiga, mas é a partir da Revolução Industrial que o movimento intensifica-se, com uma tendência ao crescimento incessante. BULGARELLI, Waldirio. *Fusões, Incorporações e Cisões de Sociedades*. 5. ed. São Paulo: Atlas, 2000. Sobre esse tema, destacamos, ainda, o trabalho de Beatriz Gontijo de Brito: BRITO, Beatriz Gontijo. *Concentração de Empresas no Direito Brasileiro*. Rio de Janeiro: Forense, 2002.
151. CARPENA, Heloisa. *Consumidor no Direito da Concorrência*. Rio de Janeiro: Renovar, 2005.
152. GLÓRIA, Daniel Firmato de Almeida. *A livre concorrência como garantia do consumidor*. Belo Horizonte: Del Re; FUMEC, 2003.
153. CARPENA, Heloisa. *Consumidor no Direito da Concorrência*. Rio de Janeiro: Renovar, 2005.
154. LEHMANN, Urs; WATTER, Rolf. *Merger Control in Switzerland*. Basel: Helbing & Lichtenhahn, 1998, p. 9.

de consumado o ato, a autoridade antitruste preocupar-se-á com a definição do mercado relevante (tanto do produto ou serviços quanto o geográfico).

Constatado o poder de mercado através de testes, como o do monopolista hipotético[155], o C4[156] ou HHI[157], e da investigação da substituibilidade pelo lado da demanda e da oferta, e sendo esse superior a 20%–o que configura a possibilidade de exercício de poder –, passa-se à verificação da probabilidade de exercício de poder unilateral ou coordenado. Nesta etapa, avalia-se o nível de importações, a probabilidade, a tempestividade e a suficiência da entrada de novos agentes, a existência de rivalidade e a sua efetividade e a existência de outros fatores relevantes como: custos irrecuperáveis, barreiras regulatórias, exclusividade, economias de escala, integração da cadeia, fidelidade à marca, entre outros.

---

155. Malcolm B. Coate e Jeffrey H. Fischer relatam que o teste do monopolista hipotético, desenvolvido pelo Departamento de Justiça dos Estados Unidos (*Department of Justice – DOJ*), é muito bem estabelecido como um teste para a definição do mercado pelas Agências Reguladoras e Cortes Federais dos Estados Unidos e por muitos regimes internacionais antitruste, como é o caso do Brasil. COATE, Malcolm; FISCHER, Jeffrey. A Practical Guide to the Hypothetical Monopolist Test for Market Definition. *Potomac Papers in Law and Economics*, p. 1-49, October 2007. No Brasil, o teste do monopolista hipotético está descrito no Guia para Análise Econômica de Atos de Concentração Horizontal, nos seguintes termos: "O teste do 'monopolista hipotético' consiste em se considerar, para um conjunto de produtos e área específicos, começando com os bens produzidos e vendidos pelas empresas participantes da operação, e com a extensão territorial em que estas empresas atuam, qual seria o resultado final de um 'pequeno porém significativo e não transitório' aumento dos preços para um suposto monopolista destes bens nesta área". BRASIL. Ministério da Fazenda. Secretaria de Acompanhamento Econômico (SEAE). *Guia para Análise Econômica de Atos de Concentração Horizontal*. Portaria Conjunta SEAE/SDE 50, 1º ago. 2001, p. 9.
156. Carlos Emmanuel Joppert Ragazzo e Kenys Menezes Machado lecionam que o teste C4 seria nada mais que a soma das participações dos quatro maiores agentes do mercado. Assim, quanto maior o resultado obtido pela soma, maior será a probabilidade de exercício de poder coordenado. RAGAZZO, Carlos Emmanuel Joppert; MACHADO, Kenys Menezes. Desafios da Análise do CADE no Setor de Planos de Saúde. In: PERILLO, Eduardo Bueno da Fonseca; AMORIM, Maria Cristina Sanches. (Org.). *Para Entender a Saúde no Brasil*. 4. ed. São Paulo: LCTE, p. 203-234, 2011.
157. Sobre o HHI, Carlos Emmanuel Joppert Ragazzo e Kenys Menezes Machado, com apoio nas *guidelines* norte-americanas, esclarecem: "O Herfindahl-Hirschman Index (HHI) é um índice de concentração extensamente empregado na análise antitruste. Ele é calculado com base no somatório do quadrado das participações de mercado de todas as empresas de um dado mercado. O HHI varia de 0 (zero), quando o mercado é totalmente fragmentado, até 10.000, valor no qual uma única empresa detém 100% do mercado. Os dois principais critérios para a análise do HHI são os empregados pelos EUA e pela União Europeia. Até o ano passado, nos EUA, o ato de concentração que resultasse em um HHI acima de 1800 (alta concentração) com variação de pelo menos 50 pontos deveria ser analisado, pois apresentaria elevada possibilidade de efeitos sobre a concorrência. Se o HHI ficasse entre 1.000 e 1.800 pontos, mas tivesse variação acima de 100 pontos, também seria investigado. Esses valores foram revisados para cima em 2010 pelas autoridades antitruste americanas; ou seja, HHI de 2500 pontos e variação acima de 100 pontos demandam investigação, o mesmo ocorrendo com HHI entre 1500 e 2500, com variação acima de 100 pontos". RAGAZZO, Carlos Emmanuel Joppert; MACHADO, Kenys Menezes. Desafios da Análise do CADE no Setor de Planos de Saúde. In: PERILLO, Eduardo Bueno da Fonseca; AMORIM, Maria Cristina Sanches. (Org.). *Para Entender a Saúde no Brasil*. 4. ed. São Paulo: LCTE, p. 203, 2011.

Caso a análise mencionada acima conclua pela potencial probabilidade do poder de mercado, dá-se prosseguimento à verificação das eficiências geradas pelo ato. Para não ser reprovada a operação nessa etapa, as eficiências, além de serem específicas[158], deverão proporcionar um efeito líquido positivo, isto é, as eficiências da operação precisam ser superiores aos custos (efeitos líquidos negativos), como bem apontam Carlos Emmanuel Joppert Ragazzo e Kenys Menezes Machado[159].

A análise das eficiências estava estabelecida no artigo 54 da Lei 8.884/94[160], inciso I, do § 1º: "O CADE poderá autorizar os atos a que se refere o caput, desde que atendam as seguintes condições: I – tenham por objetivo, cumulada ou alternativamente: a) aumentar a produtividade; b) melhorar a qualidade de bens ou serviço; ou c) propiciar a eficiência e o desenvolvimento tecnológico ou econômico". Acontece que a produção de efeito líquido positivo não era condição *per se* para a aprovação do ato, já que o inciso II do mesmo artigo assim exigia: "os benefícios decorrentes sejam distribuídos equitativamente entre os seus participantes, de um lado, e os consumidores ou usuários finais[161], de outro".

Portanto, as eficiências *deveriam impactar positivamente no mercado e no bem-estar do consumidor*, residindo aqui mais um ponto de interação entre a política da concorrência e a do consumidor. O condicionamento da aprovação do ato à geração de benefícios ao consumidor–ainda que não integral, uma vez que os benefícios seriam compartilhados com os demais participantes da operação– representa, segundo Jorge Fagundes[162], a incorporação de um critério distributivo às políticas de defesa da concorrência no Brasil, validando, do ponto de vista legal, o emprego do modelo *price-standard*.

---

158. Precisa estar claro que não são quaisquer eficiências, mas tão somente aquelas decorrentes especificamente do ato de concentração em análise pelo CADE. Ricardo Ruiz e Marina da Gama defendem que o CADE, geralmente, considera como eficiências específicas da concentração aquelas cuja magnitude e possibilidade de ocorrência possam ser verificadas por meios razoáveis e para as quais as causas (como) e o momento em que serão obtidas (quando) estejam especificados. RUIZ, Ricardo; GAMA, Marina. A Práxis Antitruste no Brasil: uma Análise do CADE no período 1994-2004. *Economia e Sociedade* (UNICAMP), Campinas, v. 16, p. 256, 2007.
159. RAGAZZO, Carlos Emmanuel Joppert; MACHADO, Kenys Menezes. Desafios da Análise do CADE no Setor de Planos de Saúde. In: PERILLO, Eduardo Bueno da Fonseca; AMORIM, Maria Cristina Sanches. (Org.). *Para Entender a Saúde no Brasil*. 4. ed. São Paulo: LCTE, p. 203-234, 2011.
160. BRASIL. Lei 8.884, de 11 jun. 1994. *Diário Oficial da União*: 13 jun. 1994.
161. Para Heloísa Carpena, a Lei ao se referir a "consumidores ou usuários finais" teria adotado, sem qualquer dúvida, o conceito de consumidor instituído pelo CDC: "Portanto, não se trata de tutelar interesses de pequenas empresas, distribuidores, varejistas ou concorrentes, participantes do processo produtivo. Apenas o benefício proporcionado ao consumidor, seja relativo a preços, qualidade, segurança ou mesmo variedade de produtos ou serviços, constitui fundamento da legalidade do ato". CARPENA, Heloisa. *Consumidor no Direito da Concorrência*. Rio de Janeiro: Renovar, 2005, p. 231.
162. FAGUNDES, Jorge. Excedente do Consumidor, Excedente Agregado e Uso Simulação com Modelo PCAIDS no Caso Nestlé-Garoto. *Revista do IBRAC*, São Paulo: IBRAC, v. 14, n. 1, p. 131-148, 2007.

Segundo Jorge Fagundes[163] o critério *price-standard*:

> estabelece como objetivo das políticas de defesa da concorrência a maximização do excedente agregado do consumidor e não do excedente total, como propõe Williamsom e os defensores da Escola de Chicago, evitando-se, com isso, o problema distributivo e as prováveis perdas de bem-estar social dele derivadas.

O critério consequencialista inserido na norma concorrencial exige, pois, que as eficiências que subsidiam a aprovação do ato, pelo menos, não reduzam o bem-estar do consumidor, cujo aferimento se baseia em seu excedente. E o excedente do consumidor, consoante descreve Gregory Mankiw[164], é a quantia que esse está disposto a pagar por um bem, menos a quantia que ele efetivamente paga.

A confirmação do critério *price-standard* ocorreu no paradigmático caso Nestlé-Garoto[165], que resultou na reprovação da operação pelo CADE[166]. Realizando a análise do caso conforme as etapas apresentadas acima, a autoridade antitruste concluiu pela grande concentração, elevadas barreiras à entrada e não existência de uma rivalidade efetiva.

Restando apenas ganhos de eficiência para reverter a situação, essas não se fizeram presentes. As supostas eficiências alegadas pelas partes interessadas não eram suficientes para

evitar danos ao consumidor, o que, diante da disposição legal, impede a aprovação do ato.

Nessa esteira, citamos o voto do Conselheiro Thompson Almeida Andrade[167]:

> Como visto, a lei brasileira de defesa da concorrência prevê claramente, no inciso II, parágrafo 1º do artigo 54, que os 'benefícios decorrentes sejam distribuídos equitativamente entre os seus participantes, de um lado, e os consumidores ou usuários finais, de outro'. A lei, portan-

---

163. FAGUNDES, Jorge. Excedente do Consumidor, Excedente Agregado e Uso Simulação com Modelo PCAIDS no Caso Nestlé-Garoto. *Revista do IBRAC*, São Paulo: IBRAC, v. 14, n. 1, p. 137, 2007.
164. MANKIW, Gregory. *Introdução à Economia*: Princípios de Micro e Macroeconomia. Rio de Janeiro: Elsevier, 2001, p. 143.
165. As partes envolvidas no ato de concentração reprovado pelo CADE buscaram a revisão judicial da decisão da autarquia. Em 2009, já em sede de recurso, a Terceira Seção do TRF da 1ª Região, entendeu, por maioria, por anular a decisão do CADE e que um novo julgamento fosse proferido. No presente momento, o processo aguarda o julgamento de Embargos Infringentes. BRASIL. Tribunal Regional Federal da 1ª Região. Partes: Chocolates Garoto S/A, Nestlé Brasil Ltda. e Conselho Administrativo de Defesa Econômica. Terceira Seção. Relator: Desembargador Carlos Moreira Alves.
166. BRASIL. Conselho Administrativo de Defesa Econômica. Ato de Ato de Concentração 08012.001697/2002-89. Partes Chocolates Garoto S/A e Nestlé Brasil Ltda. Conselheiro Relator Thompson Almeida Andrade. Julgado em 4 fev. 2004.
167. BRASIL. Conselho Administrativo de Defesa Econômica. Ato de Ato de Concentração 08012.001697/2002-89. Partes: Chocolates Garoto S/A e Nestlé Brasil Ltda. Conselheiro Relator Thompson Almeida Andrade. Julgado em 4 fev. 2004.

to, obriga que seja levado em consideração na análise não apenas os efeitos da operação sobre o excedente econômico total, mas especificamente o resultado sobre o excedente do consumidor (aumento de preços). Neste sentido, o modelo *price standard* se aproxima mais do objetivo traçado pela lei. Embora não garanta que os benefícios sejam distribuídos equitativamente entre consumidores e empresas, pelo menos impede que os consumidores sejam penalizados com aumentos de preços.

Outro importante precedente do CADE que levou em consideração o interesse do consumidor como fator de decisão foi o ato de concentração que teve como partes as empresas Sadia e Perdigão. Assim se posicionou o Conselheiro Carlos Emmanuel Joppert Ragazzo[168]:

> Na realidade, o fato é que, mesmo se, *ad argumentandum*, fossem consideradas todos os ganhos de sinergias alegados pelas partes, a magnitude de tais eficiências, ainda assim, se mostra insignificante perto dos graves danos à coletividade que este ato de concentração gerará. *O potencial de danos aos consumidores advindo desta operação, conforme foi aqui demonstrado à exaustão, é substancial em um grau raramente observado.*
>
> (...)
>
> Certamente, a mera comparação de alegados ganhos de sinergias com os resultados de aumentos de preços advindos de testes de simulação e UPPs *não servem, por si só, para atestar que haveria um repasse de eficiências aos consumidores.*
>
> (...)
>
> Isso ocorreria porque, ainda assim, o repasse das eficiências aos consumidores seria demasiadamente incerto.
>
> (...)
>
> Dito isso, conclui-se, de modo bastante evidente, que as potenciais eficiências decorrentes da operação *não são, nem mesmo remotamente, suficientes para compensar os danos extremos aos consumidores e à coletividade gerados por este ato de concentração*[169]. (Grifo nosso.)

Andressa Schneider[170], em consonância com o apresentado acima, defende que a arquitetura do controle da concentração, conforme prevista pela Lei antiga, "ao prever a distribuição dos benefícios inerentes à concentração entre consumidores e seus participantes, demonstra que a concentração poderia ser aceita se e somente se

---

168. Apesar de o Conselheiro Relator Emmanuel Joppert Ragazzo ter entendido pela não aprovação do ato, a operação restou aprovada, com restrições, mediante a celebração de Termo de Compromisso de Desempenho em 13 jul. 2011.
169. BRASIL. Conselho Administrativo de Defesa Econômica. Ato de Concentração 08012.004423/2009-18. Partes: Perdigão S.A. e Sadia S.A. Relator: Conselheiro Carlos Emmanuel Joppert Ragazzo.
170. SCHNEIDER, Andressa. Aspectos do controle de atos de concentração e da tutela do consumidor: cotejo entre as Leis 8.884/1994 e 12.529/2011. *Boletim Latino Americano de Concorrência*, v. 31, p. 73, 2012. Para uma análise mais detalhada da questão, ver a dissertação de mestrado da autora: SCHNEIDER, Andressa. *A Tutela do Consumidor no Controle de Concentrações de Empresas*: Uma Análise Jurídica a partir da Lei 8884/1994. 2011. Dissertação (Mestrado em Direito) – Faculdade de Direito, Universidade Federal do Rio Grande do Sul, Porto Alegre, 2011.

a Administração pudesse assegurar que haveria a distribuição, a partilha de benefícios – o que determinava a adoção do modelo *price standard* à análise de eficiências".

Com relação à nova Lei[171], no que toca à distribuição dos benefícios, podemos observar algumas modificações no texto legal, quais sejam:

> Art. 88. Serão submetidos ao Cade pelas partes envolvidas na operação os atos de concentração econômica em que, cumulativamente:
>
> (...)
>
> § 5º Serão proibidos os atos de concentração que impliquem eliminação da concorrência em parte substancial de mercado relevante, que possam criar ou reforçar uma posição dominante ou que possam resultar na dominação de mercado relevante de bens ou serviços, ressalvado o disposto no § 6º deste artigo.
>
> § 6º Os atos a que se refere o § 5º deste artigo poderão ser autorizados, desde que sejam observados os limites estritamente necessários para atingir os seguintes objetivos:
>
> I – cumulada ou alternativamente:
>
> a) aumentar a produtividade ou a competitividade;
>
> b) melhorar a qualidade de bens ou serviços; ou
>
> c) propiciar a eficiência e o desenvolvimento tecnológico ou econômico; e
>
> II – sejam *repassados aos consumidores parte relevante dos benefícios decorrentes* (...). (Grifo nosso.)

Muito embora a Lei nova tenha repetido a exigência do repasse aos consumidores dos benefícios decorrentes do ato de concentração, essa determinou apenas que a transferência seja de parte relevante desses benefícios, e não de forma equitativa, como previa a norma anterior. Andressa Schneider[172] assevera que o inciso deverá ser interpretado sob a perspectiva distributiva, sob pena de haver um provável retrocesso na rede de proteção dos consumidores que é oferecida pelo Direito Concorrencial, particularmente no controle estrutural.

A título de comparação, é importante citar o artigo 101 do Tratado sobre o Funcionamento da União Europeia (TFUE)[173]. No seu item 1, é estabelecido

---

171. BRASIL. Lei 12.529, de 30 de novembro de 2010. *Diário Oficial da União*: 30 nov. 2011.
172. Para Andressa Schneider, com a nova Lei, "há, pois, uma ampliação da discricionariedade. Afinal, o que seria uma 'parte relevante dos benefícios decorrentes' da concentração? Qual seria o propósito do legislador ao adotar essa nova construção linguística 'sejam repassados aos consumidores parte relevante dos benefícios decorrentes', ao invés daquela já positivada 'os benefícios decorrentes sejam distribuídos equitativamente entre os seus participantes, de um lado, e os consumidores ou usuários finais, de outro'?" SCHNEIDER, Andressa. Aspectos do controle de atos de concentração e da tutela do consumidor: cotejo entre as Leis 8.884/1994 e 12.529/2011. *Boletim Latino Americano de Concorrência*, v. 31, p. 75, 2012.
173. Na versão em língua portuguesa do TFUE, o artigo 101 possui a seguinte redação: "Artigo 101. (ex-artigo 81. o TCE) 1. São incompatíveis com o mercado interno e proibidos todos os acordos entre empresas, todas as decisões de associações de empresas e todas as práticas concertadas que sejam susceptíveis de afectar o comércio entre os Estados-Membros e que tenham por objectivo ou efeito impedir, restringir

que os acordos entre empresas, decisões de associações entre empresas e todas as práticas concertadas que sejam susceptíveis de afetar o comércio entre os países da União Europeia e que tenham objetivos ou efeitos anticoncorrenciais reais ou potenciais são proibidos. Podem, no entanto, tais disposições do item 1 serem declaradas inaplicáveis caso os atos ali mencionados preencham *cumulativamente* quatro condições: (i) gerem ganhos de eficiência, (ii) não gerem prejuízos à concorrência além dos que sejam indispensáveis à consecução dos objetivos, (iii) não eliminem substancialmente a concorrência e (iv) *seja distribuído aos consumidores uma parte equitativa dos benefícios gerados pelo ato.*

Ao analisar a última condição, Jean Magnan de Bornier indica que o termo "equitativa" gera bastante dificuldades na hora de ser interpretado, devendo, pois, as autoridades exigirem simplesmente que todo o lucro não vá para os "bolsos dos agentes econômicos". Outro detalhe que precisa aqui ser destrinchado é a amplitude do conceito de consumidor, ou melhor, de "utilizadores", como disposto originalmente no TFUE em língua portuguesa[174].

Em uma consulta[175] sobre as normas da concorrência (e em específico o artigo 101 do TFUE[176] – na época artigo 81 do TCE) o *Conseil de la Concurrence* da França, assim demarcou a abrangência da palavra *"utilisateurs"* [177]:

---

ou falsear a concorrência no mercado interno, designadamente as que consistam em: a) Fixar, de forma directa ou indirecta, os preços de compra ou de venda, ou quaisquer outras condições de transacção; b) Limitar ou controlar a produção, a distribuição, o desenvolvimento técnico ou os investimentos; c) Repartir os mercados ou as fontes de abastecimento; d) Aplicar, relativamente a parceiros comerciais, condições desiguais no caso de prestações equivalentes colocando-os, por esse facto, em desvantagem na concorrência; e) Subordinar a celebração de contratos à aceitação, por parte dos outros contraentes, de prestações suplementares que, pela sua natureza ou de acordo com os usos comerciais, não têm ligação com o objecto desses contratos. 2. São nulos os acordos ou decisões proibidos pelo presente artigo. 3. As disposições no n. o 1 podem, todavia, ser declaradas inaplicáveis: – a qualquer acordo, ou categoria de acordos, entre empresas, – a qualquer decisão, ou categoria de decisões, de associações de empresas, – a qualquer prática concertada, ou categoria de práticas concertadas, que contribuam para melhorar a produção ou a distribuição dos produtos ou para promover o progresso técnico ou econômico, contanto que aos *utilizadores* se reserve uma parte equitativa do lucro daí resultante, e que: a) Não imponham às empresas em causa quaisquer restrições que não sejam indispensáveis à consecução desses objetivos; b) Nem deem a essas empresas a possibilidade de eliminar a concorrência relativamente a uma parte substancial dos produtos em causa". UNIÃO EUROPEIA. Tratado sobre o Funcionamento da União Europeia. *Jornal Oficial da União Europeia*. 30 mar. 2010.

174. Importante observar que o TFUE em língua portuguesa fala em "utilizadores", assim como no TFUE na língua francesa usa-se o termo *"utilisateurs"*. No entanto, no TFUE versão em língua inglesa o artigo 101 refere-se à *"consumers"*. União Europeia. Tratado sobre o Funcionamento da União Europeia. *Jornal Oficial da União Europeia*. 30 mar. 2010.
175. FRANÇA. Conseil de la Concurrence. *Avis n. 06-A-07*. 22 mar. 2006.
176. União Europeia. Tratado sobre o Funcionamento da União Europeia. *Jornal Oficial da União Europeia*. 30 mar. 2010.
177. Sobre o tema, ver também: CONDOMINES, Aurélien. *Le Nouveau Droit Français de la Concurrence*. Paris: Jurismanager, 2009.

A segunda condição para a isenção requer que a prática restritiva reserve aos usuários uma parte equitativa do lucro resultante. O termo 'usuário' inclui todos os atores, diretos ou indiretos, dos produtos abrangidos pelo acordo, incluindo indústrias, atacadistas, varejistas, mas especialmente, no caso de bens a serem amplamente comercializados, os consumidores finais[178].

Certifica-se, pois, que a nova Lei representa um avanço em comparação com essa interpretação dada ao artigo 101 do TFUE. O termo "consumidores" do artigo 88 contempla a definição de consumidor já bem discutida e estabelecida na doutrina consumerista, representada pela corrente finalista[179].

Da exposição feita acima, devemos fazer as seguintes colocações: a *primeira* é que no Brasil, colocou-se o princípio da Defesa da Concorrência e o da Defesa do Consumidor lado a lado em nossa Constituição, demonstrando que são institutos independentes, mas que, em sua implementação, devem estar em consonância.

A *segunda*, exatamente por serem considerados autonomamente, é que o legislador brasileiro dedicou duas normas distintas a cada disciplina. O Direito do Consumidor é regulamentado pelo CDC[180] e o Direito da Concorrência pela Lei 12.529/2011[181].

A *terceira* refere-se ao fato de que cada política possui uma agência e um sistema próprio. No caso da concorrência, temos o SBDC, integrado pelo CADE e SEAE. Já no do consumidor, temos o SNDC, cuja coordenação fica a cargo da SENACON.

A *quarta* – que não se dá sem maiores divergências e evoluções da teoria econômica – é o reconhecimento de que esses ramos distintos, com lógicas distintas, buscam promover o mesmo estado de coisas. Esse estado é representado pelo bem-estar do consumidor, apesar de que na prática definir o que é esse tão famoso bem-estar é uma tarefa bastante complicada.

A *quinta*: é a identificação e o reconhecimento desse objetivo comum que exigem uma coordenação e harmonização dessas defesas. A política econômica, ainda que venha ao encontro com a defesa da concorrência, precisa observar e promover o direito fundamental de defesa do consumidor.

Portanto, conclui-se essas considerações citando a brilhante frase de Harold Seidman[182], que resume o que se pretendeu até agora desenvolver: "se nós desejamos coordenação, nós devemos primeiramente concordar sobre nossos objetivos e prioridades nacionais e empenhar os recursos necessários para o alcance"[183].

---

178. Tradução livre autora. FRANÇA. Conseil de la Concurrence. *Avis n. 06-A-07*. 22 mar. 2006, p. 23.
179. As correntes sobre o conceito de consumidor serão vistas em capítulo específico nesta obra.
180. BRASIL. Código de Defesa do Consumidor: Lei 8.078, de 11 set. 1990. *Diário Oficial da União*: 12 set. 1990.
181. BRASIL. Lei 12.529, de 30 nov. 2010. *Diário Oficial da União*: 30 nov. 2011.
182. SEIDMAN, Harold. *Politics, Position, and Power*. New York: Oxford University Press, 1970, p. 84.
183. Tradução livre autora.

2
HARMONIZAÇÃO E COORDENAÇÃO ENTRE A DEFESA DA CONCORRÊNCIA E A DEFESA DO CONSUMIDOR

2.1 O QUE COORDENAR E HARMONIZAR

Entender a defesa da concorrência e a do consumidor como faces de uma só moeda é o que permite identificar a íntima relação existente entre a defesa do consumidor e a da concorrência. Essa unidade, como se já não fosse suficiente, é ainda respaldada pela identidade dos sujeitos passivos, a quem as normas regulatórias do Direito do Consumidor e da Concorrência são dirigidas.

Coincidência ou não, há uma concomitância no que se refere ao sujeito passivo. De uma maneira geral, os agentes econômicos que praticam atos lesivos aos consumidores possuem poder de mercado. A estrutura do mercado é representada ou por poucos agentes – oligopolizada – ou se refere a monopólios, que são muitas vezes decorrentes de concessões estatais.

Como poderíamos, então, conceber um sistema apartado de defesa do consumidor e de defesa da concorrência, se além de um objetivo comum, essas ainda possuem o mesmo sujeito passivo? A questão é simples: as defesas possuem lógicas distintas, mas que juntamente se complementam.

Essa é a razão primordial para temos sistemas autônomos, que não podem ser resumidos em um só (muito embora possam ser alocados em uma única instituição). Os fundamentos e as racionalidades dirigem a tutela para caminhos distintos, muito embora sejam esses embasados na mesma finalidade, qual seja, o bem-estar do consumidor.

Danièle Meledo-Briand explica[1] o que seriam essas lógicas distintas:

> Bem entendido, ao direito do consumidor e ao direito da concorrência correspondem lógicas diferentes. Um visa ao particular, outro ao coletivo. Uma considera o consumidor como sujeito

---

1. MELEDO-BRIAND, Danièle. A Consideração do Interesse do Consumidor e o Direito da Concorrência. *Revista de Direito do Consumido*. São Paulo: RT, v. 35, p. 39, jul./set. 2000.

passivo, a outra o torna como destinatário final do mercado, seja como agente econômico, seja como sujeito ativo.

Perceba-se, portanto, que em decorrência de sua natureza diversa, cada ramo irá proteger o consumidor de maneira distinta. Essa proteção nada mais é que uma forma de intervenção do Estado na Ordem Econômica.

E sobre intervenção, não se pode deixar de citar os estudos de Eros Grau[2.] Segundo Eros Grau[3,] atuação estatal é uma expressão genérica que diz respeito à ação do Estado tanto na área de titularidade própria (serviços públicos), quanto na área de titularidade do setor privado. O termo intervenção, por sua vez, conota a atuação estatal no campo da atividade econômica em sentido estrito.

A atividade econômica possui duas acepções: a prestação de serviços públicos e o exercício da atividade econômica em sentido estrito. Serviço público é todo aquele prestado para satisfazer às necessidades essenciais. Já a atividade econômica em sentido estrito diz respeito às atividades de titularidade do ramo privado que negociem o lucro.

Há excepcionalidades trazidas pela Constituição Federal que possibilitam a exploração de tais atividades pelo Estado, como é o caso dos artigos 173 *caput*, 177 e inciso XXIII do artigo 21 do documento. O primeiro diz respeito à exploração direta pelo Estado quando esta for necessária aos imperativos da segurança nacional ou haver relevante interesse coletivo. Os dois últimos tratam do regime em atuação de monopólio.

Postas as distinções necessárias, passa-se ao exame das modalidades de intervenção estatal. Eros Grau[4] relata que há três formas de intervenção: por absorção ou participação; por direção; e por indução. O primeiro caso é conhecido também como intervenção no domínio econômico, na qual o Estado desenvolve a ação como agente econômico. É por absorção quando o Estado assume integralmente os meios de produção, ou seja, atua em regime de monopólio. É por participação quando o Estado assume parcela dos meios de produção, atuando em regime de competição "com empresas privadas que permanecem a exercitar suas atividades nesse mesmo setor"[5.]

---

2. GRAU, Eros Roberto. *A Ordem Econômica na Constituição de 1988*. São Paulo: Malheiros Editores, 2006.
3. GRAU, Eros Roberto. *A Ordem Econômica na Constituição de 1988*. São Paulo: Malheiros Editores, 2006, p. 45.
4. GRAU, Eros Roberto. *A Ordem Econômica na Constituição de 1988*. São Paulo: Malheiros Editores, 2006, p. 148.
5. GRAU, Eros Roberto. *A Ordem Econômica na Constituição de 1988*. São Paulo: Malheiros Editores, 2006, p. 148.

Nos últimos dois casos, conhecidos como intervenção sobre o domínio econômico, o Estado desenvolve a ação como regulador dessa atividade. Quando o faz por direção, ele exerce pressão sobre a economia por meio de normas compulsórias destinadas aos sujeitos da atividade econômica em sentido estrito. Nesse caso, trata-se de comandos imperativos, cogentes. A título exemplificativo, podemos citar a norma que instrumente um controle de preços.

Na intervenção por indução, por sua vez, o Estado manipula os instrumentos de intervenção na conformidade das leis que regem os mercados, tratando-se, nesse caso, de normas dispositivas. A indução pode se dar tanto de forma positiva como negativa.

Vejamos, pois, como o Estado intervém sobre o domínio econômico por meio das normas de concorrência e do consumidor. Sobre as normas de concorrência, ressalta-se, primeiramente, que a base dessas, inegavelmente, buscou inspiração na doutrina e nas autoridades estrangeiras, sobretudo nas norte-americanas. Essas defendiam que os juízes, em matéria antitruste, segundo Luis Fernando Schuartz[6,] deveriam interpretar a legislação aplicável tendo em vista, unicamente, a maximização de alguma medida de bem-estar econômico.

Nessa linha de raciocínio, se concebeu no Brasil uma teoria normativa consequencialista ao Antitruste. Destarte, as propostas de solução para determinados casos concretos estarão relacionadas à sua contribuição para a obtenção do estado de coisas elegido pela norma.

Não obstante, salienta Luis Fernando Schuartz[7] que a natureza consequencialista do Direito da Concorrência também pode ser vista em um sentido forte, dando supremacia à valoração das consequências sobre os demais critérios de correção, eventualmente considerados também como relevantes.

Evidentemente que essa valoração consequencialista, no momento da decisão, não é tarefa fácil, principalmente se considerarmos a assimetria de informação e a dificuldade de se prever o futuro. Essa é a razão pela qual se tem desenvolvido, perante as autoridades antitruste, regras procedimentais, a fim de simplificar a decisão. São as famosas *guidelines,* resoluções do CADE, inspiradas no modelo norte-americano.

---

6. SCHUARTZ, Luis Fernando. *A Desconstitucionalização do Direito de Defesa da Concorrência.* Disponível em: http://academico.direito-rio.fgv.br/ccmw/images/e/e0/Schuartz_-_Desconstitucionaliza%C3%A7%C3%A3o.pdf. Acesso em: 1º fev. 2013.
7. SCHUARTZ, Luis Fernando. *A Desconstitucionalização do Direito de Defesa da Concorrência.* Disponível em: http://academico.direito-rio.fgv.br/ccmw/images/e/e0/Schuartz_-_Desconstitucionaliza%C3%A7%C3%A3o.pdf. Acesso em: 1º fev. 2013.

Destarte, o raciocínio que norteia a interpretação e a aplicação das normas concorrenciais, seja no controle de estruturas, seja no controle de condutas, é consequencialista. E, nesse sentido, como se pretendeu defender nesse trabalho, as consequências sopesadas devem ter como norte o bem-estar dos consumidores.

Ainda, convém destacar a íntima relação do Direito da Concorrência com a teoria econômica. Não é por menos que o CADE é composto por juristas e economistas, que, em sua atuação, precisarão levantar dados de cunho econômico, como definição do mercado relevante, do *market share*, da elasticidade da demanda, entre outros.

Imperioso esclarecer que o fato do consumidor ser o destinatário econômico final das normas concorrenciais, não o transforma em destinatário jurídico direto das mesmas, como bem coloca Calixto Salomão Filho[8]. Muito pelo contrário, em alguns casos, se o consumidor fosse o destinatário direto da norma, a tutela estaria fadada à ineficácia.

Como regra, a tutela do consumidor, através do Direito da Concorrência, será realizada de forma indireta, através da proteção de outros interesses, como o interesse da instituição concorrência[9] ou os interesses dos concorrentes. Um exemplo disso é o preço predatório.

Se apenas o interesse do consumidor de forma imediata fosse levado em consideração, tal ilícito seria considerado bom, em um primeiro momento, para os consumidores, muito embora visasse à dominação de mercado e à eliminação dos concorrentes, num segundo momento. Ana Paula Martinez[10] esclarece essa questão:

> Se o interesse do consumidor fosse tutelado imediatamente, essa prática seria lícita. Porém, o interesse maior dos consumidores é a existência de um mercado competitivo, situação que não restaria no caso de prática de preços predatórios durante período suficiente para a eliminação dos concorrentes.

À guisa de exceção, resta aos consumidores a titularidade direta no que toca aos ilícitos decorrentes de abuso de posição dominante, razão pela qual, o abuso é considerado a pedra angular do Direito Concorrencial[11].

---

8. SALOMÃO FILHO, Calixto. *Direito Concorrencial*: As Condutas. Malheiros: São Paulo, 2003.
9. A expressão "instituição concorrência" é utilizada por Calixto Salomão Filho e pode ser definida como a necessidade da manutenção da concorrência, que interessa a consumidores e a concorrentes, "não se confundindo com o interesse individual ou com a soma dos interesses individuais de cada um desses grupos". SALOMÃO FILHO, Calixto. *Direito Concorrencial*: As Condutas. Malheiros: São Paulo, 2003, p. 66.
10. MARTINEZ, Ana Paula. A Defesa dos Interesses dos Consumidores pelo Direito da Concorrência. *Revista do Ibrac*, São Paulo: IBRAC, v. 11, n. 01, p. 75, 2004.
11. Essa questão será melhor abordada oportunamente nesta obra.

Como bem ressalta José Reinaldo de Lima Lopes[12,] o CADE está aberto aos consumidores, mas, ao fazer isso, não irá focar nas questões individuais dos consumidores. Completa o autor:

> No Cade ele não vai obter uma satisfação imediata, mas apenas o instrumento para futuras satisfações, ou seja, vai manter a manutenção de um ambiente que se acredita (...) possa vir a ser-lhe favorável, por garantir eficiência alocativa e produtiva, preços mais baixos, produtos mais abundantes, alternativas[13.]

Isto não quer dizer que o interesse direto e individual do consumidor, prejudicado por uma infração à ordem econômica, fique sem reparação. O artigo 47 da Lei 12.529[14] vem repetir o conteúdo já previsto na Lei 8.884/94[15] no seu artigo 29, que se refere à faculdade conferida aos prejudicados, por si ou pelos seus legitimados referidos no artigo 82 do CDC[16,] para ingressar em juízo e obter a cessação da prática e indenização por perdas e danos sofridos[17.]

---

12. LOPES, José Reinaldo Lima. Direito da Concorrência e Direito do Consumidor. *Revista de Direito do Consumidor*, São Paulo: RT, v. 34, p. 79-87, abr./jun. 2000.
13. LOPES, José Reinaldo Lima. Direito da Concorrência e Direito do Consumidor. *Revista de Direito do Consumidor*, São Paulo: RT, v. 34, p. 79-87, abr. /jun. 2000.
14. Artigo 47 da Lei 12.529: Os prejudicados, por si ou pelos legitimados referidos no art. 82 da Lei 8.078, de 11 de setembro de 1990, poderão ingressar em juízo para, em defesa de seus interesses individuais ou individuais homogêneos, obter a cessação de práticas que constituam infração da ordem econômica, bem como o recebimento de indenização por perdas e danos sofridos, independentemente do inquérito ou processo administrativo, que não será suspenso em virtude do ajuizamento de ação. BRASIL. Lei 12.529, de 30 nov. 2010. *Diário Oficial da União*: 30 nov. 2011.
15. BRASIL. Lei 8.884, de 11 jun. 1994. *Diário Oficial da União*: 13 jun. 1994.
16. O Art. 81 do CDC prevê que a defesa dos interesses e direitos dos consumidores e das vítimas poderá ser exercida em juízo individualmente, ou a título coletivo, conforme segue: "a defesa dos interesses e direitos dos consumidores e das vítimas poderá ser exercida em juízo individualmente, ou a título coletivo. Parágrafo único. A defesa coletiva será exercida quando se tratar de: I – interesses ou direitos difusos, assim entendidos, para efeitos deste código, os transindividuais, de natureza indivisível, de que sejam titulares pessoas indeterminadas e ligadas por circunstâncias de fato; II – interesses ou direitos coletivos, assim entendidos, para efeitos deste código, os transindividuais, de natureza indivisível de que seja titular grupo, categoria ou classe de pessoas ligadas entre si ou com a parte contrária por uma relação jurídica base; III – interesses ou direitos individuais homogêneos, assim entendidos os decorrentes de origem comum." Para tais fins, o artigo 82 apresenta os seguintes concorrentemente legitimados: "I – o Ministério Público, II – a União, os Estados, os Municípios e o Distrito Federal; III – as entidades e órgãos da Administração Pública, direta ou indireta, ainda que sem personalidade jurídica, especificamente destinados à defesa dos interesses e direitos protegidos por este código; IV – as associações legalmente constituídas há pelo menos um ano e que incluam entre seus fins institucionais a defesa dos interesses e direitos protegidos por este código, dispensada a autorização assemblear". BRASIL. Código de Defesa do Consumidor: Lei 8.078, de 11 set. 1990. *Diário Oficial da União*: 12 set. 1990.
17. Ressalva-se que existem entendimentos no sentido de o consumidor, em sentido estrito, não ser legitimado nesse Direito de Ação, uma vez que esse já teria o direito conferido pelas normas consumeristas. Luiz Carlos Buchain coloca: "Embora os sujeitos do direito à indenização por infração da ordem econômica sejam os "prejudicados", conceito este indeterminado, a especificidade da LDC não poderá indistintamente abarcar todos consumidores finais de mercadorias e serviços, pois esse grupo social está ao abrigo de lei própria que lhe confere amplas garantias à defesa de seus direitos,

Da leitura conjunta dos artigos da Lei de Concorrencial, do CDC e da Lei 7.347/85[18,] pode-se apontar dois tipos de litígios envolvendo infrações à ordem econômica: a) o *private antitrust enforcement*, o qual garantirá o ressarcimento aos consumidores e demais prejudicados – como os próprios concorrentes –, tendo em vista que a via administrativas não é o fórum competente para tanto e b) o *public antitrust enforcement*, isto é, as infrações anticoncorrenciais poderão ser objeto de ação civil pública e ou coletiva (Lei 7.347/85 – artigo 1º, *caput*, e inciso V)[19.]

O *private antitrust enforcement*, como não poderia deixar de ser, tem como base principal o Direito Antitruste norte-americano. Esse instrumento de efetividade à Lei concorrencial é considerado com um – se não o maior – dos responsáveis pela evolução desse ramo tão específico.

Segundo Hebert Hovenkamp[20,] aproximadamente 95% dos casos em matéria antitruste são ajuizados por agentes privados. Os expressivos números não deixam dúvida sobre o papel desempenhado pelo *private antitrust enforcement*, que, para Robert Lande e Joshua Davos, é, primordialmente, prevenir a transferência de riqueza das vítimas para empresas com poder de mercado e, complementarmente, compensar as vítimas das violações antitruste[21.]

Essa compensação, elucidam Robert Lande e Joshua Davos, é *overcharged*, isto é, fixada em um montante acima da reparação necessária para compensar os danos sofridos. No caso dos Estados Unidos da América, a legislação antitruste, visando ao efeito dissuasivo, possibilita uma indenização correspondente ao triplo do prejuízo sofrido, possibilidade essa que é denominada de *treble damages*

---

em esfera peculiar e bem circunscrita pelo sistema jurídico. Os prejudicados legitimados a ingressar em juízo para o recebimento de indenização, ainda que através de legitimidade processual substituta, são os consumidores concorrenciais, ou seja, os demais agentes econômicos que operam no mercado concorrencial". BUCHAIN, Luiz Carlos. *O Poder Econômico e a Responsabilidade Civil Concorrencial*. Porto Alegre: Nova Prova, 2006, p. 116.

18. BRASIL. Lei 7.347/87 de 24 ago. 85. *Diário Oficial da União*: 25 jul. 1985.
19. Apesar de a Lei 7.347/85 rotular como Ação Civil Pública aquela proposta por qualquer um dos legitimados do seu artigo 5º, "sob aspecto doutrinário, ação civil pública é a ação de objeto não penal proposta pelo Ministério Público", afirma Hugo Nigro Mazili. Sendo a ação proposta pelos demais legitimados, mais correto será denominá-la de ação coletiva. Hugo Nigro Mazili complementa: "Sem melhor técnica, portanto, a Lei 7.347/85 utilizou a expressão ação civil pública para referir-se à ação para defesa de interesses transindividuais, proposta por diversos colegitimados ativos, entre os quais até mesmo associações privadas, afora o Ministério Público e outros órgãos públicos". MAZILI, Hugo Nigro. *A Defesa dos Interesses Difusos em Juízo*: Meio Ambiente, Consumidor, Patrimônio Cultural, Patrimônio Público e Outros Interesses. São Paulo: Saraiva, 2003, p. 279.
20. HOVENKAMP, Herbert. *Federal Antitrust Policy*: The Law of Competition and Its Practice. 3. ed. Minnesota: Thomson/West, 2005, p. 602.
21. LANDE, Robert; DAVIS, Joshua. Benefits from Private Antitrust Enforcement: An Analysis of Forty Cases. *University of San Francisco Law Review*. v. 42, p. 879 -918, 2008.

(autorização para que o juiz triplique o montante da indenização por danos a ser paga pelo réu ao autor de uma determinada causa).

No âmbito da União Europeia, a experiência não é tão difundida quanto a norte-americana. Wouter Wils[22] comenta: "todavia, em saliente contraste com os Estados Unidos, as ações privadas para reparação de danos ou cautelares são raras"[23.] No entanto, a evolução do tema, atualmente, é quase indiscutível, principalmente por ser o *private antitrust enforcement* apontado como o responsável pela europeização do Direito da Concorrência[24.]

O marco impulsionador do uso da legislação comunitária de concorrência (antigos artigos 81 e 82 do Tratado de Roma e atuais artigos 101 e 102 do Tratado sobre o Funcionamento da União Europeia[25)] Por privados nas cortes nacionais dos Estados-membros foi o Regulamento (CE) 1/2003[26] do Conselho de 16 de dezembro de 2002. Em busca de um maior aprofundamento e difusão do instituto foi editado, primeiramente, o Livro Verde em 2005 e o Livro Branco em 2008, visando a suprimir certas lacunas das Leis da União Europeia.

Considerando a grande importância dos *private antitrust enforcement*[27,] na esteira do que ocorre nos Estados Unidos da América, a União Europeia vem buscando cada vez mais estimular o seu uso. Tanto assim o é que em 2012 foi criado um Grupo de Trabalho, que pretendem elaborar uma proposta legislativa e tenham os seguintes objetivos centrais: garantir ações efetivas de reparação de danos por violação das regras de concorrência perante os tribunais nacionais da União Europeia e clarificar a inter-relação de tais ações privadas com a ação pública movida pela Comissão e pelas autoridades nacionais da concorrência, nomeadamente no que dizia respeito aos programas de leniência.

No Brasil, o *private antitruste enforcement*, de uma maneira bem mais acentuada que na União Europeia, é praticamente inexistente. Daniel Crane[28] nos informa que não há dados disponíveis acerca de quantos casos foram ajuizados

---

22. WILS, Wouter. Should Private Antitrust Enforcement Be Encouraged in Europe? *World Competition*, v. 26, Issue 3, p. 473, September 2003.
23. Tradução Livre.
24. PRECHAL, S.; OOIK, R.; JANS, J.; MORTELMANS, K. 'Europeanisation' of the Law: Consequences for the Dutch Judiciary. Disponível em: http://www.rechtspraak.nl/English/Publications/Documents/europeanisation-of-the-law.pdf. Acesso em: 28 maio 2013.
25. UNIÃO EUROPEIA. Tratado sobre o Funcionamento da União Europeia. *Jornal Oficial da União Europeia*: 30 mar. 2010.
26. UNIÃO EUROPEIA. Regulamento (CE) 1/2003 do Conselho. *Jornal Oficial da União Europeia*: 16 dez. 2002.
27. Sobre o tema, ver: BASEDOW, Jürgen. *Private Enforcement of Ec Competition Law*. Alphen aan den Rijn: Kluwer Law International, 2007.
28. CRANE, Daniel. Private Enforcement Against International Cartels in Latin America. *Cardozo Legal Studies Research Paper*, n. 231, p. 1-40, 2008.

frente a infrações à ordem econômica, mas as autoridades brasileiras acreditam que esse número seja bastante pequeno.

Interessante é o destaque feito por Gisela Mation[29] de que a literatura brasileira sobre esse tipo de ação é bastante escassa[30.] Em seu estudo sobre ações civis para cessação e reparação de danos causados por condutas anticoncorrenciais no Brasil a autora relata que não foi encontrado nenhum estudo que analise este tipo ade ação judicial no Brasil, bem como há pouco conhecimento da existência de tais litígios no judiciário brasileiro.

Em que pese essa incipiência seja verdadeira, pode-se observar, nos últimos anos, uma mudança nesse paradigma[31.] Para confirmar tal afirmação, faz-se aqui alusão ao setor de gases industriais/hospitalares que foram condenados em setembro de 2010 pela formação de cartel.

O Processo Administrativo 08012009888/2003-70, que teve como relator o Conselheiro Fernando Magalhães Furlan[32,] resultou na aplicação de multa no total de R$ 2,3 bilhões às empresas White Martins Gases Industriais Ltda., Air Liquide Brasil Ltda., Air Products Brasil Ltda., Linde Gases Ltda., sucessora da AGA S.A., e Indústria Brasileira de Gases e aos seus dirigentes e funcionários, a

---

29. MATION, Gisela. *Ações Civis para Cessação e Reparação de Danos Causados por Condutas Anticoncorrenciais no Brasil*. Disponível em: http://www.esaf.fazenda.gov.br/esafsite/premios/SEAE/arquivos/monografias_2008/Categoria_Estudantes/T1/2L/MONOGRAFIA.pdf. Acesso em: 10 mar. 2013.
30. Dentre a escassa literatura nesta temática, destaca-se o trabalho de Luiz Carlos Buchain: BUCHAIN, Luiz Carlos. *O Poder Econômico e a Responsabilidade Civil Concorrencial*. Porto Alegre: Nova Prova, 2006). Sobre os posicionamentos desse autor, ver nota 204.
31. Cabe destacar que um dos pontos que devem ser reforçados para uma maior efetividade dos litígios em matéria concorrencial é a maior aproximação dos magistrados com a doutrina antitruste. Esse ponto foi salientado no estudo realizado pela ICN – International Competition Network sobre Concorrência e Judiciário: "Como esperado, todos os países, com exceção de um, reafirmaram que a falta de conhecimento especializado do Judiciário em questões de concorrência é uma questão importante que afeta a implementação da política de concorrência. Pelo menos para os países em desenvolvimento, tal afirmação mostrou-se a maior preocupação e para a qual medidas têm sido adotadas. (...) Os respondentes, incluindo o Brasil, assinalaram que experiências internacionais mostraram que eventos organizados exclusivamente por autoridades de defesa da concorrência e direcionados a juízes não foram bem sucedidos". CADE. Relatório sobre uma pesquisa acerca da relação entre as autoridades da concorrência e o judiciário – International Competition Network – ICN. *Revista de Direito da Concorrência*, CADE, Brasília: n. 15, jul. a set. 2007.
    Uma das soluções apontadas para tal problemática, é a participação do CADE como *amicus curiae*, dando suporte técnico ao magistrado em intrincadas questões concorrenciais. A esse respeito, ver: CRAVO, Daniela Copetti. A Natureza da Intervenção Judicial do CADE. In: Secretaria de Acompanhamento Econômico do Ministério da Fazenda. (Org.). *V Prêmio SEAE 2010: Concurso de Monografias sobre os Temas: Defesa da Concorrência e Regulação Econômica/Ministério da Fazenda*. Brasília: Edições Valentim, Secretaria de Acompanhamento Econômico, 2011, p. 571-618.
32. BRASIL. Processo Administrativo 08012009888/2003-70. Relator: Conselheiro Fernando Magalhães Furlan. Julgado em 1º set. 2010.

qual pode ser considerada como a maior multa da história do CADE, confirmada em 2012 pelo TRF da 1ª Região[33.]

Na decisão do mencionado Processo, o CADE buscou estimular a utilização do *private antitrust enforcement* como instrumento de reparação dos danos acarretados pelo cartel[34:]

> Como argumentando anteriormente neste voto, a sanção imposta pelo CADE dedica-se essencialmente a abordar o dano causado à concorrência como instrumento orientador da atividade econômica no Brasil. *A multa imposta pelo Conselho não repara os danos patrimoniais e morais causados a pessoas específicas.* A indenização por tais danos deve ser engendrada pelas vias judiciais cabíveis. A via de maior destaque é a ação civil pública (...). Merece destaque ainda a ação privada, ajuizada pela vítima do cartel em busca de reparação pelos danos causados. A utilidade de ações privadas para a promoção da concorrência já foi comprovada em jurisdições estrangeiras. (...) *No Brasil, porém, quase não se tem notícia de ações privadas em razão de danos causados por cartéis. Perde-se, assim, um importante fator a desestimular a prática de conluio. E os prejudicados também deixam de ser ressarcidos pelos danos causados* (grifo nosso).

Na mesma esteira do voto acima, os litígios judiciais em matéria concorrencial apresentam efeitos bastante positivos como a dissuasão e a descentralização da defesa da concorrência, que por vezes fica, deveras, concentrada em Brasília. Veja-se que tal possibilidade não fica restrita à esfera privada, sendo viável, conforme exposto acima, o ajuizamento do *public antitrust enforcement*.

Public antitrust enforcement, apesar de também ser incipiente, possui no Brasil um maior número de ocorrências, quando comparado com o *private antitrust enforcement*[35.] Mesmo assim, e apesar da legitimidade e do direito de ação

---

33. Reportagem de 19 set. 2012. Disponível em: http://economia.estadao.com.br/noticias/negocios-geral,trf-mantem-condenacao-do-cade-para-white-martins,127465,0.htm.
34. BRASIL. Processo Administrativo 08012009888/2003-70. Relator: Conselheiro Fernando Magalhães Furlan. Julgado em 1º set. 2010.
35. Nesse sentido, citamos: (a) a Ação Civil Pública 7099345-90.2009.8.13.0024 ajuizada pela Associação de Hospitais de Belo Horizonte, que está tramitando na 28 Vara cível de Belo Horizonte e versa sobre a reparação de danos em decorrência do cartel dos gases; (b) Ação Civil Pública 053/1.03.0002071-0, em análise em sede de Apelação Cível no TJRS, ajuizada pelo Ministério Público do Estado do Rio Grande do Sul frente a prática de cartel condenada pelo CADE no Processo Administrativo 08012.005495/2002-14; (c) Ação Civil Pública 0029912-22.2001.403.6100 movida pelo Ministério Público Federal em face de Abbott Laboratórios do Brasil Ltda, Eli Lilly do Brasil Ltda e outros pela pratica de cartel reconhecida e condenada pelo CADE no Processo Administrativo 08012.009088/1999-48. Interessante é o levantamento de Heloisa Carpena sobre as ações judiciais de defesa da concorrência que conclui que quase todos os Ministérios Públicos estaduais deixaram de atuar em juízo a esse respeito: "Recentemente, os Ministérios Públicos dos Estados enfrentaram a questão dos cartéis de combustíveis, quase todos, porém, deixando de atuar em juízo e representado à SEAE ou a SDE. Além desses casos encaminhados aos órgãos administrativos, há poucos registros por iniciativa ministerial para tutela de direitos difusos relativos à concorrência". CARPENA, Heloisa. *Consumidor no Direito da Concorrência*. Rio de Janeiro: Renovar, 2005, p. 157.

estarem presentes expressamente nas normas protetivas ao consumidor e à defesa da concorrência, encontramos jurisprudências que chamam a nossa atenção, por não reconhecerem a legitimidade do consumidor na busca por reparação ao dano decorrente de um ilícito concorrencial.

Exemplo disso é o julgamento, em 31 de outubro de 2010, da Apelação Civil 2002.40.00.003632-7 pela 5ª Turma do TRF da Primeira Região[36-37,] que versava sobre Ação Civil Pública ajuizada pelo Ministério Público Federal cujo objeto era a responsabilização civil pelo cartel praticado no mercado varejista de revenda de combustível em Teresina, Piauí. Apesar de o julgamento versar apenas sobre questões de legitimidade processual, o voto estendeu-se um pouco mais, abordando a questão do consumidor frente a ilicitudes concorrenciais:

> O Direito da Concorrência, subdivisão do Direito Econômico, não tem por objeto relação consumerista. O Direito da Concorrência, das leis antitruste, visam a livre iniciativa, o livre mercado e as ações anticompetitivas dos agentes econômicos e seus abusos do mercado como bem juridicamente protegido. Incide o direito concorrencial sobre o fenômeno econômico e o direito consumerista sobre as relações obrigacionais (fato/ato jurídico).

As normas consumeristas, por sua vez, são corolários da dignidade da pessoa humana, que é estabelecida na Constituição como valor fundamental do país no artigo 1º, inciso III. Sob esta perspectiva, o Direito do Consumidor faz parte da construção de sua cidadania, que está vinculada à oportunidade que cada indivíduo tem de exercer livremente suas opções e escolhas, perante a sociedade e o Estado[38.]

Adalberto Pasqualotto[39] confirma:

---

36. BRASIL. Tribunal Regional Federal da 1º Região. Apelação Civil 2002.40.00.003632-7. Quinta Turma. Relator: Desembargadora Selene Maria de Almeida. Julgado em 31 out. 2010.
37. Ementa do mencionado caso: "direito da concorrência. Direito do consumidor e processual civil. Competência da justiça federal para conhecer e julgar demanda coletiva da qual é autor o parquet federal. Legitimidade ativa do ministério público federal para ajuizar ação coletiva na defesa da livre concorrência (direito antitruste) e na defesa do consumidor (direito consumerista). Imputação de formação de cartel pelo mercado varejista de revenda de combustível em Teresina/PI. Imputação de abuso de poder econômico e conduta anticoncorrencial com violação às regras do livre mercado. Mercado como bem coletivo juridicamente protegido. Pedido de responsabilização civil dos agentes econômicos pelo dano causado ao direito da concorrência. Legitimidade passiva ad causam do sindicato e dos postos de revenda de combustível em ação civil pública que apura dano coletivo ao mercado. Imputação de omissão da agência nacional de petróleo – ANP de omissão quanto ao poder de polícia de fiscalizar e sancionar condutas lesivas ao consumidor. Legitimação passiva ad causam da ANP. Provimento da apelação. Anulação da sentença para retorno dos autos à origem para julgamento do mérito. BRASIL. Tribunal Regional Federal da 1º Região. Apelação Civil 2002.40.00.003632-7. Quinta Turma. Relator: Desembargadora Selene Maria de Almeida. Julgado em 31 out. 2010.
38. Escola Nacional de Defesa do Consumidor: *Manual de Direito do Consumidor*. Brasília: ENDC, 2010.
39. PASQUALOTTO, Adalberto. Fundamentalidade e Efetividade da Defesa do Consumidor. *Direitos Fundamentais & Justiça*, v. 9, 2009, p. 66.

A defesa do consumidor (...) assumiu importante lugar no conceito de cidadania, incorporada à ideia de exercício pessoal que o cidadão poderia fazer dos seus direitos na esfera quotidiana de interesses imediatos. Contribuiu, assim, para transmitir à população a consciência de que a dignidade de cada um, compreendida pela exigibilidade de respeito aos direitos individuais, não é tema privativo de letrados nem pauta meramente acadêmica e distanciada em definitivo do homem comum.

Nessa linha de raciocínio, a defesa do consumidor também proporciona o atendimento ao princípio da igualdade, que é estabelecido na Constituição, no seu artigo 5º. Este princípio representa a igualdade material ou real, superando a clássica concepção liberal de igualdade como um valor meramente formal, a qual possui o potencial de ser um meio de legitimação da manutenção de iniquidades, segundo Gilmar Mendes[40].

Assim, o princípio da igualdade deve ser entendido como a necessidade de se tratar diferentemente pessoas desiguais, a fim de que todos os cidadãos convivam em uma sociedade com oportunidades iguais para todos. É, em razão dessa lógica, que se pode dizer, com apoio em Adalberto Pasqualotto[41,] que o Direito do Consumidor é um meio de realizar esse princípio.

Essa tutela direcionada ao consumidor decorre do reconhecimento de sua vulnerabilidade no mercado do consumidor, em que esse configura como o elo mais fraco. Antonio Herman Benjamin[42] introduz o conceito de vulnerabilidade: "a vulnerabilidade é um traço universal de todos os consumidores, ricos ou pobres, educados ou ignorantes, crédulos ou espertos".

É sobre a perspectiva da vulnerabilidade que o CDC é estruturado e sistematizado. Dessa forma, busca-se estabelecer mecanismos para que uma convivência mais equilibrada nas relações entre o mercado e os consumidores seja uma realidade.

O desequilíbrio nas relações de consumo pode ser observado sob várias perspectivas. A esse respeito, Claudia Lima Marques[43] identifica três tipos de vulnerabilidade, quais sejam, a técnica, a jurídica e a fática.

---

40. MENDES, Gilmar. *Jurisdição Constitucional no Brasil e seu Significado para a Liberdade e a Igualdade*. Disponível em: http://www.stf.jus.br/arquivo/cms/noticiaartigodiscurso/anexo/munster_port.pdf. Acesso em: 29 ago. 2013.
41. PASQUALOTTO, Adalberto. Fundamentalidade e Efetividade da Defesa do Consumidor. *Direitos Fundamentais & Justiça*, v. 9, p. 71, 2009.
42. BENJAMIN, Antonio Herman de Vasconcellos; WATANABE, Kazuo; FINK, Daniel Roberto; FILOMENO, José Geraldo Brito; GRINOVER, Ada Pellegrini; NERY JR., Nelson; DENARI, Zelmo. *Código Brasileiro de Defesa do Consumidor*: Comentado pelos Autores do Anteprojeto. 5. ed. Rio de Janeiro: Forense Universitária, 1998, p. 300.
43. MARQUES, Claudia Lima. *Contratos no Código de Defesa do Consumidor*: o novo regime das relações contratuais. São Paulo: RT, 1999, p. 147.

A vulnerabilidade técnica engloba a falta de conhecimentos específicos sobre o objeto de compra. Já a jurídica, representa a utilização por parte do fornecedor de mecanismos jurídicos que prejudicam os consumidores ou que impeçam a adequação do instrumento contratual às suas necessidades, como ocorre nos contratos de massa.

A vulnerabilidade fática ou econômica, por fim, representa ao poder detido pelo fornecedor, que pode adotar condutas unilaterais e independentes, que muitas vezes são prejudicais aos consumidores. É em decorrência desse poder, que os agentes econômicos adotam práticas abusivas.

Além dessas três modalidades de vulnerabilidade apresentadas tradicionalmente pela doutrina, a jurisprudência vem recentemente incluindo também a vulnerabilidade informacional. Bastante elucidativa é a decisão proferida pela Ministra Nancy Andrighi no Recurso Especial 1.358.23[44,] que tem como objeto pedido de indenização decorrente de contrato de distribuição, em caráter exclusivo no território nacional, de produtos de cutelaria manufaturados pelo Consórcio Premax, de origem italiana:

> A vulnerabilidade técnica implica ausência de conhecimento específico acerca do produto ou serviço objeto de consumo. No sistema do CDC, ela é presumida no caso do consumidor não profissional, mas pode, excepcionalmente, alcançar o consumidor profissional, nas hipóteses em que o produto ou serviço adquirido não tiver relação com a sua formação, competência ou área de atuação.
>
> A vulnerabilidade jurídica ou científica pressupõe falta de conhecimento jurídico, contábil ou econômico e de seus reflexos na relação de consumo. Ela se presume para o consumidor pessoa física não profissional. Essa presunção se inverte no caso de profissionais e pessoas jurídicas, partindo-se da suposição de que realizam seus atos de consumo cientes da respectiva repercussão jurídica, contábil e econômica, seja por sua própria formação (no caso dos profissionais), seja pelo fato de, na consecução de suas atividades, contarem com a assistência de advogados, contadores e/ou economistas (no caso das pessoas jurídicas).
>
> A vulnerabilidade fática ou socioeconômica abrange situações em que a insuficiência econômica, física ou até mesmo psicológica do consumidor o coloca em pé de desigualdade frente ao fornecedor. Além das três espécies acima, nosso atual estágio de evolução social e tecnológica trouxe relevo também para a *vulnerabilidade informacional*. O que antes podia ser considerado uma espécie de vulnerabilidade técnica, ganhou importância e individualidade com a denominada era da informação ou era digital, período que sucede a era industrial e que se caracteriza pela troca de informações de maneira globalizada e em tempo real. Isso, de um lado, implicou amplo acesso à informação, mas, por outro, conferiu enorme poder àqueles que detêm informações privilegiadas. Essa realidade, aplicada às relações de consumo em que a informação sobre o produto ou serviço é essencial ao processo decisório de compra evidencia a necessidade de

---

44. BRASIL. Superior Tribunal de Justiça. Recurso Especial 1.358.23. Partes: Prégia Coltelli Ltda e KUEHNE + NAGEL Serviços Logísticas Ltda. Relatora: Ministra Nancy Andrighi. Terceira Turma. Julgado em 17 jun. 2013.

se resguardar a vulnerabilidade informacional do consumidor. Note-se que, no mais das vezes, o problema não está na quantidade de informação disponibilizada, mas na sua qualidade, sobretudo quando há manipulação e controle pelo fornecedor, influenciando diretamente na decisão do consumidor. Todavia, a despeito da identificação in abstracto de todas essas espécies de vulnerabilidade, não há como ignorar que a casuística poderá apresentar *novas formas de vulnerabilidade aptas a atrair a incidência do CDC* à relação de consumo. Com efeito, não se pode olvidar que a vulnerabilidade não se define tão somente pela capacidade técnica, nível de informação/cultura ou valor do contrato em exame. *Todos esses elementos podem estar presentes e o comprador ainda assim ser vulnerável pela dependência do produto, pela natureza adesiva do contrato imposto, pelo monopólio da produção do bem ou sua qualidade insuperável, pela extremada necessidade do bem ou serviço; pelas exigências da modernidade atinentes à atividade, entre outros fatores.* (Grifo nosso).

Cabível fazer uma distinção: a vulnerabilidade não se confunde com hipossuficiência. A esse respeito, Heloísa Carpena[45] esclarece:

É importante destacar que esse princípio não deve ser confundido com a noção de hipossuficiência, conceito que se aplica só no âmbito processual e que exprime situação na qual se acha o consumidor quando se depara com grave obstáculo à obtenção da prova do fato constitutivo de seu direito. Trata-se de requisito necessário a fundamentar a inversão do ônus da prova e somente nessa perspectiva cabe ser invocada. A hipossuficiência do consumidor, que não é apenas econômica, deve ser por ele provada e avaliada à luz de outros dados, como seu grau de instrução, a natureza do serviço prestado, as condições em que o fornecedor desempenha suas atividades, dentre outras. O consumidor será sempre vulnerável, mas nem sempre hipossuficiente.

Com base nessa vulnerabilidade que as normas de proteção são construídas, justamente para tentar diminuir a posição de dependência do consumidor em face dos agentes econômicos. Ressalta-se que o Código de Defesa do Consumidor deve ser entendido não como um código de consumo, mas sim como um código de proteção ao consumidor, diante de sua vulnerabilidade.

Haverá a incidência deste microssistema jurídico, quando estivermos diante de uma relação de consumo, que é aquela onde os sujeitos são o consumidor e o fornecedor, tendo por objeto produtos ou serviços. O ponto fulcral da configuração de uma relação de consumo reside na definição de quem seria consumidor.

Pelo texto legal, (CDC, art. 2º), consumidor é toda pessoa física ou jurídica que adquire ou utiliza produto ou serviço como destinatário final. Ainda que, em tese, este artigo viesse a solucionar o problema de conceituação do consumidor, surge a dúvida para saber o que se deve entender por destinatário final.

Há duas correntes doutrinárias que visam a explicar o conceito de destinatário final. A primeira é a corrente maximalista que entende que para a ca-

---

45. CARPENA, Heloísa. Afinal, Quem é Consumidor? Campo de Aplicação do CDC à Luz do Princípio da Vulnerabilidade. *Revista Trimestral de Direito Civil*. Rio de Janeiro, v. 19, ano 5, p. 29-48, jul./set. 2004.

racterização do consumidor, apenas é necessário que a pessoa física ou jurídica se apresente como destinatário fático do bem ou serviço, isto é, que o retire do mercado, "encerrando objetivamente a cadeia produtiva em que inseridos o fornecimento do bem ou a prestação do serviço"[46].

Já a corrente finalista, por seu turno, consoante ensinam Claudia Lima Marques, Antonio Herman V. Benjamin e Bruno Miragem, restringe a figura do consumidor àquele que adquire (utiliza) um produto para uso próprio e de sua família. O consumidor seria o não profissional"[47].

É devido destacar, no entanto, que essa teoria acabou evoluindo para uma posição mais branda, podendo o artigo 2º do CDC abranger também pequenas empresas ou profissionais vulneráveis que adquiriram um produto ou contrataram um serviço fora de seu campo de especialidade, sendo esta a posição que as cortes brasileiras têm se inclinado a adotar.

Observa-se, ademais, que as relações de consumo se regem pelo princípio da boa-fé. A propósito, a boa-fé consolidou-se no ordenamento jurídico brasileiro a partir da edição do CDC. Posteriormente, o princípio vem a constar expressamente no Código Civil de 2002.

Sobre a boa-fé, Paulo de Tarso Vieira Sanseverino[48] disserta:

> A boa-fé objetiva constitui um modelo de conduta social ou um padrão ético de comportamento, que impõe, concretamente, a todo o cidadão que, na sua vida de relação, atue com honestidade, lealdade e probidade. Não se deve confundir com a boa-fé subjetiva ('guten Glauben'), que é o estado de consciência ou a crença do sujeito de estar agindo em conformidade com as normas do ordenamento jurídico (v. g. posse de boa-fé, adquirente de boa-fé, cônjuge de boa-fé no casamento nulo).

Orientado por esses princípios, o CDC, além de outras vertentes de proteção, como a de responsabilidade pelo fato e pelo vício do produto e do serviço, divide sua atenção entre as práticas comerciais realizadas perante uma relação contratual (cláusulas abusivas) – que deve observar os princípios da boa-fé e da função social do contrato – e as fora dessa relação (práticas abusivas).

Antonio Hermann Benjamin e outros[49] vislumbram as práticas comerciais como "procedimentos, mecanismos e técnicas utilizadas pelos fornecedores para,

---

46. Cavalieri Filho, Sérgio. *Programa de Direito do Consumidor*. 2. ed. São Paulo: Atlas, 2010, p. 55.
47. MARQUES, Claudia Lima; BENJAMIN, Antonio Herman; MIRAGEM, Bruno. *Comentários ao Código de Defesa do Consumidor*. 2. ed., atual. e ampl. São Paulo: RT, 2006, p. 84.
48. Sanseverino, Paulo de Tarso Vieira. *Responsabilidade Civil no Código do Consumidor e a Defesa do Fornecedor*. 3. ed. São Paulo: Saraiva, 2010, p. 17.
49. BENJAMIN, Antonio Herman de Vasconcellos; WATANABE, Kazuo; FINK, Daniel Roberto; FILOMENO, José Geraldo Brito; GRINOVER, Ada Pellegrini; NERY JR., Nelson; DENARI, Zelmo. *Código*

mesmo indiretamente, fomentar, manter, desenvolver e garantir a circulação de seus produtos e serviços até o destinatário final".

Assim, visto que as normas concorrenciais e as do consumidor nada mais representam que uma forma de intervenção do Estado sobre a economia, tendo cada uma dessas uma lógica e uma racionalidade própria, muito importante se torna estudar a coordenação e harmonização dessas.

2.2 COMO COORDENAR E HARMONIZAR

Por possuírem um objetivo comum, a defesa da concorrência e a do consumidor precisam ser coordenadas e harmonizadas. Para auxiliar nessa tarefa, existe o método do Diálogo das Fontes, cujos aspectos conceituais, campo de aplicação e três possíveis espécies serão aqui vistos.

A bela expressão Diálogo das Fontes é do Prof. Erik Jayme que, segundo Claudia Lima Marques[50,] é semiótica e autoexplicativa:

> di-a-logos, duas 'lógicas', duas 'leis' a seguir e coordenar um só encontro no 'a', uma 'coerência' necessariamente 'a restaurar' os valores deste sistema, desta 'nov-a' ordem das fontes, em que uma não mais 're-vo-ga' a outra, [...] e, sim, dialogam ambas as fontes, em uma aplicação conjunta e harmoniosa guiada pelos valores constitucionais e, hoje, em especial, pela luz dos direitos humanos.

Essa necessidade de diálogo entre as fontes decorre principalmente das características de um tempo pós-moderno, que traz consigo a multiplicidade de fontes e de leis. Para melhor elucidar essa questão da pós-modernidade, que acaba refletindo na Ciência Jurídica, citamos, aqui, as brilhantes palavras de Erik Jayme[51:]

> O direito faz parte da cultura geral. Tem raízes profundas na tradição, mas também sofre influências pelo desenvolvimento de nossa sociedade e da comunidade internacional. Dessa maneira, nosso direito atual é, em certa medida, uma reprodução de nossa cultura contemporânea, quer dizer, da cultura pós-moderna.

Nessa linha de raciocínio e consoante as lições de Erik Jayme[52,] o cerne da intersecção entre a cultura pós-moderna e o Direito são os valores que esses têm

---

Brasileiro de Defesa do Consumidor: Comentado pelos Autores do Anteprojeto. 5. ed. Rio de Janeiro: Forense Universitária, 1998, p. 213.
50. MARQUES, Claudia Lima. O "Diálogo das Fontes" como Método da Nova Teoria Geral do Direito: Um Tributo a Erik Jayme. In: MARQUES, Claudia Lima (Coord.). *Diálogo das Fontes*: Do Conflito à Coordenação de Normas do Direito Brasileiro. São Paulo: RT, 2012, p. 27.
51. JAYME, Erik. Direito Internacional Privado e Cultura Pós-Moderna. *Cadernos do Programa de Pós--Graduação em Direito* – PPGDir./UFRGS. v. I, n. I, mar. 2003. p. 60.
52. JAYME, Erik. Direito Internacional Privado e Cultura Pós-Moderna. *Cadernos do Programa de Pós--Graduação em Direito* – PPGDir./UFRGS. v. I, n. I, mar. 2003. p. 59-68.

em comum. Esses valores podem ser resumidos em: (i) primeiramente, o pluralismo, não apenas de formas, mas também de estilos, incluído aqui a autonomia no que diz respeito ao estilo de vida, dando-se reconhecimento ao Direito à Diferença. Como segundo valor, (ii) destacamos a comunicação e a inexistência de fronteiras.

Erik Jayme[53] relata que não são apenas os meios tecnológicos que permitem a troca rápida de informação e imagens, mas também a vontade e o desejo de se comunicar". Já o terceiro valor (iii) caracteriza-se pela narração: "comunicar é também descrever, contar, narrar".

Por fim, o quarto valor (iv) representa o retorno dos sentimentos, o qual, consoante Erik Jayme[54,] pode ser constatado em relação à identidade cultural, ao sentimento forte de defesa da sua própria identidade, da sua religião e de todas as outras expressões do individualismo. São esses quatro valores da cultura pós-moderna que acabam pondo em evidência a relação do Direito com a mesma.

Como bem coloca Erik Jayme[55,] a pós-modernidade vive de antinomia, de pares contrapostos: ela se define justamente por meio da modernidade, indo além dela. E essa nova realidade, tendo em vista que a Ciência Jurídica é afetada pelo desenvolvimento da sociedade, incide nos ordenamentos jurídicos, o que nos leva a afirmar, como anota Claudia Lima Marques[56,] que as leis deixam de ser entendidas como castelos estanques, feudos de uma lei só.

Claudia Lima Marques[57] elucida que na era pós-moderna passa-se do monólogo à convivência das normas. Não se permite, mais, um tipo de clareza ou uma monossolução, já que sequer a hierarquia das leis é clara, a não ser no que toca aos valores constitucionais.

Diante da pluralidade das normas, o sistema, como alerta Erik Jayme[58,] pressupõe uma certa coerência, devendo evitar a contradição. No Direito da União

---

53. JAYME, Erik. Direito Internacional Privado e Cultura Pós-Moderna. *Cadernos do Programa de Pós-Graduação em Direito* – PPGDir./UFRGS. v. I, n. I, mar. 2003. p. 59-68.
54. JAYME, Erik. Direito Internacional Privado e Cultura Pós-Moderna. *Cadernos do Programa de Pós-Graduação em Direito* – PPGDir./UFRGS. v. I, n. I, mar. 2003. p. 61.
55. JAYME, Erik. Visões para uma Teoria Pós-Moderna do Direito Comparado. *Cadernos do Programa de Pós-Graduação em Direito* – PPGDir./UFRGS. v. I, n. I, mar. 2003. P. 69-84.
56. MARQUES, Claudia Lima. O "Diálogo das Fontes" como Método da Nova Teoria Geral do Direito: Um Tributo a Erik Jayme. In: MARQUES, Claudia Lima (Coord.). *Diálogo das Fontes*: Do Conflito à Coordenação de Normas do Direito Brasileiro. São Paulo: RT, 2012, p. 17-66.
57. MARQUES, Claudia Lima. O "Diálogo das Fontes" como Método da Nova Teoria Geral do Direito: Um Tributo a Erik Jayme. In: MARQUES, Claudia Lima (Coord.). *Diálogo das Fontes*: Do Conflito à Coordenação de Normas do Direito Brasileiro. São Paulo: RT, 2012, p. 17-66.
58. JAYME, Erik. Direito Internacional Privado e Cultura Pós-Moderna. *Cadernos do Programa de Pós-Graduação em Direito* – PPGDir./UFRGS. v. I, n. I, mar. 2003. p. 59-68.

Europeia, utilizado como exemplo por Erik Jayme[59,] o juiz, na presença de duas fontes, uma europeia transnacional e outra nacional, com valores constantes, deverá buscar coordenar essas fontes, realizando o que se denomina Diálogo das Fontes[60.]

Marcelo Schenk Duque[61] complementa o entendimento, repisando a necessidade de uma comunicação frutífera entre as fontes normativas. Tendo em vista a necessidade de uma unidade do ordenamento jurídico, utiliza-se do Diálogo das Fontes para uma aplicação coerente das normas jurídicas, que deverão ser, conforme aponta Marcelo Schenk Duque[62,] voltadas à eficiência, que é buscada não apenas na hierarquia, mas, igualmente, na funcionalidade de um sistema plural e complexo, que marca o direito contemporâneo como um todo.

O Diálogo das Fontes, segundo Erik Jayme[63,] é um fenômeno novo e impactante, pois "antes se considerava apenas a ideia de hierarquia entre as fontes, e não a de uma aplicação simultânea, de um diálogo entre elas". A novidade trazida pelo método Diálogo das Fontes – que deve ser considerado, como apresenta Bruno Miragem[64,] não apenas um método de interpretação, mas também de aplicação – diz respeito a uma resposta aos critérios clássicos de solução de conflitos, os quais por vezes deixavam de lado os valores constitucionais, os Direitos Humanos e/ou Fundamentais.

Alf Ross[65] trata da inconsistência entre duas normas quando são imputados efeitos jurídicos incompatíveis às mesmas condições fatuais. Essa inconsistência pode se dar de três maneiras distintas: (i) a inconsistência total-total, isto é, quando nenhuma das normas pode ser aplicada sob circunstância alguma sem entrar em conflito com outra (um único círculo), (ii) a inconsistência total-parcial, quando uma das duas normas não pode ser aplicada sob nenhuma circunstância sem en-

---

59. JAYME, Erik. Direito Internacional Privado e Cultura Pós-Moderna. *Cadernos do Programa de Pós--Graduação em Direito* – PPGDir./UFRGS. v. I, n. I, mar. 2003. p. 59-68.
60. MARQUES, Claudia Lima (Coord.). O "Diálogo das Fontes" como Método da Nova Teoria Geral do Direito: Um Tributo a Erik Jayme. In: MARQUES, Claudia Lima (Coord.). *Diálogo das Fontes*: Do Conflito à Coordenação de Normas do Direito Brasileiro. São Paulo: RT, 2012.
61. DUQUE, Marcelo Schenk. O Transporte da Teoria do Diálogo das Fontes para a Teoria da Constituição. In: MARQUES, Claudia Lima (Coord.). *Diálogo das Fontes*: Do Conflito à Coordenação de Normas do Direito Brasileiro. São Paulo: RT, 2012, p. 125-157.
62. DUQUE, Marcelo Schenk. O Transporte da Teoria do Diálogo das Fontes para a Teoria da Constituição. In: MARQUES, Claudia Lima (Coord.). *Diálogo das Fontes*: Do Conflito à Coordenação de Normas do Direito Brasileiro. São Paulo: RT, 2012, p. 140.
63. JAYME, Erik. Direito Internacional Privado e Cultura Pós-Moderna. Universidade Federal do Rio Grande do Sul: *Cadernos do Programa de Pós-Graduação em Direito* – PPGDir./UFRGS. v. I, Número I, mar. 2003. p. 67.
64. MIRAGEM, Bruno. Eppur Si Muove: Diálogo das Fontes como Método de Interpretação Sistemática no Direito Brasileiro. In: MARQUES, Claudia Lima (Coord.). *Diálogo das Fontes*: Do Conflito à Coordenação de Normas do Direito Brasileiro. São Paulo: RT, 2012, p. 67-111.
65. ROSS, Alf. *Direito e Justiça*. Bauru: EDIPRO, 2003.

trar em conflito com a outra, enquanto esta tem um campo adicional de aplicação no qual não entra em conflito com a primeira (um círculo dentro do outro), e (iii) inconsistência parcial-parcial, isto é, quando cada uma das duas normas possui um campo de aplicação no qual entra em conflito com a outra, porém também possui um campo adicional de aplicação no qual não são produzidos conflitos (dois círculos secantes).

Como solução a essas inconsistências, pensa-se primeiro no princípio da *lex* superior, que quer dizer que num conflito entre previsões legislativas de níveis diferentes, a lei de nível mais elevado, qualquer que seja a ordem cronológica, se achará numa situação de preferência relativamente a de nível mais inferior: a Constituição prevalece sobre a lei, a lei sobre o decreto e assim sucessivamente. Quando as regras se encontram no mesmo nível hierárquico, Alf Ross[66] destaca que, frequentemente, pensa-se que essa inconsistência poderia ser resolvida mediante simples regra convencional de interpretação, conhecidas como *lex* posterior. Todavia, a essa regra, cabe algumas ressalvas feitas pelo autor[67:]

> A experiência mostra que não há adesão incondicional a ele, sendo permissível colocá-lo de lado quando em conflito com outras considerações. O princípio da *lex* posterior, portanto, só pode ser caracterizado como um importante princípio de interpretação entre outros. Além disso, a força do princípio variará segundo os diferentes casos de inconsistência. A *lex* posterior só se aplica na medida em que, em termos subjetivos, o legislador teve a intenção de substituir a lei mais antiga (anterior). Entretanto, pode também ter tido a intenção de que a nova regra se incorporasse harmoniosamente ao direito existente, como um suplemento dele.

Noberto Bobbio[68,] afirmando que um ordenamento jurídico é composto por mais de uma norma, destaca o problema que nasce da relação das diversas normas entre si. Segundo o autor, "a situação de normas incompatíveis entre si é uma dificuldade tradicional frente a qual se encontra os juristas de todos os tempos, e teve uma denominação própria característica: antinomia".

Para Noberto Bobbio[69,] a antinomia pode ser definida como a situação na qual são colocadas em existência duas normas, das quais uma obriga e a outra proíbe, ou uma obriga e a outra permite, ou uma proíbe e a outra permite o mesmo comportamento, devendo, ainda, as duas normas pertencer ao mesmo ordenamento e ter o mesmo âmbito de validade, (seja esse temporal, espacial, pessoal e material).

Frisa-se que nesse entendimento de Noberto Bobbio[70] e diante de uma antinomia, nunca as duas normas podem ser verdadeiras e aplicadas, o que implica,

---

66. ROSS, Alf. *Direito e Justiça*. Bauru: EDIPRO, 2003.
67. ROSS, Alf. *Direito e Justiça*. Bauru: EDIPRO, 2003, p. 161.
68. BOBBIO, Noberto. *Teoria do Ordenamento Jurídico*. 10 ed. Brasília: Editora UNB, 1999, p. 34.
69. BOBBIO, Noberto. *Teoria do Ordenamento Jurídico*. 10 ed. Brasília: Editora UNB, 1999, p. 86.
70. BOBBIO, Noberto. *Teoria do Ordenamento Jurídico*. 10 ed. Brasília: Editora UNB, 1999.

sempre, na eliminação de uma das duas. É justamente nesse ponto que reside a maior contribuição trazida pelo Diálogo das Fontes, como bem destaca Bruno Miragem[71:] o diferencial do método constitui-se na "admissão apriorística da possibilidade de aplicação simultânea de normas distintas a um mesmo caso, em caráter complementar", propondo-se "justamente a superação do caráter absoluto de não contradição para outro de complementariedade, admitindo-se, afinal, a possibilidade de aplicação simultânea de normas, segundo determinada orientação jurisprudencial".

Antonio Herman V. Benjamin, Claudia Lima Marques e Leonardo Roscoe Bessa[72,] nessa linha de raciocínio, exaltam a importância do Diálogo das Fontes, que auxiliará o aplicador a solucionar as aparentes contradições no sistema do Direito, que se dará através da aplicação simultânea das leis, havendo apenas variação quanto a ordem e o tempo, de forma a restabelecer a coerência no sistema.

O Diálogo das Fontes vem, então, substituir a solução clássica de antinomias, que como colocam Antonio Herman V. Benjamin, Claudia Lima Marques e Leonardo Roscoe Bessa[73,] resume-se na revogação total (ab-rogação) da lei ou na revogação parcial da lei, isto é, somente de alguma das suas disposições (derrogação). Perceba-se, assim, que as disposições pertinentes a esses critérios clássicos de solução estabelecidas na Lei de Introdução às Normas Brasileiras também passam a receber influência do método.

E, por tal razão, alerta Claudia Lima Marques[74] que o critério de hierarquia passa a ser entendido como a busca pela coerência dos valores constitucionais e pela prevalência dos Direitos Humanos. A nova especialidade caracteriza-se pela ideia de complementação ou aplicação subsidiária das normas especiais, aplicando primeiro sempre aquela que for mais valorativa e depois, no que couberem, as demais.

A nova anterioridade, deixa de lado o tempo de promulgação da lei, levando em consideração a necessidade de adaptar o sistema cada vez que uma nova lei nele é inserida pelo legislador. Nesse sentido, diante do Diálogo das Fontes, Claudia Lima Marques[75] frisa que a lei nova não revoga tacitamente a lei geral anterior,

---

71. MIRAGEM, Bruno. Eppur Si Muove: Diálogo das Fontes como Método de Interpretação Sistemática no Direito Brasileiro. In: MARQUES, Claudia Lima (Coord.). *Diálogo das Fontes*: Do Conflito à Coordenação de Normas do Direito Brasileiro. São Paulo: RT, 2012, p. 81.
72. BENJAMIN, Antonio Herman de Vasconcello; MARQUES, Claudia Lima; BESSA, Leonardo Roscoe. *Manual de Direito do Consumidores*. 2 ed., rev., atual e ampl. São Paulo: RT, 2009, p. 97.
73. BENJAMIN, Antonio Herman de Vasconcello; MARQUES, Claudia Lima; BESSA, Leonardo Roscoe. *Manual de Direito do Consumidores*. 2 ed., rev., atual e ampl. São Paulo: RT, 2009, p. 97.
74. MARQUES, Claudia Lima. O "Diálogo das Fontes" como Método da Nova Teoria Geral do Direito: Um Tributo a Erik Jayme. In: MARQUES, Claudia Lima (Coord.). *Diálogo das Fontes*: Do Conflito à Coordenação de Normas do Direito Brasileiro. São Paulo: RT, 2012, p. 17-66.
75. MARQUES, Claudia Lima. *Contratos no Código de Defesa do Consumidor*: O Novo Regime das Relações Contratuais. 5. ed. São Paulo: RT, 2005, p. 635.

uma vez que o campo de aplicação da lei geral é naturalmente mais amplo e não coincidente com o da lei especial nova: "revogá-la significaria inaplicar a lei geral a outras matérias importantes. A lei especial nova, porém, pode afastar, em caso de antinomia verdadeira, a aplicação da lei geral anterior".

Assim, tendo como base a evolução jurídica recente, como bem coloca Bruno Miragem[76,] principalmente a partir do constitucionalismo de valores e a força contemporânea dos princípios jurídicos, os antigos critérios de solução de antinomias e, mesmo, para o preenchimento de lacunas acabam se tornando insuficientes, conforme visto acima. É nessa insuficiência de critérios de solução, portanto, que o Diálogo das Fontes tem sua aplicação, razão pela qual o mesmo deve vir a ser entendido como um método de interpretação sistemático.

Tércio Sampaio Ferraz Junior[77] ensina que a interpretação sistemática está relacionada às questões de compatibilidade num todo estrutural, de maneira que a organização hierárquica das fontes requer recomendações sobre a sua subordinação e sobre a conexão das normas do ordenamento num todo, que culmina pela primeira norma-origem do sistema, que é a Constituição. Dessa forma, conclui-se que todo o preceito isolado deve ser interpretado em harmonia com os princípios gerais do sistema, a fim de que se preserve a coerência do todo. Nunca se deve, a contrário senso, isolar o preceito nem no seu contexto e, muito menos, na sua concatenação imediata.

A questão que surge nesse contexto é diferenciar o método do Diálogo das Fontes, dos demais métodos de interpretação sistemática, tendo em vista, que, conforme relatado acima, ambos são norteados pelos princípios estabelecidos na Constituição, que seria a norma-origem do sistema. Bruno Miragem[78] responde a questão, afirmando que o diferencial é que o método do Diálogo das Fontes, não previne apenas a não contradição de normas, como os demais métodos sistemáticos, mas promove os valores elevados em nossa Constituição.

Veja-se que embora possam surgir alegações de que o método seria arbitrário e que geraria insegurança jurídica, deve-se sopesar que o mesmo sempre tem um resultado concreto, que está guinado na aplicação dos direitos e das garantias

---

76. MIRAGEM, Bruno. Eppur Si Muove: Diálogo das Fontes como Método de Interpretação Sistemática no Direito Brasileiro. In: MARQUES, Claudia Lima (Coord.). *Diálogo das Fontes*: Do Conflito à Coordenação de Normas do Direito Brasileiro. São Paulo: RT, 2012, p. 73.
77. FERRAZ JR., Tércio Sampaio. *Introdução ao Estudo do Direito*: Técnica, Decisão, Dominação. 2. ed. São Paulo: Atlas, 1994, p. 288.
78. MIRAGEM, Bruno. Eppur Si Muove: Diálogo das Fontes como Método de Interpretação Sistemática no Direito Brasileiro. In: MARQUES, Claudia Lima (Coord.). *Diálogo das Fontes*: Do Conflito à Coordenação de Normas do Direito Brasileiro. São Paulo: RT, 2012, p. 67-111.

fundamentais previstos na Constituição, conforme sustenta Bruno Miragem[79.] É por tal razão que Claudia Lima Marques[80] alerta que o Diálogo, "por respeito aos valores constitucionais e Direitos Humanos que lhe servem de base, não deve, por exemplo, ser usado para retirar direitos do consumidor: o diálogo só pode ser usado a favor do sujeito vulnerável, ou se transformará em analogia *in pejus*".

Nessa linha de raciocínio, e com base nos ensinamentos de Claudia Lima Marques[81,] afirmar-se que o método Diálogo das Fontes pode ser sempre utilizado quando estiverem em jogo valores constitucionais, tendo em vista que estes iluminam a aplicação simultânea e coerente de várias fontes. Tanto assim o é, que se pode observar nos últimos anos a grande disseminação do método, principalmente após a sua adoção pela jurisprudência, que teve como ápice o julgamento da ADIn 2.591, conhecida como ADIn dos bancos, onde o Ministro Joaquim Barbosa assim destacou: "não há, a priori, por que se falar em exclusão formal entre essas espécies normativas, mas, sim, em influências recíprocas".

Podemos observar, ademais, a menção e alusão ao método em trabalhos dos mais variados ramos do direito. A título de exemplo podemos citar aqui o artigo de Luiz Flávio Gomes[82,] em matéria penal, acerca da Súmula 442 do STJ, e o de Kiyoshi Harada[83,] em matéria fiscal, que aborda a questão dos embargos à execução fiscal.

Cabível, ainda, destacar que o Diálogo das Fontes, como assevera Claudia Lima Marques[84,] também poderá se dar em relação a duas leis especiais (cita-se aqui a possibilidade de Lei Antitruste e o Código do Consumidor dialogarem). A esse respeito, corrobora Heloísa Carpena[85:] "o direito pós-moderno lida com a pluralidade de fontes normativas, sendo frequente a existência de mais de um

---

79. MIRAGEM, Bruno. Eppur Si Muove: Diálogo das Fontes como Método de Interpretação Sistemática no Direito Brasileiro. In: MARQUES, Claudia Lima (Coord.). *Diálogo das Fontes*: Do Conflito à Coordenação de Normas do Direito Brasileiro. São Paulo: RT, 2012, p. 61.
80. MARQUES, Claudia Lima. O "Diálogo das Fontes" como Método da Nova Teoria Geral do Direito: Um Tributo a Erik Jayme. In: MARQUES, Claudia Lima (Coord.). *Diálogo das Fontes*: Do Conflito à Coordenação de Normas do Direito Brasileiro. São Paulo: RT, 2012, p. 17-66.
81. MARQUES, Claudia Lima. O "Diálogo das Fontes" como Método da Nova Teoria Geral do Direito: Um Tributo a Erik Jayme. In: MARQUES, Claudia Lima (Coord.). *Diálogo das Fontes*: Do Conflito à Coordenação de Normas do Direito Brasileiro. São Paulo: RT, 2012, p. 66.
82. GOMES, Luiz Flávio. *Súmula 442 do STJ*: Flagrante Violação ao Princípio da Proporcionalidade. Disponível em: http://webserver.mp.ac.gov.br/wp-content/files/Comentarios-a-Sumula-442-do-STJ.pdf. Acesso em: 28 abr. 2012.
83. HARADA, Kiyoshi. *Execução Fiscal:* Tiranossauro Rex versus Contribuinte. Disponível em:http://www.haradaadvogados.com.br/publicacoes/Artigos/748.pdf. Acesso em: 28 abr. 2012.
84. MARQUES, Claudia Lima. O "Diálogo das Fontes" como Método da Nova Teoria Geral do Direito: Um Tributo a Erik Jayme. In: MARQUES, Claudia Lima (Coord.). *Diálogo das Fontes*: Do Conflito à Coordenação de Normas do Direito Brasileiro. São Paulo: RT, 2012, p. 17-66.
85. CARPENA, Heloisa. *Consumidor no Direito da Concorrência*. Rio de Janeiro: Renovar, 2005, p. 270.

estatuto incidindo sobre o mesmo fato, como ocorre com as leis de proteção do consumidor e da concorrência".

Repisando o que foi dito anteriormente e com apoio nas palavras de Claudia Lima Marques[86,] podemos afirmar, já à guisa de conclusão, que o método "permite e leva à aplicação simultânea, coerente e coordenada" das fontes plúrimas, servido tanto para a identificação do conflito, quanto para a solução do mesmo, como destaca Bruno Miragem[87.] Para tanto, Claudia Lima Marques[88] apresenta três possíveis diálogos.

O primeiro diálogo refere-se ao diálogo sistemático de coerência, onde, na aplicação simultânea de duas leis, uma lei pode servir de base conceitual para outra. Ocorre principalmente quando uma lei não complementa a outra materialmente, mas apenas com completude subjetiva de tutela de um grupo da sociedade. Andrea Marighetto[89] complementa que esse diálogo se dá quando estamos diante uma lei geral e uma lei especial, de maneira que os conceitos e os institutos da lei geral devem ser aplicados também ao microssistema.

Como segundo diálogo, Claudia Lima Marques[90] apresenta o diálogo sistemático de complementariedade e subsidiariedade, a indicar a aplicação complementar de regras e princípios, no que couber. Com esse diálogo, não haveria mais a retirada do sistema de uma lei por outra, e, sim, a escolha de qual lei irá complementar a *ratio* da outra, seja de forma direta (complementariedade), seja de forma indireta (subsidiariedade). Por fim, fala-se em um terceiro diálogo que é o de coordenação e adaptação sistemática, que ocorre quando há uma possível redefinição do campo de aplicação de uma lei.

---

86. MARQUES, Claudia Lima. Superação das Antinomias pelo Diálogo das Fontes: O Modelo Brasileiro de Coexistência entre o Código de Defesa do Consumidor e o Código Civil de 2002. In: AZEVEDO, Antonio Junqueira de; Tôrres, Heleno Tavares; CARBONE, Paulo: *Princípios do Novo Código Civil Brasileiro e Outros Temas Homenagem a Tullio Ascarelli*. 2. ed. São Paulo: Editora Quartier Latin do Brasil, 2010, p. 129.
87. MIRAGEM, Bruno. Eppur Si Muove: Diálogo das Fontes como Método de Interpretação Sistemática no Direito Brasileiro. In: MARQUES, Claudia Lima (Coord.). *Diálogo das Fontes*: Do Conflito à Coordenação de Normas do Direito Brasileiro. São Paulo: RT, 2012, p. 67-111.
88. MARQUES, Claudia Lima. Superação das Antinomias pelo Diálogo das Fontes: O Modelo Brasileiro de Coexistência entre o Código de Defesa do Consumidor e o Código Civil de 2002. In: AZEVEDO, Antonio Junqueira de; Tôrres, Heleno Tavares; CARBONE, Paulo: *Princípios do Novo Código Civil Brasileiro e Outros Temas Homenagem a Tullio Ascarelli*. 2. ed. São Paulo: Quartier Latin do Brasil, 2010, p. 129.
89. MARIGHETTO, Andrea. O "Diálogo das Fontes" como Forma de Passagem da Teoria Sistemático-moderna à Teoria Finalística ou Pós-moderna do Direito. In: MARQUES, Claudia Lima (Coord.). *Diálogo das Fontes*: Do Conflito à Coordenação de Normas do Direito Brasileiro. São Paulo: RT, 2012, p. 111-124.
90. MARQUES, Claudia Lima. Superação das Antinomias pelo Diálogo das Fontes: O Modelo Brasileiro de Coexistência entre o Código de Defesa do Consumidor e o Código Civil de 2002. In: AZEVEDO, Antonio Junqueira de; Tôrres, Heleno Tavares; CARBONE, Paulo: *Princípios do Novo Código Civil Brasileiro e Outros Temas Homenagem a Tullio Ascarelli*. 2. ed. São Paulo: Quartier Latin do Brasil, 2010, p. 160.

Uma vez visto os aspectos conceituais do método Diálogo das Fontes, o seu campo de aplicação e suas três possíveis espécies, vejamos como a defesa da concorrência e a do consumidor podem ser melhores coordenadas e harmonizadas. Utiliza-se o método como orientação e inspiração.

A fim de sintetizar o que se pretende defender acerca do âmbito de proteção de cada defesa, busca-se ajuda naqueles estudos que podem ser considerados como a "recentralização do Direito da Concorrência", tendo como maior participação os estudos de Robert H. Lande.

Para esse autor, a função do Direito da Concorrência seria de garantir uma escolha efetiva por parte do consumidor[91]. Robert H. Lande[92], pois, defende sua tese sobre escolha do consumidor demonstrando que os Estados Unidos da América estão engajados em um longo processo de mudança entre o paradigma da eficiência e da abordagem pela teoria dos preços, adotada pela Escola de Chicago, para uma nova análise, com foco na escolha. Como exemplo dessa nova fase antitruste, Robert H. Lande traz à baila o caso Microsoft, o qual ilustrou a importância da escolha, que é dependente principalmente da inovação e de novos produtos, sendo pouco importante para a resolução do caso os preços praticados pela Microsoft em relação ao seu sistema operacional ou navegador da web.

Em outras palavras, isso significaria o reconhecimento de uma nova fase do direito antitruste, que estaria engajado em proporcionar um repasse dos benefícios aos consumidores, não mais considerando a eficiência por si só. Além disso, evolui-se do critério de preços para outras questões igualmente importantes para os consumidores: como qualidade e segurança.

Lecionam Neil Averitt e Robert H. Lande[93] que o poder de escolha só existirá quando configuradas duas condições fundamentais: "1) deve haver uma gama de opções para o consumidor, possibilitada pela competição; e 2) os consumidores devem poder escolher livremente dentre estas opções"[94]. Através da definição dessas duas condições podemos delimitar a tarefa de cada disciplina, confirmando o que o método Diálogo das Fontes determina.

---

91. Lande, Robert H. Consumer Choice as the Best Way to Recenter the Mission of Competition Law. In: ELGAR, Edward (Ed.). *Academic Society for Competition Law*, 2010.
92. Lande, Robert H. Consumer Choice as the Best Way to Recenter the Mission of Competition Law. ELGAR, Edward (Ed.). *Academic Society for Competition Law*, 2010.
93. Lande, Robert H. AVERITT, Neil W. A Escolha do consumidor: uma Razão Prática para o Direito Antitruste e o Direito de Defesa do Consumidor. *Revista de Direito do Consumidor*, São Paulo: RT, v. 45, p. 26-50, jan./mar. 2003.
94. A questão do direito de escolha do consumidor a ser buscado pelo Direito da Concorrência também é explorado em obras nacionais, especialmente na de Heloisa Carpena. CARPENA, Heloisa. *Consumidor no Direito da Concorrência*. Rio de Janeiro: Renovar, 2005, p. 157.

Ao Direito da Concorrência caberá assegurar a competição do mercado, preocupando-se, portanto, com as falhas externas desse. Através dessa defesa, o Direito da Concorrência irá assegurar a primeira condição fundamental para o poder de escolha do consumidor, que é uma gama razoável de opções. Isso não quer dizer que apenas o maior número de opções, por si só, deva ser buscado, mas sim que "visa-se a um equilíbrio entre a busca de eficiência econômica e a manutenção de uma série de opções efetivas para o consumidor", destaca Ana Paula Martinez[95].

O Direito do Consumidor, segundo Neil Averitt e Robert H. Lande[96], deverá, por sua vez, garantir "que os consumidores possam efetivamente escolher dentre aquelas opções sem ter suas faculdades críticas prejudicadas por violações como fraude ou retenção de informação material". Trata-se, destarte, de uma proteção contra as falhas internas do mercado, preocupando-se com o lado da demanda (*demand-side*).

Nesse diapasão, pergunta-se: o Direito do Consumidor reforça a concorrência, preenchendo as características de um diálogo sistemático de complementariedade e subsidiariedade do Diálogo das Fontes? Sim, e um dos principais mecanismos para isso diz respeito ao direito à informação[97].

Mesmo que um mercado seja competitivo, problemas informacionais podem ocasionar decisões não bem calculadas pelos consumidores, fazendo com que a performance seja abaixo do ótimo, o que gera prejuízos ao mercado e à sociedade como um todo.

Por tal razão é que Kati J. Cseres[98] informa que a proteção do consumidor, no que toca às falhas de mercado, proporciona um *enforcement* das regras de concorrência. A autora adiciona: "consumidores que enfrentam significantes problemas de informação farão decisões menos racionais e poderão, eventualmente, fazer o mercado operar abaixo do seu ótimo"[99-100].

---

95. MARTINEZ, Ana Paula. A Defesa dos Interesses dos Consumidores pelo Direito da Concorrência. *Revista do Ibrac*, São Paulo: IBRAC, v. 11, n. 01, p. 73, 2004.
96. Lande, Robert H. AVERITT, Neil W. A Escolha do consumidor: uma Razão Prática para o Direito Antitruste e o Direito de Defesa do Consumidor. *Revista de Direito do Consumidor*, São Paulo: RT, v. 45, p. 26-50, jan./mar. 2003.
97. CSERES, Kati J. The Impact of Consumer Protection on Competition and Competition Law: The Case of Deregulated Markets. *Amsterdam Center for Law & Economics Working Paper*, n. 05, p. 4, 2006.
98. CSERES, Kati J. The Impact of Consumer Protection on Competition and Competition Law: The Case of Deregulated Markets. *Amsterdam Center for Law & Economics Working Paper*, n. 05, p. 4, 2006.
99. Tradução livre da autora.
100. Importante alerta à Política da Concorrência daqui pode ser retirada: "One of the shortcomings of this thinking, but also of many competition law regimes is that they exclusively focus on firm behaviour and ignore an important factor: consumer behaviour". Tradução livre autora: "Uma das limitações deste pensamento, mas também de muitos regimes do Direito da Concorrência, é que esse foca exclusivamente sobre o

Martha Kisyombe corrobora[101]:

> A política do Consumidor aborda, entre outras coisas, o mercado a partir das escolhas fornecidas pela concorrência através de uma ponte que interliga o hiato da assimetria de informação entre os consumidores e os fornecedores. Como anteriormente mencionado, a política do consumidor faz-se necessária nas situações em que há falhas informacionais (em mercados imperfeitos como é o caso dos países em desenvolvimento), a fim de reduzir o fardo imposto aos consumidores como os custos de substituição[102].

Destarte, o Direito do Consumidor passa a atuar em uma falha específica do mercado, que diz respeito à assimetria de informação, afetando os pressupostos necessários para um Ótimo de Pareto. Esse seria o primeiro ponto de interação que é trazido à tela, que se refere às normas protetivas do consumidor – nomeadamente aquelas que garantem o direito à informação e regulam a publicidade[103] gerando benefícios ao mercado[104].

---

comportamento das empresas e ignora um fator de suma importância: o comportamento do consumidor". CSERES, Kati J. The Impact of Consumer Protection on Competition and Competition Law The Case of Deregulated Markets. *Amsterdam Center for Law & Economics Working Paper*, n. 05, p. 4, 2006.

101. KISYOMBE, Martha. *Emerging Issues in Consumer Protection*: Complementarities and areas of tension. Geneva: UNCTAD, 2012, p. 3.
102. Tradução livre da autora.
103. É cabível aqui citar os seguintes artigos do CDC: "Art. 6º São direitos básicos do consumidor: (....) III – a informação adequada e clara sobre os diferentes produtos e serviços, com especificação correta de quantidade, características, composição, qualidade e preço, bem como sobre os riscos que apresentem; (...) IV – a proteção contra a publicidade enganosa e abusiva, métodos comerciais coercitivos ou desleais, bem como contra práticas e cláusulas abusivas ou impostas no fornecimento de produtos e serviços (....). Art. 31. A oferta e apresentação de produtos ou serviços devem assegurar informações corretas, claras, precisas, ostensivas e em língua portuguesa sobre suas características, qualidades, quantidade, composição, preço, garantia, prazos de validade e origem, entre outros dados, bem como sobre os riscos que apresentam à saúde e segurança dos consumidores. Art. 36. A publicidade deve ser veiculada de tal forma que o consumidor, fácil e imediatamente, a identifique como tal. Parágrafo único. O fornecedor, na publicidade de seus produtos ou serviços, manterá, em seu poder, para informação dos legítimos interessados, os dados fáticos, técnicos e científicos que dão sustentação à mensagem. 1º É enganosa qualquer modalidade de informação ou comunicação de caráter publicitário, inteira ou parcialmente falsa, ou, por qualquer outro modo, mesmo por omissão, capaz de induzir em erro o consumidor a respeito da natureza, características, qualidade, quantidade, propriedades, origem, preço e quaisquer outros dados sobre produtos e serviços. § 2º É abusiva, dentre outras a publicidade discriminatória de qualquer natureza, a que incite à violência, explore o medo ou a superstição, se aproveite da deficiência de julgamento e experiência da criança, desrespeita valores ambientais, ou que seja capaz de induzir o consumidor a se comportar de forma prejudicial ou perigosa à sua saúde ou segurança. § 3º Para os efeitos deste código, a publicidade é enganosa por omissão quando deixar de informar sobre dado essencial do produto ou serviço. BRASIL. Código de Defesa do Consumidor: Lei 8.078, de 11 set. 1990. *Diário Oficial da União*: 12 set. 1990.
104. A Escola Nacional de Defesa do Consumidor explica a que se refere o Direito à Liberdade de Escolha e à Informação Adequada, que integram o rol dos Direitos Básicos do Consumidor, previstos no artigo 6º do CDC: "A liberdade de escolha e a igualdade nas contratações dependem intensamente da qualidade e da quantidade de informações passadas aos consumidores pelo fornecedor. Atento a este detalhe, o CDC prescreve que é direito básico do consumidor a "informação adequada e clara sobre os diferentes produtos e serviços, com especificação correta de quantidade, características, composição,

Essa atenção dada pelas normas consumeristas permite, por reflexo, que o jogo do mercado seja limpo, sendo o ganhador aquele agente que tiver o melhor produto e as melhores qualidades e não aquele que se utilizou de meios enganosos ou abusivos para tanto. O resultado, simplificadamente, seria uma maior transparência do mercado.

Sobre essa problemática, Martha Kisyombe[105] completa: "Assimetrias de informação entre os consumidores, vendedores e empresas nesses mercados podem ter impacto negativo na concorrência, afetando, pois, a capacidade dos consumidores de efetivamente impulsionar a competição"[106].

No entanto, cabe destacar que as falhas internas que atingem diretamente os consumidores e, por isso, recebem tratamento específico do Direito do Consumidor, não são eliminadas simplesmente com a ausência de assimetria de informação. Para melhor elucidar a questão, indaga-se, mesmo que ausente a assimetria de informação em uma relação de consumo, estaria o consumidor livre para exercer sua escolha?

Deve-se acreditar que não. Martha Kisyombe[107] endereça a questão:

> Os consumidores precisam não só ter acesso a informações sobre os produtos e serviços oferecidos no mercado, mas também ter acesso às ofertas e, finalmente, atuar sobre a informação acessada, a fim de tomar decisões informadas na compra de bens ou serviços no mercado (acessibilidade, avaliação e atuação em informações sobre o mercado são os três elementos do processo de tomada de decisão do consumidor). A falta de qualquer um dos elementos acima mencionados no processo de tomada de decisão do consumidor pode prejudicar a capacidade do consumidor de dirigir efetivamente a concorrência no mercado. Os custos de substituição e os custos de pesquisa são um exemplo vivo de um bloqueio na capacidade do consumidor de acessar, avaliar e agir sobre a informação disponível no mercado, porque os custos de substituição criam uma barreira à ação dos consumidores sobre as informações, diminuindo, portanto, potencialmente a concorrência no mercado através de uma limitação à escolha do consumidor decorrente de um *lock-in*[108].

---

qualidade e preço, bem como sobre os riscos que apresentem" (art. 6º, II, CDC). Este dispositivo da Lei traz exemplos de informações mínimas e necessárias para que um consumidor tenha condições de escolher sem receios o que melhor lhe atende, evitando aquisições desnecessárias ou equivocadas. Porém, a depender do tipo de produto ou serviço, as informações podem referir-se a outras especificações. (....). As falhas de informação podem atingir desde a exposição de preços, dificultando ao consumidor o conhecimento do mais elementar dos dados de sua compra, até as especificações técnicas estabelecidas órgãos oficiais competentes". Escola Nacional de Defesa do Consumidor. *Manual de Direito do Consumidor*. Brasília: ENDC, 2010, p. 49.

105. KISYOMBE, Martha. *Emerging Issues in Consumer Protection*: Complementarities and areas of tension. Geneva: UNCTAD, 2012, p. 4.
106. Tradução livre.
107. KISYOMBE, Martha. *Emerging Issues in Consumer Protection*: Complementarities and areas of tension. Geneva: UNCTAD, 2012, p. 4.
108. Tradução livre da autora.

Da leitura dos trechos acima, percebemos que os estudos de Martha Kisyombe[109] buscam abordar a situação em que, apesar do consumidor ter garantido o seu direito à informação, esse, por outro lado, não consegue exercê-lo, tendo em vista os custos para isso (cria-se uma barreira – *lock-in)*. Esses tanto podem se referir aos custos de procura *(search costs)* como aos de substituição *(switching costs)*.

Kati J. Cseres explica[110]:

> Outro problema é que, ainda que os consumidores sejam capazes de adquirir e processar o complexo conjunto de informação, eles podem não fazê-lo. Essa relutância é primordialmente atribuída aos custos envolvidos, no entanto, pode ser atribuída a razões psicológicas, também. Na existência de elevados custos de substituição os consumidores ficam '*locked-in*', passando a tolerar certos aumentos de preços e de serviços e não mudar de fornecedor. Em outras palavras, desde que os custos de substituição sejam elevados, preços supraconcorrenciais ao serviço podem ser impostos. Os consumidores podem fazer maus negócios ou serem desconectados de certos mercados, mesmo quando uma quantidade ideal de informações está disponível no mercado. A razão é que eles não têm a capacidade de processar a informação disponibilizada para eles. Os consumidores podem contar com heurísticas em vez de serem guiados pela racionalidade[111].

Os custos relacionados à procura e à substituição acabam gerando efeitos bastante negativos ao bem-estar do consumidor e, por conseguinte, às estruturas do mercado. Note-se que esse não procurará um produto ou um serviço que satisfaça melhor as suas necessidades (sejam essas relacionadas ao preço, sejam essas relacionadas à qualidade) ou porque não têm opção, que seria o caso do *lock-in*, ou porque seria custosa demais a procura e a busca por informações comerciais a respeito dos concorrentes.

No setor de telecomunicações, pode-se identificar algumas políticas implementadas pela ANATEL, no seu poder regulatório, que buscam eliminar o *switching cost*. Em 19 de março de 2007, foi aprovado o Regulamento Geral de Portabilidade – RGP, por meio da Resolução 460[112], cujo objetivo é estabelecer as condições para a implementação da Portabilidade de Código de Acesso pelas empresas prestadoras de serviços de telecomunicações de interesse coletivo. Com tal medida, tentou-se desenvolver uma maior competição no setor, com ajuda dos consumidores que exerceriam o seu poder de escolha livremente através de uma substituição com os custos reduzidos.

---

109. KISYOMBE, Martha. *Emerging Issues in Consumer Protection*: Complementarities and areas of tension. Geneva: UNCTAD, 2012, p. 4.
110. Cseres, Kati J. The Impact of Consumer Protection on Competition and Competition Law The Case of Deregulated Markets. *Amsterdam Center for Law & Economics Working Paper*, n. 05, p. 4, 2006.
111. Tradução livre da autora.
112. BRASIL. Resolução 460. *Diário Oficial da União*: 19 mar. 2007.

Robert H. Lande[113] busca, ainda, defender que o bem-estar do consumidor é muito melhor tutelado pelo modelo de escolha do que pela teoria dos preços ou da eficiência econômica. Para justificar tal afirmação, Robert H. Lande[114] arrola, como exemplo, mercados onde, mesmo sendo os preços regulados pelo Estado, a competição se torna fundamental para elevar o nível de qualidade e incentivar inovações.

Para exemplos como esses, a análise neoclássica da teoria dos preços não conseguiria mensurar os danos causados pela concentração empresarial, o que geraria danos ao bem-estar do consumidor, já que uma fusão ou outra operação societária seriam aprovadas, tendo em vista a eficiência. Robert H. Lande[115] explica:

> Agora, considere um mercado onde todas as empresas mais significativas foram autorizadas a se fundir. O Condado de Montgomery, Maryland, permitiu a fusão de duas de suas maiores empresas de táxi importantes, na teoria de que os preços eram regulados e assim não poderia haver dano a partir desta fusão. Infelizmente, como um resultado dessa fusão, o serviço e qualidade descaíram significativamente. Este exemplo ilustra que, mesmo se os preços são regulados, a concorrência muitas vezes leva a um melhor serviço, e os danos potenciais para os consumidores nestes mercados a partir da ausência de concorrência, muitas vezes, são extremamente difíceis de quantificar em termos de preços[116].

Outros casos em que a teoria dos preços não pode ser aplicada dizem respeito a mercados em que são necessárias criatividade e inovação, mais do que um preço competitivo. Robert H. Lande[117] identifica esses mercados como aqueles que envolvem tecnologia (*high-tech*).

Utilizando-se de tais exemplos, Robert H. Lande[118] busca sustentar que a inovação é o fator mais importante para determinar a escolha do consumidor em longo prazo e que o consumidor não deseja apenas baixos preços. Propõe, então, Robert H. Lande[119], que os fatores como inovação, perspectiva, privacidade e segurança deixem de ficar apenas nas notas de rodapé das análises dos atos de concentração e passem a desempenhar um papel mais proeminente na análise.

---

113. LANDE, Robert H. Consumer Choice as the Best Way to Recenter the Mission of Competition Law. Edward Elgar, ed., *Academic Society for Competition Law*, 2010.
114. LANDE, Robert H. Consumer Choice as the Best Way to Recenter the Mission of Competition Law. In: ELGAR, Edward (Ed.). *Academic Society for Competition Law*, 2010.
115. LANDE, Robert H. Consumer Choice as the Best Way to Recenter the Mission of Competition Law. In: ELGAR, Edward (Ed.). *Academic Society for Competition Law*, 2010.
116. Tradução livre da autora. LANDE, Robert H. Consumer Choice as the Best Way to Recenter the Mission of Competition Law. In: ELGAR, Edward (Ed.). *Academic Society for Competition Law*, 2010.
117. LANDE, Robert H. Consumer Choice as the Best Way to Recenter the Mission of Competition Law. In: ELGAR, Edward (Ed.). *Academic Society for Competition Law*, 2010.
118. LANDE, Robert H. Consumer Choice as the Best Way to Recenter the Mission of Competition Law. In: ELGAR, Edward (Ed.). *Academic Society for Competition Law*, 2010.
119. LANDE, Robert H. Consumer Choice as the Best Way to Recenter the Mission of Competition Law. In: ELGAR, Edward (Ed.). *Academic Society for Competition Law*, 2010.

Estas constatações feitas por Robert H. Lande[120] vêm ao encontro dos estudos econômicos acerca da eficiência dinâmica. Trata-se de uma nova concepção para a política antitruste, que não pode ficar restrita à eficiência alocativa estática.

Conforme salienta Ricardo Correa Geoffroy[121,] "se o objetivo da política antitruste deve ser o bem-estar do consumidor, então a política adotada acabou se perdendo com uma prioridade equivocada: a eficiência estática". Ganha espaço na literatura econômica, então, a eficiência dinâmica, a qual possibilita maiores ganhos de bem-estar como o desenvolvimento econômico ao longo prazo e, sobretudo, com a introdução de novos produtos e novas tecnologias na economia.

Em última análise, pode-se perceber que a coordenação e harmonização dessas defesas, que possuem racionalidades e desenhos institucionais e legais distintos, são necessárias, uma vez que possuem um objetivo comum. É por esse motivo que inconsistências e incoerências não podem ser permitidas. Para isso, lança-se mão do Diálogo das Fontes, como demonstrado acima.

Há, ademais, situações em que ambas as políticas incidirão concomitantemente sobre o mesmo fato, conquanto sejam aplicados a esse fato remédios distintos (e seria especificamente nesse ponto de interação a maior necessidade de uma coordenação e harmonização da política).

Essas situações dizem respeito ao papel repressivo desempenhado pelas defesas, no combate às práticas abusivas e às infrações à ordem econômica. Dentre essas, existe uma específica que se constitui como o cerne da defesa do consumidor em matéria antitruste, que é o abuso de posição dominante e sua prática mais trivial, a venda casada.

---

120. LANDE, Robert H. Consumer Choice as the Best Way to Recenter the Mission of Competition Law. In: ELGAR, Edward (Ed.). *Academic Society for Competition Law*, 2010.
121. GEOFFROY, Ricardo Correa. Eficiências Econômicas em Atos de Concentração: Rumo à Incorporação das Eficiências Dinâmicas. Secretaria de Acompanhamento Econômico do Ministério da Fazenda. (Org.). *V Prêmio SEAE 2010*: Concurso de Monografias sobre os Temas: Defesa da Concorrência e Regulação Econômica/ Ministério da Fazenda. Brasília: Edições Valentim, Secretaria de Acompanhamento Econômico, 2011, p. 77.

3
CONDUTAS ABUSIVAS

3.1 PROTEÇÃO DIRETA AOS CONSUMIDORES

Os agentes econômicos quando desenvolvem suas atividades buscam implementar condutas a fim de garantir o seu espaço no mercado, bem como para possibilitar uma maior participação nesse, o que acarretará uma maior margem de lucros e o crescimento e desenvolvimento da empresa.

Muitas vezes, a realização de tais estratégias é decorrente do próprio jogo do livre mercado, onde os agentes respondem às condutas implementadas pelos seus concorrentes, para que se possa manter um equilíbrio entre oferta e demanda. Ocorre, no entanto, que a realização de determinadas práticas pode vir a ser extremamente prejudicial à livre concorrência e aos consumidores. E é, por isso, que o Estado buscou desenvolver um sistema de repressão a tais condutas. A Escola Nacional de Defesa do Consumidor[1] elucida:

> Na verdade, são incontáveis as estratégias e métodos adotados pelas empresas para alcançarem seus objetivos de lucro, aumento de vendas e conquista de cada vez maior clientela deixando de lado o respeito e a proteção do consumidor.

Tanto o CDC[2] quando a Lei de Defesa da Concorrência[3] vêm estabelecer um rol de condutas exemplificativas que, tendo em vista o seu objetivo ou efeito, ainda que potencial, de gerar prejuízos aos consumidores e ao mercado (no caso da Defesa da Concorrência) são capituladas como ilícitos administrativos, cíveis e até mesmo, em certos casos, de natureza criminal. Essas condutas no CDC[4] são denominadas de *práticas abusivas* e na Lei de Concorrência[5] de *infrações à ordem econômica*.

---

1. Escola Nacional de Defesa do Consumidor: *Manual de Direito do Consumidor*. Brasília: ENDC, 2010, p. 107.
2. BRASIL. Código de Defesa do Consumidor: Lei 8.078, de 11 set. 1990. *Diário Oficial da União*: 12 set. 1990.
3. BRASIL. Lei 12.529, de 30 nov. 2010. *Diário Oficial da União*: 30 nov. 2011.
4. BRASIL. Código de Defesa do Consumidor: Lei 8.078, de 11 set. 1990. *Diário Oficial da União*: 12 set. 1990.
5. BRASIL. Lei 12.529, de 30 nov. 2010. *Diário Oficial da União*: 30 nov. 2011.

As práticas abusivas, no Código do Consumidor, estão elencadas no seu artigo 39[6]. Segundo Claudia Lima Marques[7], até a entrada em vigor da Lei 8.884/94[8] a lista do artigo 39 era exaustiva, considerando que seu inciso x, "que indicava ser a lista apenas exemplificativa, foi vetado pelo Presidente da República, sob alegação de que este inciso tornava a norma imprecisa e era inconstitucional, tendo em vista a natureza penal do dispositivo". A Lei 8.884/94[9], por seu turno, introduziu no seu caput a expressão dentre outras práticas abusivas, o que acabou refletindo no CDC[10], retornando a lista a ser exemplificativa.

---

6. Art. 39. É vedado ao fornecedor de produtos ou serviços, dentre outras práticas abusivas: I – condicionar o fornecimento de produto ou de serviço ao fornecimento de outro produto ou serviço, bem como, sem justa causa, a limites quantitativos; II – recusar atendimento às demandas dos consumidores, na exata medida de suas disponibilidades de estoque, e, ainda, de conformidade com os usos e costumes; III – enviar ou entregar ao consumidor, sem solicitação prévia, qualquer produto, ou fornecer qualquer serviço; IV – prevalecer-se da fraqueza ou ignorância do consumidor, tendo em vista sua idade, saúde, conhecimento ou condição social, para impingir-lhe seus produtos ou serviços; V – exigir do consumidor vantagem manifestamente excessiva; VI – executar serviços sem a prévia elaboração de orçamento e autorização expressa do consumidor, ressalvadas as decorrentes de práticas anteriores entre as partes; VII – repassar informação depreciativa, referente a ato praticado pelo consumidor no exercício de seus direitos; VIII – colocar, no mercado de consumo, qualquer produto ou serviço em desacordo com as normas expedidas pelos órgãos oficiais competentes ou, se normas específicas não existirem, pela Associação Brasileira de Normas Técnicas ou outra entidade credenciada pelo Conselho Nacional de Metrologia, Normalização e Qualidade Industrial (Conmetro); IX – recusar a venda de bens ou a prestação de serviços, diretamente a quem se disponha a adquiri-los mediante pronto pagamento, ressalvados os casos de intermediação regulados em leis especiais; X – elevar sem justa causa o preço de produtos ou serviços. XII – deixar de estipular prazo para o cumprimento de sua obrigação ou deixar a fixação de seu termo inicial a seu exclusivo critério. XIII – aplicar fórmula ou índice de reajuste diverso do legal ou contratualmente estabelecido. Parágrafo único. Os serviços prestados e os produtos remetidos ou entregues ao consumidor, na hipótese prevista no inciso III, equiparam-se às amostras grátis, inexistindo obrigação de pagamento. Ainda, na seção das práticas abusivas do CDC há mais dois artigos além do artigo 39, que dispõem o seguinte: Art. 40. O fornecedor de serviço será obrigado a entregar ao consumidor orçamento prévio discriminando o valor da mão de obra, dos materiais e equipamentos a serem empregados, as condições de pagamento, bem como as datas de início e término dos serviços. § 1º Salvo estipulação em contrário, o valor orçado terá validade pelo prazo de dez dias, contado de seu recebimento pelo consumidor. § 2º Uma vez aprovado pelo consumidor, o orçamento obriga os contraentes e somente pode ser alterado mediante livre negociação das partes. § 3º O consumidor não responde por quaisquer ônus ou acréscimos decorrentes da contratação de serviços de terceiros não previstos no orçamento prévio. Art. 41. No caso de fornecimento de produtos ou de serviços sujeitos ao regime de controle ou de tabelamento de preços, os fornecedores deverão respeitar os limites oficiais sob pena de não o fazendo, responderem pela restituição da quantia recebida em excesso, monetariamente atualizada, podendo o consumidor exigir à sua escolha, o desfazimento do negócio, sem prejuízo de outras sanções cabíveis. BRASIL. Código de Defesa do Consumidor: Lei 8.078, de 11 set. 1990. *Diário Oficial da União*: 12 set. 1990.
7. MARQUES, Claudia Lima. *Contratos no Código de Defesa do Consumidor*: O Novo Regime das Relações Contratuais. 5. ed. São Paulo: RT, 2005, p. 814.
8. BRASIL. Lei 8.884, de 11 jun. 1994. *Diário Oficial da União*: 13 jun. 1994.
9. BRASIL. Lei 8.884, de 11 jun. 1994. *Diário Oficial da União*: 13 jun. 1994.
10. BRASIL. Código de Defesa do Consumidor: Lei 8.078, de 11 set. 1990. *Diário Oficial da União*: 12 de set. 1990.

Antonio Herman V. Benjamin, Claudia Lima Marques e Leonardo Roscoe Bessa[11] lecionam que as práticas abusivas constituem um conceito fluído e flexível, estando, tampouco, limitadas ao CDC[12]. Como decorrência da norma do art. 7º, *caput,* são também práticas abusivas outros comportamentos que afetem o consumidor diretamente, mesmo que previstos em legislação diversa do Código.

A Escola Nacional de Defesa do Consumidor[13] esclarece que ao controlar as práticas abusivas no mercado, o CDC[14] busca a harmonização das relações de consumo, "o que demanda a garantia de manutenção de equilíbrio entre as partes desiguais. Assim, o ganho do fornecedor deve decorrer de razoável e justificado empenho incorporado no oferecimento regular do produto ou serviço, ficando preservada a liberdade de escolha do consumidor".

Sobre os remédios dispensados pelas normas consumeristas às práticas abusivas, a Escola Nacional de Defesa do Consumidor[15] introduz que a repressão à prática pode se dar no âmbito administrativo, civil e criminal.

O órgão de proteção e defesa do consumidor com fundamento no artigo 56 do CDC[16], ao identificar uma prática como abusiva, irá aplicar sanção administrativa. Não obstante, o consumidor poderá ajuizar ação para receber indenização pelos prejuízos patrimoniais e/ou extrapatrimoniais (morais). Ademais, certas práticas abusivas podem ainda ser reprimidas no âmbito criminal[17].

No que tange às infrações à ordem econômica, pode-se dizer que a repressão a essas foi inaugurada no ordenamento jurídico brasileiro a partir da repressão ao abuso de poder econômico, que esteve presente de forma expressa pela primeira vez na ordem constitucional a partir da Constituição de 1946[18]. No entanto, como bem aponta Paula Forgioni[19], "parte da doutrina, liderada por Pontes de Miranda,

---

11. BENJAMIN, Antonio Herman de Vasconcellos; MARQUES, Claudia Lima; BESSA, Leonardo Roscoe. *Manual de Direito do Consumidor.* 2 ed., rev., atual. e ampl. São Paulo: RT, 2009.
12. BRASIL. Código de Defesa do Consumidor. Lei 8.078, de 11 set. 1990. *Diário Oficial da União:* 12 set. 1990.
13. Escola Nacional de Defesa do Consumidor. *Manual de Direito do Consumidor.* Brasília: ENDC, 2010, p. 107.
14. BRASIL. Código de Defesa do Consumidor: Lei 8.078, de 11 set. 1990. *Diário Oficial da União:* 12 set. 1990.
15. Escola Nacional de Defesa do Consumidor. *Manual de Direito do Consumidor.* Brasília: ENDC, 2010, p. 108.
16. BRASIL. Código de Defesa do Consumidor: Lei 8.078, de 11 set. 1990. *Diário Oficial da União:* 12 set. 1990.
17. Escola Nacional de Defesa Do Consumidor. *Manual de Direito do Consumidor.* Brasília: ENDC, 2010, p. 108.
18. BRASIL. Constituição de 1946. *Diário Oficial:* 19 set. 1946.
19. FORGIONI, Paula Andréa. *Os Fundamentos do Antitruste.* 3. ed. São Paulo: RT, 2008, p. 123.

sustenta que o princípio da repressão ao abuso do poder econômico se encontrava implícito nas Constituições de 1934 e 1937".

É a partir desta disposição que, conforme expõe Izabel Vaz[20,] há o início de um sistema brasileiro antitruste, deixando o Estado de reprimir apenas as infrações à ordem econômica sob a tônica essencialmente da economia popular. Essa é o ponto inicial da busca por reprimir os atos que possam ser prejudiciais ao mercado, que veio a ser regulamentada pela Lei 4.137/62[21,] a primeira lei antitruste brasileira.

A cultura de repressão às infrações contra a ordem econômica foi repetida nas demais legislações antitruste, em especial na Lei 8.884/94[22] e na atual lei 12.529/11[23,] bem como na ordem constitucional, nomeadamente na CF de 1988[24,] que veio a introduzir o princípio da livre concorrência como um dos preceitos balizadores da livre iniciativa.

Ocorre que o controle das condutas anticoncorrenciais, até o presente momento, não recebeu, no Brasil, a atenção devida. Calixto Salomão Filho[25] coloca que não seria exagerado dizer que tal matéria é um dos mais descurados campos do Direito Brasileiro, sendo poucos "os trabalhos compreensivos sobre o tema" e escassa a atenção das autoridades competentes.

Paula Forgioni[26] corrobora com o posicionamento de Calixto Salomão Filho, frisando que a energia do Sistema Brasileiro de Defesa da Concorrência deveria ser igualmente direcionada ao papel repressivo e não apenas, como tem se visto nos últimos tempos desde a edição da Lei 8.884/94[27,] ao controle dos atos de concentração.

A necessidade de um estudo que busque compreender sistematicamente os comportamentos anticoncorrenciais decorre, principalmente, do fato de que é "através da aplicação simultânea e conjunta de ambos os subsistemas (controles estrutural e comportamental) que a proteção concorrencial ganha eficácia"[28.]

---

20. VAZ, Isabel. *Direito Econômico da Concorrência*. Rio de Janeiro: Forense, 1993, p. 249.
21. BRASIL. Lei 4.137, de 10 set. 1962. *Diário Oficial*: 12 nov. 1962.
22. BRASIL. Lei 8.884, de 11 jun. 1994. *Diário Oficial da União*: 13 jun. 1994.
23. BRASIL. Lei 12.529, de 30 nov. 2011. *Diário Oficial da União*: 30 nov. 2011.
24. BRASIL. Constituição Federal de 1988. *Diário Oficial da União*: 5 out. 1988.
25. SALOMÃO FILHO, Calixto. *Direito Concorrencial*: As Condutas. São Paulo: Malheiros, 2003, p. 18.
26. Assim expõe Paula Forgioni: "grande parte da energia e dos recursos públicos empregados pelo SBDC direciona-se à análise dos atos de concentração e não de processos administrativos, que investigam condutas abusivas. Espera-se que, com o fortalecimento do CADE e dos demais órgãos integrantes do SBDC, perante o sistema político e a própria opinião pública, maior atenção seja dada, por parte das autoridades antitruste, às condutas anticoncorrenciais dos agentes econômicos". FORGIONI, Paula Andréa. *Os Fundamentos do Antitruste*. 3. ed. São Paulo: RT, 2008, p. 179.
27. BRASIL. Lei 8.884, de 11 jun. 1994. *Diário Oficial da União*: 13 jun. 1994.
28. SALOMÃO FILHO, Calixto. *Direito Concorrencial*: As Condutas. Malheiros: São Paulo, 2003, p. 18.

Percebe-se, nesse contexto, que o controle de estruturas não é, e nem pode ser, onipotente, até mesmo porque, a sua aplicação de modo sufocante poderá vir a barrar estruturas benéficas ao mercado, que aumentariam o nível do bem-estar do consumidor. Some-se a isso a falta de tradição e *expertise* das autoridades brasileiras em questões de cunho preventivo, bem como pelo surgimento de novas estruturas societárias as quais não são "facilmente detectáveis ou controláveis através da disciplina das estruturas"[29,] razão pela qual o controle repressivo ganha relevância.

Inclusive, esse foco direcionado ao controle das condutas seria a proposta do então novo CADE, reformulado com as modificações decorrentes da Lei 12.529/11[30.] Tal atuação foi destaque na fala do ex-presidente do CADE, Vinícius Marques de Carvalho[31] no seu discurso de posse: "no novo Cade, o combate a condutas anticompetitivas, por sua vez, também deve ganhar mais espaço".

Apenas relembrando, o controle de condutas refere-se à repressão à prática de infrações à ordem econômica que, para tal configuração, devem preencher as condições previstas no artigo 36 da Lei 12.529/11[32.] Roberto Augusto Cas-

---

29. SALOMÃO FILHO, Calixto. *Direito Concorrencial*: As Condutas. Malheiros: São Paulo, 2003, p. 19.
30. BRASIL. Lei 12.529, de 30 nov. 2010. *Diário Oficial da União*: 30 nov. 2011.
31. CARVALHO, Vinícius Marques de. *Discurso de Posse do Presidente do Conselho Administrativo de Defesa Econômica*. Disponível em: http://www.cade.gov.br/upload/Discurso%20de%20posse%20 do%20presidente%20do%20Cade%20(vinicius).pdf. Acesso em: 27 mar. 2013.
32. O artigo 36 dispõe: "Constituem infração da ordem econômica, independentemente de culpa, os atos sob qualquer forma manifestados, que tenham por objeto ou possam produzir os seguintes efeitos, ainda que não sejam alcançados: I – limitar, falsear ou de qualquer forma prejudicar a livre concorrência ou a livre iniciativa; II – dominar mercado relevante de bens ou serviços; III – aumentar arbitrariamente os lucros; e IV – exercer de forma abusiva posição dominante. § 1º A conquista de mercado resultante de processo natural fundado na maior eficiência de agente econômico em relação a seus competidores não caracteriza o ilícito previsto no inciso II do *caput* deste artigo. § 2º Presume-se posição dominante sempre que uma empresa ou grupo de empresas for capaz de alterar unilateral ou coordenadamente as condições de mercado ou quando controlar 20% (vinte por cento) ou mais do mercado relevante, podendo este percentual ser alterado pelo Cade para setores específicos da economia. § 3º As seguintes condutas, além de outras, na medida em que configurem hipótese prevista no caput deste artigo e seus incisos, caracterizam infração da ordem econômica: I – acordar, combinar, manipular ou ajustar com concorrente, sob qualquer forma: a) os preços de bens ou serviços ofertados individualmente; b) a produção ou a comercialização de uma quantidade restrita ou limitada de bens ou a prestação de um número, volume ou frequência restrita ou limitada de serviços; c) a divisão de partes ou segmentos de um mercado atual ou potencial de bens ou serviços, mediante, dentre outros, a distribuição de clientes, fornecedores, regiões ou períodos; d) preços, condições, vantagens ou abstenção em licitação pública; II – promover, obter ou influenciar a adoção de conduta comercial uniforme ou concertada entre concorrentes; III – limitar ou impedir o acesso de novas empresas ao mercado; IV – criar dificuldades à constituição, ao funcionamento ou ao desenvolvimento de empresa concorrente ou de fornecedor, adquirente ou financiador de bens ou serviços; V – impedir o acesso de concorrente às fontes de insumo, matérias-primas, equipamentos ou tecnologia, bem como aos canais de distribuição; VI – exigir ou conceder exclusividade para divulgação de publicidade nos meios de comunicação de massa; VII – utilizar meios enganosos para provocar a oscilação de preços de terceiros; VIII – regular mercados de bens ou serviços, estabelecendo acordos para limitar ou controlar a pesquisa e o desenvolvimento

telhanos Pfeiffer[33] relaciona que os tipos previstos na norma concorrencial são substancialmente mais abertos que as prescrições consumeristas, de maneira que a subsunção de uma conduta ao tipo concorrencial será mediada por diversos requisitos, principalmente, a análise de sua capacidade de produzir efeitos e a sua razoabilidade.

De tal modo, o exame antitruste é bem mais sofisticado e aprofundado, assinala Roberto Augusto Castelhanos Pfeiffer[34.] Esse visa a, sobretudo, averiguar se a conduta é apta a gerar prejuízo à concorrência, o que está condicionado à demonstração da existência de poder de mercado por aquele que pratica a infração.

Eduardo Molan Gaban e Juliana Oliveira Domingues[35] elencam três etapas que são utilizadas majoritariamente pelo CADE para aferir a ilegalidade de uma conduta na esfera antitruste. Seriam essas:

> Primeiro, é necessário mostrar que a conduta, por meio da qual a infração à concorrência se daria, de fato ocorreu e pode ser imputada à representada. Segundo, para que a prática empresarial possa configurar uma conduta anticompetitiva é necessário que a representada possua condições para realizar a alegada conduta infrativa, ou seja, que possua posição dominante que possa ser utilizada de modo a restringir a concorrência. Finalmente, uma vez

---

tecnológico, a produção de bens ou prestação de serviços, ou para dificultar investimentos destinados à produção de bens ou serviços ou à sua distribuição; IX – impor, no comércio de bens ou serviços, a distribuidores, varejistas e representantes preços de revenda, descontos, condições de pagamento, quantidades mínimas ou máximas, margem de lucro ou quaisquer outras condições de comercialização relativos a negócios destes com terceiros; X – discriminar adquirentes ou fornecedores de bens ou serviços por meio da fixação diferenciada de preços, ou de condições operacionais de venda ou prestação de serviços; XI – recusar a venda de bens ou a prestação de serviços, dentro das condições de pagamento normais aos usos e costumes comerciais; XII – dificultar ou romper a continuidade ou desenvolvimento de relações comerciais de prazo indeterminado em razão de recusa da outra parte em submeter-se a cláusulas e condições comerciais injustificáveis ou anticoncorrenciais; XIII – destruir, inutilizar ou açambarcar matérias-primas, produtos intermediários ou acabados, assim como destruir, inutilizar ou dificultar a operação de equipamentos destinados a produzi-los, distribuí-los ou transportá-los; XIV – açambarcar ou impedir a exploração de direitos de propriedade industrial ou intelectual ou de tecnologia; XV – vender mercadoria ou prestar serviços injustificadamente abaixo do preço de custo; XVI – reter bens de produção ou de consumo, exceto para garantir a cobertura dos custos de produção; XVII – cessar parcial ou totalmente as atividades da empresa sem justa causa comprovada; XVIII – subordinar a venda de um bem à aquisição de outro ou à utilização de um serviço, ou subordinar a prestação de um serviço à utilização de outro ou à aquisição de um bem; e XIX – exercer ou explorar abusivamente direitos de propriedade industrial, intelectual, tecnologia ou marca." BRASIL. Lei 12.529, de 30 nov. 2011. *Diário Oficial da União*: 30 nov. 2011.

33. PFEIFFER, Roberto Augusto Castelhanos. Proteção do Consumidor e Defesa da Concorrência: Paralelo entre Práticas Abusivas e Infrações contra a Ordem Econômica. *Revista de Direito do Consumidor*, São Paulo: RT, ano 19, n. 76, p. 138, out./dez. 2010.
34. PFEIFFER, Roberto Augusto Castelhanos. Proteção do Consumidor e Defesa da Concorrência: Paralelo entre Práticas Abusivas e Infrações contra a Ordem Econômica. *Revista de Direito do Consumidor*, São Paulo: RT, ano 19, n. 76, p. 138, out./dez. 2010.
35. GABAN, Eduardo Molan; DOMINGUES, Juliana Oliveira. *Direito Antitruste*. São Paulo: Saraiva, 2012, p. 132.

tendo sido constatada a ação por meio da qual haveria restrições à concorrência por uma determinada empresa e detendo este poder de mercado, é necessário mostrar que tal conduta pode gerar efeitos deletérios à concorrência e que não esteja associada a *ganhos de eficiência suficientes para contrabalançar os prejuízos de eventual redução da concorrência*. (grifo nosso).

Roberto Taufick[36,] em seu livro de comentários à norma concorrencial, destrincha os elementos acima apontados. A Lei 12.529/11[37] determina que constituem infração da ordem econômica, independentemente de culpa[38,] os atos sob qualquer forma manifestados, que *tenham por objeto ou possam produzir os seguintes efeitos*, ainda que não sejam alcançados: I – limitar, falsear ou de qualquer forma prejudicar a livre concorrência ou a livre iniciativa; II – dominar mercado relevante de bens ou serviços; III – aumentar arbitrariamente os lucros; e IV – exercer de forma abusiva posição dominante.

O efeito previsto no inciso I, para Roberto Taufick[39,] abarca todos os demais e, portanto, é genérico. Note-se, aqui, a grande amplitude da previsão normativa, podendo ser explicada, consoante anuncia Fábio Ulhoa Coelho[40,] "como cautela do legislador, tendo em conta as imprevisíveis e variadíssimas possibilidades abertas pelas múltiplas formas de relacionamento entre empresas".

Fábio Ulhoa Coelho[41] assegura que limitar a livre concorrência ou a livre iniciativa seria "barrar total ou parcialmente, mediante determinadas práticas empresariais, a possibilidade de aceso de outros empreendedores à atividade produtiva em questão".

Já falsear a livre concorrência ou iniciativa, significa, para o mencionado autor[42,] "ocultar a prática restritiva, através de atos e contratos aparentemente compatíveis com as regras de estruturação do livre mercado". Prejudicar a livre concorrência ou iniciativa, por seu turno, significa para Fábio Ulhoa Coelho[43,] "incorrer em qualquer prática empresarial lesiva às estruturas do mercado, ainda que não limitativas ou falseadoras dessas estruturas".

Para o efeito do inciso II, Roberto Taufick[44] explana que a ilicitude do domínio está relacionada à conquista desse domínio por meios abusivos, e não ao

---

36. TAUFICK, Roberto Domingos. *Nova Lei Antitruste Brasileira*. Rio de Janeiro: Forense, 2012.
37. BRASIL. Lei 12.529, de 30 nov. 2011. *Diário Oficial da União*: 30 nov. 2011.
38. Roberto Taufick sustenta que o "independe de culpa" nem precisaria estar na Lei para ensejar a responsabilidade objetiva, já que, pela teoria econômica, todos atores agem racionalmente. TAUFICK, Roberto Domingos. *Nova Lei Antitruste Brasileira*. Rio de Janeiro: Forense, 2012.
39. TAUFICK, Roberto Domingos. *Nova Lei Antitruste Brasileira*. Rio de Janeiro: Forense, 2012.
40. COELHO, Fábio Ulhoa. *Curso de Direito Comercial*. 15. ed. São Paulo: Saraiva, 2009, p. 212-213.
41. COELHO, Fábio Ulhoa. *Curso de Direito Comercial*. 15. ed. São Paulo: Saraiva, 2009, p. 212-213.
42. COELHO, Fábio Ulhoa. *Curso de Direito Comercial*. 15. ed. São Paulo: Saraiva, 2009, p. 212-213.
43. COELHO, Fábio Ulhoa. *Curso de Direito Comercial*. 15. ed. São Paulo: Saraiva, 2009, p. 212-213.
44. TAUFICK, Roberto Domingos. *Nova Lei Antitruste Brasileira*. Rio de Janeiro: Forense, 2012.

domínio de mercado em si. Dessarte, a dominação do mercado decorrente "de um processo natural fundado na maior eficiência de agente econômico em relação a seus competidores" (art. 36, §1º da Lei 12.529/11[45]) é lícita, não configurando infração à ordem econômica.

Paula Forgioni[46] esclarece: "desde que uma empresa seja mais capacitada que seu concorrente, poderá licitamente buscar a posição dominante no mercado, vindo até a dominá-lo, inclusive com a eliminação de seus competidores".

O efeito previsto no inciso III é deveras polêmico. Sem querer entrar em maiores detalhes, em consonância com o defendido por Roberto Taufick[47], o aumento arbitrário de lucros não seria uma conduta autônoma, só existindo quando conexo a outra infração que lhe sirva de substrato.

A grande questão, que ainda espera maiores debates jurisprudenciais e doutrinários, é saber se a retirada da conduta de aumento injustificado de preços do rol exemplificativo do antigo artigo 21 da Lei 8.884/94[48] sinalizaria a intenção do legislador de afastar a configuração dessa conduta como uma infração autônoma.

Por fim, o inciso IV trata do efeito em que, muito embora o domínio de mercado tenha sido realizado de forma lícita, o seu detentor passa a utilizá-lo de uma maneira abusiva. Roberto Taufick[49] aclara que esse exercício abusivo pode ser desempenhado através de uma ação conjunta entre determinados agentes (cartel) ou unilateralmente.

Depois dessa rápida exposição acerca dos efeitos, destaca-se que esses não precisam ser alcançados, basta que o ato tenha esses efeitos como objeto, ou possa produzi-los. Defende Roberto Taufick[50] que não se incluem, nos que tenham por objeto, ilícitos de mera conduta, uma vez que as infrações concorrenciais devem ser formais, exigindo o potencial alcance dos resultados visados ou esperados, que só se fará presente quando existente o poder de mercado.

Conforme citado anteriormente, Eduardo Molan Gaban e Juliana Oliveira Domingues[51] elencam que, uma vez tendo sido constatado que a conduta gerou restrições à concorrência ou que teria potencial para tanto, seria necessário mostrar que tal conduta pode gerar *"ganhos de eficiência suficientes para contrabalançar os prejuízos de eventual redução da concorrência"*.

---

45. BRASIL. Lei 12.529, de 30 nov. 2011. *Diário Oficial da União*: 30 nov. 2011.
46. FORGIONI, Paula Andréa. *Os Fundamentos do Antitruste*. 3. ed. São Paulo: RT, 2008, p. 276.
47. TAUFICK, Roberto Domingos. *Nova Lei Antitruste Brasileira*. Rio de Janeiro: Forense, 2012.
48. BRASIL. Lei 8.884, de 11 jun. 1994. *Diário Oficial da União*: 13 jun. 1994.
49. TAUFICK, Roberto Domingos. *Nova Lei Antitruste Brasileira*. Rio de Janeiro: Forense, 2012.
50. TAUFICK, Roberto Domingos. *Nova Lei Antitruste Brasileira*. Rio de Janeiro: Forense, 2012.
51. GABAN, Eduardo Molan; DOMINGUES, Juliana Oliveira. *Direito Antitruste*. São Paulo: Saraiva, 2012, p. 132.

Nessa etapa de análise da infração à ordem econômica entramos no denominado juízo de razoabilidade, que está relacionado à condenação das práticas que causem restrição ao mercado sem justificativa. Portanto, na última etapa da análise antitruste, por meio desse juízo, irão ser condenadas as condutas cujos efeitos anticompetitivos não sejam suficientemente compensados pelos benefícios advindos da prática restritiva[52.]

Ressalva-se aqui que há alguns autores que entendem que esse juízo de razoabilidade seria referente à Regra da Razão. Nesse sentido, apontamos Paula Forgioni[53,] que relaciona a Regra da Razão como contraposição à noção de ilegalidade *per se*.

Tendo como fundamento a noção de que a concorrência não seria um fim em si mesmo, mas apenas um instrumento para atingir fins maiores, Paula Forgioni[54] destaca que, no Brasil, a repressão ao abuso de poder econômico depende de um exame da razoabilidade do ato alegado abusivo, podendo esse ser justificado pelos benefícios sociais alcançados. Dessa forma, a existência de estruturas concentradas de mercado (monopólios, duopólios e oligopólios), *per se*, não seria ilegal do ponto de vista antitruste.

No entanto, como bem destaca Roberto Taufick[55,] a Regra da Razão e a ilicitude *per se* são apenas questões de cunho processual. O autor informa que a ilegalidade *per se*, que em seu nascedouro estava associada à condenação do agente sem ter que verificar o poder de mercado detido por esse, hoje se distingue da Regra da Razão, em função de dispensar certas provas, que ficariam a cargo do sujeito passivo do processo. Nada mais é, portanto, que a inversão do ônus da prova. Por conseguinte, a Regra da Razão apenas diria respeito a maior quantidade de provas que a autoridade antitruste deveria se valer para a condenação, que não estaria restrita apenas à comprovação do suposto ilícito, mas também aos efeitos negativos desse ato.

Eduardo Molan Gaban e Juliana Oliveira Domingues[56] resumem a questão:

> A regra *per se* determina que, uma vez configuradas certas práticas, o ato poderá ser julgado como ilegal sem a necessidade de aprofundamento da investigação. A diferença entre a regra *per se* e a regra da razão está na quantidade de informações que é preciso obter-se

---

52. Schuartz, Luis Fernando; Sampaio, Patrícia. *Direito da Concorrência*. Disponível em: http://www.capital.com.br/Aulas/0/0/NTLLM09/010337/000/02%20Apostila_Direito%20da%20Concorrencia.pdf. Acesso em: 28 mar. 2013.
53. FORGIONI, Paula Andréa. *Os Fundamentos do Antitruste*. 3. ed. São Paulo: RT, 2008, p. 193.
54. FORGIONI, Paula Andréa. *Os Fundamentos do Antitruste*. 3. ed. São Paulo: RT, 2008, p. 193.
55. TAUFICK, Roberto Domingos. *Nova Lei Antitruste Brasileira*. Rio de Janeiro: Forense, 2012.
56. GABAN, Eduardo Molan; DOMINGUES, Juliana Oliveira. *Direito Antitruste*. São Paulo: Saraiva, 2012, p. 83.

antes de tomar uma decisão. Desse modo, a análise de uma conduta típica *per se* poderá ser interrompida em um estágio de investigação anterior ao da regra da razão.

Deixando de lado essa discussão acerca da ilicitude *per se* e da Regra da Razão, passa-se à análise da parte substancial do ato, isto é *que tipos de benefícios podem justificar a prática de um ato*? E o mais importante, já que reside aqui mais um ponto de interação entre a política da concorrência e a do consumidor, *como o interesse do consumidor é levado em consideração*?

Na verdade, as mesmas considerações sobre o interesse do consumidor nos atos de concentração tecidas anteriormente se aplicam às infrações à ordem econômica. Necessita-se, para a licitude da conduta, que os ganhos advindos dessa sejam distribuídos aos consumidores.

Não se pode esquecer que o controle de condutas e o de estruturas, apesar de terem escopos e natureza diversos, acabam alcançando atos de natureza idêntica. Alexandre Ditzel Faraco[57] completa:

> Os artigos 20 e 54 costumam ser enfocados como se estivessem tratando de hipóteses diversas, que não se confundiriam (Ferraz Júnior, 1998, p. 7-15). De fato, não há uma coincidência entre os escopos imediatos de cada um deles. Mas isso não afasta a circunstância de que ambos alcançam atos de igual natureza (pelo menos para os propósitos da respectiva Lei) e que, juntos, criam uma disciplina única para as infrações contra a ordem econômica.

A Lei da Concorrência deve ser interpretada sistematicamente, de maneira que seria uma inconsistência tamanha o tratamento diferenciado entre esses dois controles. Assim, independente dos benefícios sustentados para elidir a ilicitude da conduta, esses só serão considerados se forem repassados, pelo menos em parte, aos consumidores, em consonância com o previsto no artigo 88, § 6º, inciso II da Lei 12.529/11[58].

A grande preocupação que se enfrenta nessa etapa da política antitruste é não permitir que o juízo de razoabilidade acabe sendo utilizado como uma válvula de escape, pondo em vulnerabilidade a defesa da concorrência e, consequentemente, o bem-estar do consumidor.

Nessa linha de raciocínio encontramos o posicionamento de Luís Fernando Schuartz[59]. Esse, apesar de defender que não se pode aplicar integralmente a necessidade da distribuição (percebe-se que a Lei[60] fala que essa será pelo menos

---

57. FARACO, Alexandre Ditzel. O Consumidor e a Regra da Razão no Direito da Concorrência. *Tuiuti: Ciência e Cultura*, Curitiba: Tuiuti, n. 27, FCJ 03, p. 5, fev. 2002.
58. BRASIL. Lei 12.529, de 30 nov. 2011. *Diário Oficial da União*: 30 nov. 2011.
59. SCHUARTZ, Luis Fernando. Ilícito Antitruste e acordos entre concorrentes. In: POSSAS, Mário L. (Org.). *Ensaios sobre economia e Direito da Concorrência*. p. 111-134. São Paulo: Singular, 2002.
60. BRASIL. Lei 12.529, de 30 nov. 2011. *Diário Oficial da União*: 30 nov. 2011.

em parte), sustenta que deve haver uma distribuição dos benefícios aos consumidores, sob pena de estimular a concentração de renda e ir em direção contrária à finalidade da norma concorrencial.

É oportuno citar o caso julgado pelo CADE[61] da cláusula de raio imposta pelo Condomínio Shopping Center Iguatemi, de São Paulo. Na análise da razoabilidade da conduta, a representada, o Shopping Center Iguatemi de São Paulo, alegou como eficiência gerada a preservação do fundo do comércio global do shopping, o que evidentemente não atenderia ao critério distributivo.

A conduta foi considerada anticompetitiva, exatamente pelo fato de que os custos sociais eram inferiores aos benefícios, que ficavam restritos à proteção ao investimento realizado pelo shopping. Consignou o relator[62]:

> As cláusulas restritivas verticais, de uma maneira geral, e as cláusulas de restrição territorial, categoria na qual está inserida a cláusula de raio ora me análise, necessariamente restringem os direitos de um determinado agente, no caso, restringe-se a liberdade dos lojistas instalados no Shopping Iguatemi em instalar-se em um determinado raio. Dizê-la competitiva, como quer a Representada, significa dizer, grosso modo, que seu custo social, materializado na menor concorrência entre lojistas, é inferior ao seu benefício social, no caso materializado na proteção ao investimento realizado pelo shopping, que lhe garante um determinado nível de diferenciação vertical.

Outro caso bastante interessante em que a Regra da Razão e o exame da razoabilidade da conduta foram exaustivamente estudados, inclusive com apoio no direito comparado, diz respeito à recente condenação da SKF pelo CADE[63], em decorrência da fixação de preço de revenda. O Conselheiro Marcos Paulo Verissimo bem estabeleceu:

> Por tais razões, entendo que está, nos termos acima, amplamente demonstrada a ilicitude e a *falta de razoabilidade* da conduta, a ensejar, por todas as razões acima, punição. Tal punição, como ressaltado, resulta da própria aplicação correta da regra da razão a uma espécie delitiva particularmente suspeita, que resulta *frequentemente em prejuízos para o consumidor* e apenas marginalmente pode fundar-se em eficiências impossíveis de serem obtidas por outros modos menos danosos ao bem-estar geral, as quais, claramente, sequer estão no caso em apreço. (grifo nosso.)

---

61. BRASIL. Conselho Administrativo de Defesa Econômica. Processo Administrativo 08012.006636/1997-43. Partes: Associação dos Lojistas de Shopping do Estado de São Paulo e Condomínio Shopping Center Iguatemi. Relator: Conselheiro Luis Fernando Rigato Vasconcellos. Julgado em 4 set. 2007.
62. BRASIL. Conselho Administrativo de Defesa Econômica. Processo Administrativo 08012.006636/1997-43. Partes: Associação dos Lojistas de Shopping do Estado de São Paulo e Condomínio Shopping Center Iguatemi. Relator: Conselheiro Luis Fernando Rigato Vasconcellos. Julgado em 4 set. 2007.
63. BRASIL. Conselho Administrativo de Defesa Econômica. Processo Administrativo 08012.001271/2001-44. Partes: PROCON/SP e SKF do Brasil Ltda. Relator: Conselheiro Marcos Paulo Verissimo. Julgado em 30 jan. 2013.

Por fim, frisa-se que o §3º do artigo 36 da Lei 12.529/11[64] apresenta um rol exemplificativo de condutas, que, para configurarem uma infração à ordem econômica, devem subsumir-se ao *caput*, isto é, ter por objeto ou possibilitar a produção dos efeitos previstos no artigo. Dessa forma, é correto também dizer que uma conduta, mesmo que não prevista no rol do §3º, será enquadrada como infração à ordem econômica se preencher os requisitos do *caput* do artigo 36, consoante ensina Roberto Taufick[65].

Interessante apresentar, ainda sobre o papel repressivo da defesa da concorrência, que o artigo 45 da Lei 12.529/11[66] estabelece que na aplicação da pena levar-se-á em consideração, entre outros, o grau de lesão ou perigo aos consumidores.

Conforme estudo feito por Gabriel Pinto Moreira[67], pode-se constatar nas decisões do CADE que esse leva em consideração o dano potencial ou efetivamente sofrido pelos consumidores. A seguir, os critérios levados em consideração em alguns dos mais importantes julgamentos do CADE:

Cartel dos Vigilantes (2007)
O Conselheiro-Relator Abraham Sicsú, mencionando a metodologia utilizada anteriormente no Cartel das Britas, dividiu a dosimetria da multa em dois momentos. Primeiramente, considerou (i) a gravidade máxima da infração, por se tratar de um cartel, ainda mais de licitações públicas; (ii) a consumação da infração, uma vez que o conluio obteve êxito na divisão de licitações por no mínimo 13 anos; e (iii) *o grau de lesão à* concorrência, aos *consumidores* e à economia como um todo, uma vez que falseou o processo competitivo e transferiu recursos públicos (dos administrados) às empresas. Assim, fixou a multa-base daquelas empresas em 15%.

Caso Ambev "Tô Contigo" (2009)
A quantificação da multa base se deu com base em (i) média gravidade da infração, em comparação com condenações anteriores de abuso de posição dominante (ii) a consumação da infração, (iii) o perigo de causar lesão aos concorrentes e aos *consumidores* dos diversos mercados de cerveja, (iv) a grande probabilidade de a infração ter causado efeitos negativos no mercado, embora impossíveis de quantificação e (v) a situação abastada do infrator e (vi) ausência de reincidência, resultando na multa-base de 1,5 % do faturamento da empresa.

Cartel dos Gases (2010)
Ao realizar a dosagem da multa, o Conselheiro-Relator considerou: (i) a gravidade máxima da infração (cartel); (ii) inexistência de boa-fé (além de ser difícil de se verificar no cartel,

---

64. BRASIL. Lei 12.529, de 30 nov. 2011. *Diário Oficial da União*: 30 nov. 2011.
65. TAUFICK, Roberto Domingos. *Nova Lei Antitruste Brasileira*. Rio de Janeiro: Forense, 2012.
66. BRASIL. Lei 12.529, de 30 nov. 2011. *Diário Oficial da União*: 30 nov. 2011.
67. MOREIRA, Gabriel Pinto. A Dosimetria das Multas Impostas em Resposta às Infrações Contra a Ordem Econômica: uma análise da Lei de Defesa da Concorrência e de sua aplicação pelo Cade. In: Secretaria de Acompanhamento Econômico do Ministério da Fazenda. (Org.). *V Prêmio SEAE 2010*: Concurso de Monografias sobre os Temas: Defesa da Concorrência e Regulação Econômica/Ministério da Fazenda. Brasília: Edições Valentim, Secretaria de Acompanhamento Econômico, 2011, p. 35.

os documentos mostraram a intenção dos infratores em esconder a prática das autoridades antitruste); (iii) a enorme vantagem pretendida e auferida, uma vez que a infração foi estruturada em 1998 e perdurou por todos esses anos; (iv) a consumação da infração, que compreendia até mesmo um mecanismo de "conta corrente" para assegurar a divisão dos lucros; (v) o grau de lesão à concorrência, à economia, aos consumidores ou terceiros e os efeitos econômicos negativos no mercado, ambos "colossais", uma vez que as condenadas dominavam totalmente o mercado e os mercados envolvidos na infração envolviam vários setores, inclusive na saúde (pacientes, hospitais e sistema de saúde público). (Grifo nosso.)

Após essa breve exposição sobre as práticas abusivas e as infrações à ordem econômica, evidencia-se que certos fatos produzidos pelo mesmo agente podem tanto ser enquadrados como uma prática abusiva, sob a ótica do consumidor, quanto como uma infração à ordem econômica, sob a ótica concorrencial. Essa dupla ilicitude dá ensejo a uma dúplice repressão, sem que isso configure um *bis in idem*, como esclarece Roberto Augusto Castelhanos Pfeifer[68.]

Roberto Augusto Castelhanos Pfeiffer[69] identifica três principais espécies de práticas abusivas tipificadas no Código de Defesa do Consumidor[70,] que possuem similitudes com condutas arroladas como infrações na norma concorrencial. Essas três condutas seriam a venda casada, a recusa de venda e a elevação de preço sem justa causa.

Ademais, acrescente-se a essa lista de Roberto Augusto Castelhanos Pfeiffer[71] a discriminação de preços. Podemos localizar na jurisprudência, que essa conduta, apesar de não estar tipificada no CDC expressamente[72,] foi importada do Direito da Concorrência a lides consumeristas.

Apesar de ter sido voto vencido, o Ministro Herman Benjamin[73] não pode deixar de esmiuçar a discriminação de preços realizada no setor de telecomunicações, com relação à cobrança de assinatura básica de telefonia. Explicitou o Ministro:

---

68. PFEIFFER, Roberto Augusto Castelhanos. Proteção do Consumidor e Defesa da Concorrência: Paralelo entre Práticas Abusivas e Infrações contra a Ordem Econômica. *Revista de Direito do Consumidor*. São Paulo: RT, ano 19, n. 76, p. 131-151, out./dez. 2010.
69. PFEIFFER, Roberto Augusto Castelhanos. Proteção do Consumidor e Defesa da Concorrência: Paralelo entre Práticas Abusivas e Infrações contra a Ordem Econômica. *Revista de Direito do Consumidor*, São Paulo: RT, ano 19, n. 76, p. 131-151, out./dez. 2010.
70. BRASIL. Código de Defesa do Consumidor: Lei 8.078, de 11 set. 1990. *Diário Oficial da União*: 12 set. 1990.
71. PFEIFFER, Roberto Augusto Castelhanos. Proteção do Consumidor e Defesa da Concorrência: Paralelo entre Práticas Abusivas e Infrações contra a Ordem Econômica. *Revista de Direito do Consumidor*. São Paulo: RT, ano 19, n. 76, p. 131-151, out./dez. 2010.
72. BRASIL. Código de Defesa do Consumidor: Lei 8.078, de 11 set. 1990. *Diário Oficial da União*: 12 set. 1990.
73. BRASIL. Supremo Tribunal de Justiça. Recurso Especial 1068944. Partes: Telemar Norte Leste S/A e Maria das Graças Belmiro. Ministro Herman Benjamin. Julgado em 9 fev. 2009.

> (...) o fato de obrigar o usuário a adquirir uma franquia de pulsos, independentemente do uso, viola o CDC por condicionar o serviço, sem justa causa, a limites quantitativos, além de constituir vantagem exagerada que ofende o amplo acesso ao serviço, a garantia de tarifas e preços razoáveis *a vedação da discriminação, mostrando-se excessivamente onerosa ao assinante e importando em desequilíbrio contratual.* (grifo nosso)

Se nas demais circunstâncias um diálogo entre as políticas já era mais que desejado, em hipóteses em que a repressão for dúplice, a interação se torna ainda mais imperiosa. Os efeitos de tutelas harmônicas ultrapassam as partes diretamente relacionadas no litígio, garantindo uma maior solidez ao Estado, diante da não contradição entre instituições, e uma maior segurança jurídica e previsibilidade aos agentes do mercado.

Pode-se concluir que, apesar de as políticas consumeristas terem um objetivo bastante nobre, o seu isolamento pode acarretar um paradoxo: a produção e implementação de políticas que geram prejuízos aos consumidores, principalmente porque violam a concorrência. Assim, constata-se mais um ponto em que a interação harmônica entre as políticas de concorrência e de proteção ao consumidor é extremamente necessária. Tal interação pode envolver a adoção de certos institutos do Direito da Concorrência ou o uso de ferramentas mais simples, como uma rigorosa análise de custo-benefício, que, segundo o Office of Fair Trade (OFT), é geralmente inexistente nas políticas de defesa do consumidor[74].

3.2 ABUSO DE POSIÇÃO DOMINANTE

Dentro do rol de condutas que são passíveis de repressão por parte do CADE, por gerarem prejuízos à livre concorrência, podemos notar que certas práticas não se relacionam com a proteção do consumidor —apenas— de uma forma indireta: pelo contrário, aquelas estão a esta intimamente relacionadas.

Em decorrência de tais peculiaridades, a doutrina aponta a repressão a essas condutas como o centro nervoso do Direito Concorrencial, em matéria de proteção do consumidor. O maior exemplo dessa densa interface entre Defesa do Consumidor e da Concorrência é o abuso de posição dominante.

Modesto Carvalhosa[75] introduz a temática mencionando que a posição dominante está intimamente ligada ao poder econômico. Esse conceitua posição dominante como a detenção, por determinada entidade econômica, de tal

---

74. Office of Fair Trade. *Interactions Between Competition and Consumer Policy*. Londres: OFT, 2008, p. 70.
75. CARVALHOSA, MODESTO SOUZA BARROS. Poder Econômico: A Fenomenologia – Seu Disciplinamento Jurídico. São Paulo: RT, 1967, p. 8.

quantidade de produtos, a ponto de exercer no mercado uma grande influência para a determinação dos preços.

Assim, a primeira questão que nos incumbe é distinguir "abuso de poder econômico", expressão utilizada na Constituição Federal no artigo 173, § 4º[76] de "abuso de posição dominante", prevista no artigo 36, inciso IV, da Lei 12.529/11[77]. De uma maneira geral, não conseguimos localizar na doutrina ou na jurisprudência uma preocupação com tal terminologia, havendo uma alternância, sem maiores justificativas, entre as expressões.

Apesar disso, localizamos no estudo de Vicente Bagnoli[78] uma possível explicação para tal questão, que demonstra sua preocupação pelo assunto:

> No estudo do Direito da Concorrência, muitas vezes os conceitos de poder econômico e posição dominante aparecem como sendo institutos que além de se relacionarem, são utilizados para definir situações comuns.

Conforme o mencionado autor[79], "posição dominante" refere-se à participação que determinada empresa tem num certo mercado. Sendo que a antijuridicidade estaria relacionada não à participação em si, quando resultado de sua eficiência concorrencial, mas quando esse agente abusa dessa posição.

Já o poder de mercado, para Vicente Bagnoli[80], " diz respeito à condição econômica da empresa (compreendida em conjunto ao grupo econômico ao qual faz parte) e a possibilidade dessa empresa intervir no mercado, mesmo que detentora de pequena participação".

Assim, utilizando terminologia estrangeira para melhor elucidar a questão, "poder econômico" seria o *market power* e a "posição dominante" o *market share*. Paula Forgioni[81], buscando diferenciar o *market power* do *market share*, define que a Lei de Concorrência optou pelos dois critérios para a configuração da ilicitude.

Essa conclusão pode ser tirada da leitura do artigo 36, § 2º, da Lei 12.529/11[82]:

---

76. Art. 173, § 4º: A lei reprimirá o abuso do poder econômico que vise à dominação dos mercados, à eliminação da concorrência e ao aumento arbitrário dos lucros (BRASIL. Constituição Federal de 1988. *Diário Oficial da União*: 5 out. 1988).
77. Art. 36. Constituem infração da ordem econômica, independentemente de culpa, os atos sob qualquer forma manifestados, que tenham por objeto ou possam produzir os seguintes efeitos, ainda que não sejam alcançados: (...) IV - exercer de forma abusiva posição dominante (BRASIL. Lei 12.529, de 30 nov. 2010. *Diário Oficial da União*: 30 nov. 2011).
78. BAGNOLI, Vicente. *Introdução ao Direito da Concorrência*. São Paulo: Singular, 2005. p. 148.
79. BAGNOLI, Vicente. *Introdução ao Direito da Concorrência*. São Paulo: Singular, 2005. p. 148.
80. BAGNOLI, Vicente. *Introdução ao Direito da Concorrência*. São Paulo: Singular, 2005. p. 149.
81. FORGIONI, Paula Andréa. *Os Fundamentos do Antitruste*. 3. ed. São Paulo: RT, 2008, p. 333.
82. BRASIL. Lei 12.529, de 30 nov. 2010. *Diário Oficial da União*: 30 nov. 2011.

§ 2º Presume-se posição dominante sempre que uma empresa ou grupo de empresas for capaz *de alterar unilateral ou coordenadamente as condições de mercado* ou *quando controlar 20% (vinte por cento) ou mais do mercado* relevante, podendo este percentual ser alterado pelo Cade para setores específicos da economia. (grifo nosso).

Assim, temos o critério quantitativo, dos 20% de controle do mercado relevante, que demonstraria, para Paula Forgioni[83,] que nossa lei optou pelo critério do *market share*. Ressalta-se, apenas, que esse percentual de participação de mercado só adquire valor, para fins de verificação da existência de posição dominante, se comparado àquele dos concorrentes.

Por outro lado, a caracterização da adoção do critério do *market power* residiria na possibilidade de o agente alterar unilateral ou coordenadamente as condições de mercado. A esse respeito, Paula Forgioni[84,] destaca: "ainda que titular de parcela não substancial do mercado, pode ter a capacidade, por exemplo, de impor preços, detendo poder econômico que lhe assegura posição dominante".

Nesse mesmo sentido, Modesto Carvalhosa[85] observa: "a empresa revestida de poder econômico, ao encontrar-se em posição dominante no mercado tem, mais do que em qualquer outra circunstância, uma capacidade que transcende às leis concorrenciais".

Feitos esses esclarecimentos preliminares, indaga-se sobre o que seria esse abuso que a Lei Concorrencial visa a reprimir (ou prevenir, no caso dos atos de concentração)? Tentando estabelecer, em um primeiro momento, o que não seria objeto da Lei, observamos que o "poder econômico, em si mesmo, não é ilícito, enquanto instrumento normal ou natural de produção e circulação de riquezas numa sociedade"[86,] mas sim o seu abuso, ou desvio. Para tal distinção, que pode ser muitas vezes bastante tênue, indispensável é a complementaridade, segundo Miguel Reale[87,] dos institutos do abuso do poder econômico e do abuso do direito, que, muito embora possuam conceitos distintos, "no plano efetivo da *práxis*, muitas vezes se combinam para atentar contra situações subjetivas merecedoras de amparo"[88.]

---

83. FORGIONI, Paula Andréa. *Os Fundamentos do Antitruste*. 3. ed. São Paulo: RT, 2008, p. 333.
84. FORGIONI, Paula Andréa. *Os Fundamentos do Antitruste*. 3. ed. São Paulo: RT, 2008, p. 333.
85. CARVALHOSA, MODESTO SOUZA BARROS. *Poder Econômico*: A Fenomenologia – Seu Disciplinamento Jurídico. São Paulo: RT, 1967, p. 8.
86. REALE, Miguel. Abuso do Poder Econômico e Garantias Individuais. In: FRANCESCHINI, José Inácio Gonzaga; FRANCESCHINI, José Luiz Vicente de Azevedo. *Poder Econômico*: Exercício e Abuso. São Paulo: RT, 1985. p. 520.
87. REALE, Miguel. Abuso do Poder Econômico e Garantias Individuais. In: FRANCESCHINI, José Inácio Gonzaga; FRANCESCHINI, José Luiz Vicente de Azevedo. *Poder Econômico*: Exercício e Abuso. São Paulo: RT, 1985. p. 520.
88. No entanto, consoante os entendimentos de Paula Forgioni, "algumas críticas poderiam, assim, ser lançadas no que respeita à utilização da doutrina do 'abuso do direito' para situar o 'abuso do poder

Erick Viana Salomão Nassif[89] complementa:

(...) o simples fato de uma determinada empresa possuir uma alta participação em um dado mercado relevante, adquirindo status de posição dominante, não constitui infração à ordem econômica, principalmente se considerarmos que a posição dominante advém muitas vezes de um processo natural, desencadeado pela maior eficiência de uma determinada empresa do setor.

De fato, a Lei 12.529/11[90] é bem clara nesse sentido: "§ 1º A conquista de mercado resultante de processo natural fundado na maior eficiência de agente econômico em relação a seus competidores não caracteriza o ilícito previsto no inciso II do caput deste artigo". Assim, o que se pode afirmar é que ilicitude está relacionada à tentativa ilícita de se alcançar uma posição dominante no mercado ou ao abuso da posição conquistada naturalmente.

Duas conclusões podem aqui ser apontadas: (i) o que se busca alcançar, com tais disposições legais, é o incentivo à vantagem competitiva, quando essa for licita, o que é defendido pelos economistas, segundo Paula Forgioni[91,] por entenderem que a eliminação de empresas menos eficientes serviria ao propósito da Lei Antitruste; (ii) o que se busca reprimir é a *anticompetitive advantage*, nos casos em que o "agente econômico conquista (ou tenta conquistar) parcela de mercado utilizando-se de um meio fraudulento, porque não embasado apenas na sua superioridade"[92.]

Outra faceta do abuso dominante, que não se relaciona à conquista do mercado por meios ilícitos, refere-se ao exercício de forma abusiva da posição dominante, que, conforme a própria tipificação legal já orienta, requer como condição necessária o poder de mercado. A esse respeito, colacionamos o inciso IV do artigo 36 da Lei 12.529/11[93:]

---

econômico'. Primeiramente, o poder econômico não é um direito, mas sim um fato, uma situação (fática) que proporciona ao agente econômico indiferença e independência em relação aos outros agentes, às leis de mercado. Assim, o 'abuso do poder econômico' não trataria do abuso de um direito, mas sim do abuso de um 'fato', de uma posição (e não de um poder derivado de um direito, assegurado pelo ordenamento jurídico)". FORGIONI, Paula Andréa. *Os Fundamentos do Antitruste*. 3. ed. São Paulo: RT, 2008, p. 324.

89. NASSIF, Erick Viana Salomão. Efeitos das Práticas Restritivas Sobre Economia Brasileira, e a Repressão às Condutas Anticoncorrenciais. Secretaria de Acompanhamento Econômico do Ministério da Fazenda. (Org.). *V Prêmio SEAE 2010*: Concurso de Monografias sobre os Temas: Defesa da Concorrência e Regulação Econômica/Ministério da Fazenda. Brasília: Edições Valentim, Secretaria de Acompanhamento Econômico, 2011, p. 531.
90. BRASIL. Lei 12.529, de 30 nov. 2010. *Diário Oficial da União*: 30 nov. 2011.
91. FORGIONI, Paula Andréa. *Os Fundamentos do Antitruste*. 3. ed. São Paulo: RT, 2008, p. 322.
92. FORGIONI, Paula Andréa. *Os Fundamentos do Antitruste*. 3. ed. São Paulo: RT, 2008, p. 322.
93. BRASIL. Lei 12.529, de 30 nov. 2010. *Diário Oficial da União*: 30 nov. 2011.

Art. 36. Constituem infração da ordem econômica, independentemente de culpa, os atos sob qualquer forma manifestados, que tenham por objeto ou possam produzir os seguintes efeitos, ainda que não sejam alcançados:

(...)

IV - exercer de forma abusiva posição dominante.

A grande questão que surge é estabelecer o que pode ser entendido como abuso. A busca por uma resposta a esse problema seria, na realidade, uma das grandes dificuldades enfrentadas pela técnica antitruste.

Isso porque, apesar do abuso de posição dominante ser expressamente vedado pelo ordenamento jurídico, esse não definiu o que seria esse fato, mas apenas enumerou alguns comportamentos que se caracterizam como práticas abusivas mais triviais. Mario Luiz Possas[94] frisa a necessidade de se ter uma fixação objetiva acerca do comportamento abusivo:

> Por mais indeterminada que seja a noção de poder econômico e complexa a sua conceituação, trata-se de formar juízo sobre o seu exercício supostamente abusivo, o que impõe inexoravelmente a fixação de critérios objetivos que demarquem com a precisão necessária a aplicação da lei.

Conforme ensina a OCDE[95,] a análise de uma infração de abuso de posição dominante envolve duas partes distintas. A primeira está relacionada à determinação do *status* possuído no mercado por uma empresa ou um conjunto dessas (que podem estar agindo conjuntamente através de um acordo ou simplesmente através de uma *joint dominance*); a segunda, à valoração do comportamento da empresa (ou das empresas).

Antes de detalhar como a análise é feita, com base nos conceitos legais e nas políticas antitruste, a OCDE[96] usufrui do conceito econômico de posição dominante. Esse pode ser definido como circunstâncias em que estratégias empresariais individuais podem ter efeitos adversos ao bem-estar.

Com essa noção preliminar, o estudo da OCDE[97] avança no sentido de tentar aprofundar a complexa determinação do abuso. A primeira conclusão que é apontada é: "a definição acerca do que é abusivo, ou pelo menos ilegal, depende do objetivo de cada lei".

---

94. POSSAS, Mario Luiz. Os conceitos de mercado relevante e de poder de mercado no âmbito da defesa da concorrência. *Revista do IBRAC*, São Paulo, v. 3, n. 5, p. 93, maio 1996.
95. Organização para Cooperação e Desenvolvimento Econômico. *Abuse of Dominance and Monopolisation*. OCDE: Paris, 1996, p. 7.
96. Organização para Cooperação e Desenvolvimento Econômico. *Abuse of Dominance and Monopolisation*. OCDE: Paris, 1996, p. 7.
97. Organização para Cooperação e Desenvolvimento Econômico. *Abuse of Dominance and Monopolisation*. OCDE: Paris, 1996, p. 7.

No Canadá, a questão do abuso veio a ser regulamentada no artigo 79 do *Competition Act*[98.] Esse artigo assim dispõe:

> 79. (1) Quando, a pedido do Comissário, o Tribunal concluir que(a) uma ou mais pessoas substancialmente ou completamente controlar, em todo o Canadá ou em qualquer área do mesmo, uma classe ou espécies de negócio,(b) que a pessoa ou as pessoas se envolveram ou estão envolvidas em uma prática de atos anticompetitivos, e (c) a prática teve, está tendo ou é provável que tenha o efeito de impedir ou diminuir substancialmente a concorrência em um mercado, o Tribunal pode fazer uma ordem proibindo toda ou qualquer uma dessas pessoas de se envolver nessa prática.

Esse artigo é explicitado pela *Enforcement Guidelines on the Abuse of Dominance Provisions*[99,] que assim dispõe sobre os elementos configuradores do abuso:

> Assim, seção 79 estabelece os três elementos essenciais. O parágrafo 79 (1) (a) concentra claramente as disposições sobre poder de mercado, a preocupação de que uma empresa ou grupo de empresas podem ser capazes de melhorar ou consolidar seu poder de mercado. O Bureau considera o poder de mercado como a capacidade de manter lucrativamente os preços acima dos níveis competitivos (ou restringir similarmente as dimensões *non-price* da concorrência) por um período significativo de tempo, normalmente um ano. A lei não implica que a mera existência de poder de mercado dará origem a uma ordem de reparação pelo Tribunal. A posição dominante em que a empresa cobra preços acima do nível competitivo não é por si só motivo para ensejar um pedido ao abrigo da secção 79. As disposições do abuso de posição dominante não se destinam a regular os preços, mas sim para assegurar que comportamentos anticompetitivos sejam devidamente tratados. O parágrafo 79 (1) (b) qualifica, ainda, que as disposições referem-se ao comportamento que é anticompetitivo. É o abuso de posição dominante, que dá origem ao escrutínio sob a lei. Exemplos de práticas empresariais que constituem atos anticompetitivos são listados na seção 78. A lista, embora ampla, não é exaustiva. Assim, o Tribunal tem a latitude para enfrentar atos anticoncorrenciais não definidos na seção 78 e tem feito isso em uma série de casos. Para ajudar a *diferenciação entre a legítima atividade competitiva e a que constitui abuso*, nos termos do Artigo 79, as práticas referidas no artigo 78 envolvem um elemento de propósito, objeto ou desenho para minar a concorrência. Parte 4 deste documento fornece mais detalhes sobre esses atos anticoncorrenciais. Finalmente, o parágrafo 79 (1) (c) impõe a exigência de prova de que a conduta empresarial teve, está tendo ou é provável que tenha, o efeito de "prevenir ou diminuir substancialmente a concorrência." Isso coloca o foco diretamente sobre efeitos adversos sobre a concorrência, em vez de ser sobres os concorrentes individuais.

Um caso bastante pertinente em que houve a incidência das disposições apresentadas acima é o NutraSweet[100.] O Bureau consignou que NutraSweet, ao utilizar a sua patente de aspartame conferida pelos Estados Unidos da América

---

98. CANADA. Competition Act. *R.S.C.*, 1985.
99. CANADA. *Enforcement Guidelines on the Abuse of Dominance Provisions*. Gatineau: Competition Bureau, 2001.
100. CANADA. Competition Bureau. Canada (Director of Investigation and Research) v. NutraSweet Co., *32 C.P.R.*, 1990.

para excluir suas concorrentes no Canadá, teria praticado um ato anticompetitivo e, portanto, abusivo.

O Tribunal constatou que NutraSweet havia convencido um cliente canadense de parar de adquirir o aspartame de um concorrente da NutraSweet, qual seja, o Toshoh. Para tanto, ofereceu descontos ao cliente com base na diferença de preços entre o produto fabricado nos Estados Unidos da América e o no Canadá.

O fato de que a NutraSweet estava disposta a oferecer tal desconto diferenciado convenceu o tribunal que sua intenção era de limitar a expansão de seus concorrentes. Assim, decidiu que o uso da posição de monopólio conferido pela patente norte-americana era um ato anticompetitivo.

Os Estados Unidos da América endereçam o abuso de posição dominante com base na monopolização ou na tentativa de monopolização. A secção 2 do Sherman Act[101] assim dispõe:

> toda pessoa que monopolize ou tente monopolizar ou combinar ou conspirar com qualquer outra pessoa ou pessoas, para monopolizar, será considerada culpada (...)[102.]

O material produzido pelo U.S. Departament of Justice[103] tenta deixar bem claro que a mera detenção de poder de mercado não é ilegal caso não seja acompanhada por uma conduta anticoncorrencial. Tal conduta, na maioria das vezes, é descrita como conduta excludente ou predatória.

A ilicitude, segundo, ainda, o U.S Departament of Justice[104,] pode se referir tanto à conduta implementada com a finalidade de adquirir uma posição dominante no mercado, como para manter essa. O grande problema, como refere o material, é determinar na prática se a conduta de uma empresa com poder de monopólio é ou não anticoncorrencial.

Em um dos casos mais paradigmáticos julgados pela Suprema Corte Norte-Americana, qual seja, o *United States v. Aluminum Co. of America*[105,] *houve a confirmação do exposto acima. Nessa oportunidade, a Corte frisou que o tamanho, simplesmente, não determina a culpa, uma vez que a posição dominante pode ser claramente em conformidade com o espirito das leis antitruste.*

---

101. ESTADOS UNIDOS DA AMÉRICA. Sherman Anti-Trust Act. *National Archives*: 2 jul. 1890.
102. Tradução livre autora.
103. ESTADOS UNIDOS DA AMÉRICA. *Competition and Monopoly*: Single-Firm Conduct Under Section 2 of the Sherman Act. Washington: U.S. Dep't of Justice, 2008.
104. ESTADOS UNIDOS DA AMÉRICA. *Competition and Monopoly*: Single-Firm Conduct Under Section 2 of the Sherman Act. Washington: U.S. Dep't of Justice, 2008.
105. ESTADOS UNIDOS DA AMÉRICA. Suprema Corte. *United States v. Aluminum Co. of America, 1964*.

A ideia central que precisa restar bem clara é que a política antitruste norte-americana pretende reprimir a intencionalidade de dominar o mercado, e não o processo natural, fundado até mesmo na maior eficiência do competidor.

Da mesma forma, parte-se da racionalidade econômica e tem-se como enfoque os impactos gerados ao processo competitivo, isto é, sobre a redução do bem-estar da sociedade como um todo, e não sobre competidores. Um famoso caso em que esta questão ficou bem delimitada é o United States v. Microsoft Corporation[106].

O caso versa sobre a acusação feita pelo Department of Justice à Microsoft Corporation pela monopolização do mercado e pelas práticas abusivas cometidas, contrárias ao Sherman Act[107]. O julgamento teve início em maio de 1998, perante o *United States District Court for the District of Columbia*.

Os autores do processo alegaram que a Microsoft Corporation teria abusado da posição dominante por si detida na base-Intel, no que se refere à venda de sistemas operacionais de computadores pessoais e de navegadores web. O ponto fulcral do julgamento era verificar a razoabilidade da conduta de venda casada do navegador Internet Explorer com o sistema operacional Microsoft Windows.

Os danos alegados à concorrência relacionavam-se à restrição ao mercado aos navegadores de web concorrentes, como o Netscape Navigator e o Opera, que teriam um *download* bastante lento no modem ou teriam que ser comprados em uma loja. Além disso, questões emergiam acerca da manipulação da Microsoft no *application programming interfaces,* para favorecer o navegador Internet Explorer em detrimento dos demais navegadores web, e das limitações estipuladas no contrato de licenciamento que exigiam equipamentos originais desenvolvidos pela Microsoft Corporation.

Como defesa, a Microsoft Corporation observou que o sistema operacional e o navegador web eram agora um produto só, tendo em vista a sua fusão com o Internet Explorer, sendo isso resultado de um mercado de inovação e competição. Além disso, sustentou que a indissociabilidade desses dois produtos estaria a beneficiar os consumidores, que passaram a gozar dos benefícios do Internet Explorer gratuitamente.

A título de réplica a essas colocações feitas pela Microsoft Corporation, sustentou-se que esses dois produtos ainda são distintos e dissociados, não havendo necessidade de serem vendidos conjuntamente, até mesmo porque há uma

---

106. ESTADOS UNIDOS DA AMÉRICA. United States District Court for the District of Columbia. United States v. Microsoft Corporation, 2002.
107. ESTADOS UNIDOS DA AMÉRICA. Sherman Anti-Trust Act. *National Archives*: 2 jul. 1890.

versão separada do Internet Explorer disponível para Mac OS. Não obstante, o navegador Internet Explorer não era inteiramente grátis, tendo em vista que os seus custos de desenvolvimento e de marketing contribuíam para os elevados preços do Windows.

Em junho de 2000, a Corte entendeu pela ilicitude do ato, ordenando uma cisão à empresa Microsoft Corporation, como remédio. A Microsoft Corporation deveria ser dividida em duas unidades distintas: uma para produzir o sistema operacional e outra para produzir demais componentes e softwares.

Dessa decisão, houve recurso por parte da Microsoft Corporation. Nesta oportunidade, a *D.C. Circuit Court of Appeals* reformou o julgamento inicial, a fim de aplicar uma pena menos gravosa à Microsoft Corporation.

O caso, no entanto, acabou sendo encerrado através de um acordo. Esse estabeleceu que a Microsoft Corporation deveria compartilhar com terceiras companhias o *application programming interfaces*, além de apontar três pessoas que teriam total acesso ao sistema Microsoft, aos seus arquivos e aos códigos de fonte, durante cinco anos, em ordem de assegurar o *compliance*[108].

O abuso de posição dominante no Direito da Concorrência da União Europeia encontra-se tipificado no artigo 102 do TFUE[109]:

> Artigo 102.º
> É incompatível com o mercado interno e proibido, na medida em que tal seja susceptível de afectar o comércio entre os Estados-Membros, o facto de uma ou mais empresas explorarem de forma abusiva uma posição dominante no mercado interno ou numa parte substancial deste.

O trecho acima representa o ponto central do abuso de posição dominante no contexto europeu, o qual é seguido de algumas condutas por meio das quais o abuso é exercido, quais sejam[110]:

> Estas práticas abusivas podem, nomeadamente, consistir em:
> a) Impor, de forma directa ou indirecta, preços de compra ou de venda ou outras condições de transacção não equitativas;

---

108. O caso United States v. Microsoft Corporation teve muita repercussão e até hoje seus fundamentos são utilizados para questões tecnológicas. A esse respeito, o trabalho de Max Schanzenbach supõe que a Microsoft Corporation falhou em sua defesa ao não apresentar uma explicação pró-consumidor para justificar suas práticas. Ver: Schanzenbach, max. Network Effects and Antitrust Law: Predation, Affirmative Defenses, and the Case of U.S. v. Microsoft. *Stanford Technology Law Review*. n. 4, 2002.
109. UNIÃO EUROPEIA. Tratado sobre o Funcionamento da União Europeia. *Jornal Oficial da União Europeia*. 30 mar. 2010.
110. UNIÃO EUROPEIA. Tratado sobre o Funcionamento da União Europeia. *Jornal Oficial da União Europeia*. 30 mar. 2010.

b) Limitar a produção, a distribuição ou o desenvolvimento técnico em prejuízo dos consumidores;

c) Aplicar, relativamente a parceiros comerciais, condições desiguais no caso de prestações equivalentes colocando-os, por esse facto, em desvantagem na concorrência;

d) Subordinar a celebração de contratos à aceitação, por parte dos outros contraentes, de prestações suplementares que, pela sua natureza ou de acordo com os usos comerciais, não têm ligação com o objecto desses contratos.

Na mesma esteira que no Brasil, Denis Lescop[111] aponta a posição dominante como uma condição necessária, mas não suficiente, para a configuração da infração. Assim, na União Europeia apenas o abuso e, não a posição dominante, é condenável. Denis Lescop[112,] ademais, informa a existência de duas grandes categorias de abuso:

> os textos e a jurisprudência francesa e a europeia distinguem o abuso em duas grandes categorias: Abuso de Exploração: a empresa dominante tira proveito excessivo de seu poder (o que na prática é raro) e Abuso de Exclusão: comportamento que impede ou restringe a concorrência efetiva em um mercado, excluindo ou enfraquecendo os concorrentes atuais ou potenciais (é o que ocorre na maioria dos casos na prática)[113.]

Complementamos ainda o abuso de posição dominante na visão europeia com a seguinte colocação do Tribunal de Justiça da União Europeia no caso Hoffmann-La Roche & Co. AG v. Comissão das Comunidades Europeias[114,] que teve como objeto a celebração pela La Roche de contratos de exclusividade com um expressivo número de compradores de vitaminas e descontos de fidelidade:

> (...) posição dominante diz respeito a uma situação de poder económico detida por uma empresa, que lhe dá o poder de impedir a manutenção de uma concorrência efetiva no mercado em questão, ao possibilitar-lhe a adopção de comportamentos independentes, numa medida apreciável, relativamente aos seus concorrentes, aos seus clientes e, por fim, relativamente aos consumidores.

Outro caso de grande repercussão foi United Brands Company/ United Brands Continental BV v. Comissão das Comunidades Europeias[115] (Banana Chiquita), julgado pelo Tribunal de Justiça da União Europeia em 1978, que tinha como objeto o pedido de anulação por parte da United Brands de decisão

---

111. LESCOP, Denis. *Régulation des Comportements Individuels*. Paris: Université Paris I, 2008.
112. LESCOP, Denis. *Régulation des Comportements Individuels*. Paris: Université Paris I, 2008, p. 7.
113. Tradução livre autora.
114. UNIÃO EUROPEIA. Tribunal de Justiça da União Europeia. Hoffmann-La Roche & Co. AG v. Comissão das Comunidades Europeias. Julgado em 13 fev. 1979.
115. UNIÃO EUROPEIA. Tribunal de Justiça da União Europeia. United Brands Company/ United Brands Continental BV v. Comissão das Comunidades Europeias. Julgado em 14 fev. 1978.

da Comissão que condenou aquela pela prática de abuso de posição dominante no mercado de bananas (que eram produzidas e importadas pela United Brands).

O Tribunal entendeu por dar parcial provimento ao recurso, mantendo, em grande parte, a condenação por prática de abuso de posição dominante à United Brands, que foi manifestado através de várias condutas, como: preços discriminatórios, cláusulas limitadoras de revenda e recusa de continuar o abastecimento.

Sobre uma dessas condutas praticadas pela United Brands, o Tribunal assim observou[116]:

> A proibição da revenda imposta aos amadurecedores de bananas Chiquita autorizados e a proibição da revenda de bananas sem marca – ainda que, na prática, a natureza perecível da banana restrinja as possibilidades de revenda à duração de um período específico de tempo – constituem, sem dúvida, um abuso de posição dominante, dado que limitam a oferta, *em prejuízo dos consumidores*, e afetam o comércio entre os Estados-membros, nomeadamente, separando os mercados nacionais.
>
> (...)
>
> No presente caso, a adopção desse comportamento tinha como objetivo uma séria alteração da concorrência no mercado das bananas em causa, permitindo que se mantivessem no comércio apenas as empresas dependentes da empresa em posição dominante. (Grifo nosso.)

Muitos estudos têm sido dirigidos para abordar as principais divergências do abuso de posição dominante na União Europeia e nos Estados Unidos da América. Um desses é o *Cowboys and Gentlemen* apresentado por J. Bruce McDonald do U.S. Department of Justice[117].

Com relação à legislação, J. Bruce McDonald[118] abaliza que a da União Europeia existe para policiar a conduta das firmas dominantes e a dos Estados Unidos da América para prevenir a criação ou a manutenção de monopólios. Assim, uma requer apenas o "abuso", a outra uma conduta exclusionária.

Segundo J. Bruce McDonald[119], já justificando o título de sua apresentação, há três importantes princípios que governam a aplicação antitruste da secção 2 do Sherman Act que justificam a associação do antitruste americano à expressão *"cowboy capitalism"*. Seriam esses:

> O mais fundamental é que o objetivo das leis antitruste, citando a Suprema Corte, não é proteger as empresas do funcionamento do mercado, é o de proteger o público do fracasso do mercado. A lei não se dirige contra a conduta que é competitiva, mesmo se essa é severa,

---

116. UNIÃO EUROPEIA. Tribunal de Justiça da União Europeia. United Brands Company/ United Brands Continental BV v. Comissão das Comunidades Europeias. Julgado em 14 fev. 1978.
117. McDonald, J. Bruce. *Cowboys and Gentlemen*. Brussels: Second Annual Conference, 2005.
118. McDonald, J. Bruce. *Cowboys and Gentlemen*. Brussels: Second Annual Conference, 2005.
119. McDonald, J. Bruce. *Cowboys and Gentlemen*. Brussels: Second Annual Conference, 2005.

mas contra a conduta injusta que tende a destruir a competição em si. Essa não faz isso de solicitude para com os interesses privados, mas por preocupação com o interesse público. (...)Um segundo importante princípio que rege a aplicação da Seção 2 é que 'ao monopolista, não menos do que qualquer outro concorrente, é permitido e incentivado a competir agressivamente no mérito.' Uma razão para isso é que a concorrência agressiva, embora possa prejudicar as empresas menos eficientes, 'é precisamente o tipo de competição que promove os interesses dos consumidores, os quais a Lei Sherman visa a promover'. Outra é que a luta pelo monopólio é 'um elemento importante do sistema de livre mercado, porque 'induz a tomada de risco que produz inovação e crescimento econômico', por isso, 'o competidor bem sucedido, tendo sido impelido a competir, não deve ser punida quando ele ganha'.(...) O terceiro princípio é que sujeitando toda ação de uma única empresa ao escrutínio judicial de razoabilidade ameaçaria a desencorajar o entusiasmo competitivo que as leis antitruste procuram promover. 'A realidade básica da política de concorrência é que é às vezes é difícil distinguir concorrência robusta de conduta com efeitos anticompetitivos de longo prazo'. Isto é especialmente claro no caso de corte agressivo de preços, porque o mecanismo por meio do qual competição onde ser excluída' é o mesmo pelo qual uma empresa estimula a concorrência[120.]

Em contraste, J. Bruce McDonald[121] assevera que grandes empresas no âmbito europeu não possuem direito de serem tão livres ao focar no seu próprio mercado. As empresas dominantes devem sempre estar preocupadas com a manutenção da competição pelos rivais e, em decorrência disso, emerge a associação do sistema europeu antitruste à expressão "*compete like gentlemen*" ou "*gentleman competitor*".

Seriam, portanto, as bases em que se fundam esses dois sistemas (o dos *Cowboys e o do Gentlemen*), que justificam as não convergências entre esses sistemas. No entanto, conforme relatos de Jorge Fagundes[122,] existem mudanças em curso na Europa, na busca de uma maior convergência com os princípios dos Estados Unidos.

Comparando esses dois ordenamentos (Estados Unidos da América e União Europeia) no que tange ao abuso de posição dominante, podemos concluir, tendo como base o que já foi exposto no início desse tópico sobre o Direito da Concorrência brasileiro, que se adota no Brasil um sistema híbrido. Esse visa a reprimir tanto as práticas que objetivam a dominação do mercado (associando-se, nesse ponto ao sistema norte-americano), quanto o abuso de posição dominante propriamente (aproximando-se aqui ao sistema europeu).

---

120. Tradução livre da autora.
121. McDonald, J. Bruce. *Cowboys and Gentlemen*. Brussels: Second Annual Conference, 2005.
122. FAGUNDES, Jorge. *Abuso de Posição Dominante (APD): Abordagem e Questões Econômicas*. Campos de Jordão: IBRAC –XI Seminário Internacional de Defesa da Concorrência, 2005.

Jorge Fagundes[123,] oportunamente, adiciona que a jurisprudência parece apontar como fundamento da repressão ao abuso de posição dominante o bem-estar do consumidor, sendo anticompetitiva qualquer conduta que afete negativamente esse. Respaldando essa colocação, citamos as seguintes palavras do Conselheiro Relator Luiz Carlos Delorme Prado no Processo julgado pelo CADE que teve como representada a Unimed de Piraqueaçu/ES[124]:

> Ademais, ressalto que, a leis que preveem a ilegalidade dos contratos de exclusividade visam proteger os consumidores de forma direta. No caso em tela, especificamente, esta tutela faz-se necessária já que o abuso de posição dominante é explícito, agravando ainda mais a posição de hipossuficiência do consumidor.

Outro precedente do CADE bem ilustra como as condutas típicas de abuso de posição dominante podem diretamente afetar os consumidores. Trata-se do processo administrativo 08700.003070/2010-14[125,] que visava a apurar violações à Lei 8.8884/94 praticadas pelo Banco do Brasil, por meio da celebração de contratos com entes públicos com cláusula de exclusividade para a consignação na folha de pagamento.

O caso foi resolvido através da celebração entre o Banco do Brasil e o CADE de Termo de Compromisso de Cessação de Prática, comprometendo-se o Banco do Brasil a acabar com a exigência de exclusividade na concessão de crédito consignado em todos os contratos firmados com órgãos públicos. O Termo também estabeleceu o pagamento pelo Banco do Brasil de contribuição destinada ao Fundo de Defesa dos Direitos Difusos no valor de R$ 99.476.840,00.

Realizada uma análise global acerca do abuso de posição dominante, pertinente se torna focar em suas condutas típicas. Dentre essas citamos a venda casada, que passamos a estudar.

---

123. FAGUNDES, Jorge. *Abuso de Posição Dominante (APD)*: Abordagem e Questões Econômicas. Campos de Jordão: IBRAC – XI Seminário Internacional de Defesa da Concorrência, 2005.
124. BRASIL. Conselho Administrativo de Defesa Econômica. Processo Administrativo 08012.000429/2003-21. Conselheiro-Relator: Luiz Carlos Delorme Prado. Julgado em 1º set. 2004.
125. BRASIL. Conselho Administrativo de Defesa Econômica. Processo Administrativo 08700.003070/2010-14. Partes: Banco do Brasil S.A. Relator: Conselheiro Marco Paulo Veríssimo.

4
VENDA CASADA

4.1 ASPECTOS GERAIS DA VENDA CASADA

Dentre a gama de possíveis ilícitos anticoncorrenciais, que serão apreciados pelas autoridades através do controle de condutas, aqueles que estão mais intimamente relacionados com a interface Direito do Consumidor e Direito da Concorrência são, sem dúvida, os atos de abuso de posição dominante. Conforme elucida Calixto Salomão Filho[1], o agente que os praticam está diretamente relacionado ao consumidor, residindo nesse ponto, na verdade, "o centro nervoso do direito concorrencial em matéria de proteção do consumidor".

Tal afirmação de Calixto Salomão Filho[2] justifica-se, principalmente, tendo em vista que a tutela do consumidor, através do Direito da Concorrência, será realizada como regra de forma indireta, mediante proteção da instituição concorrência. Como já mencionado, à guisa de exceção, resta aos consumidores a titularidade direta no que toca aos ilícitos decorrentes de abuso de posição dominante, razão pela qual, o abuso é considerado a pedra angular do Direito Concorrencial.

Ana Paula Martinez[3] complementa apontando que o abuso de posição dominante seria o único grupo de ilícitos em que "os consumidores serão sempre tutelados de forma direta pelas normas concorrenciais". Nesse caso, é inquestionável a existência de uma relação direta entre o agente que pratica o ilícito e o consumidor[4].

O abuso de posição dominante é expressamente vedado pelo nosso ordenamento jurídico, que, apesar de não definir esse fato, enumerou alguns comportamentos que se caracterizam como práticas abusivas mais triviais. Uma dessas práticas é a venda casada, a qual, na economia moderna, pode ser considerada como uma doença endêmica.

---

1. SALOMÃO FILHO, Calixto. *Direito Concorrencial*: As Condutas. Malheiros: São Paulo, 2003, p. 85.
2. SALOMÃO FILHO, Calixto. *Direito Concorrencial*: As Condutas. Malheiros: São Paulo, 2003, p. 85.
3. MARTINEZ, Ana Paula. A Defesa dos Interesses dos Consumidores pelo Direito da Concorrência. *Revista do Ibrac*, São Paulo, v. 11, n. 01, p. 76, 2004.
4. SALOMÃO FILHO, Calixto. *Direito Concorrencial*: As Condutas. São Paulo: Malheiros, 2003, p. 83.

A venda casada está manifestamente presente no dia a dia do consumidor e causa-lhe prejuízo, seja através da diminuição da sua opção de escolha e da exploração de suas deficiências motivacionais[5] e informacionais, seja pelo pagamento de um preço superior ao devido. Esse ilícito pode ser encontrado até mesmo nas operações mais simples, como na venda de jornais com fascículos de cursos de inglês, história ou geografia, bem como nos serviços bancários, em que consumidores são compelidos à abertura de conta corrente como condição de liberação do financiamento da casa própria[6].

Em que pese a prática de venda casada seja banal e significativamente disseminada na atividade econômica[7], sua essência e natureza ainda não foram corretamente dimensionadas pelo Direito Brasileiro. Arthur Badin[8] frisa enfaticamente:

> Negligenciada pela doutrina nacional e refém de uma babel de normas abertas e contraditórias, a prática raríssimas vezes foi objeto de apreciação pelos tribunais administrativos e judiciários do Brasil, do que *decorrem a tibieza do instrumental teórico e a incipiência da técnica jurídica.* (Grifo nosso.)

Jean Calais-Auloy e Frank Steinmetz[9] definem a prática de venda casada (*vente liée*), que está prevista no artigo 122-1 do Código de Consumo Francês (*Code de la Consommation*), como aquela que retira do consumidor a oportunidade de adquirir certos bens ou serviços ou o obriga a comprar um conjunto (lote) de bens ou serviços, tendo em vista que o comerciante recusou-se a desassociar esses[10]. Nicole L'Heureux[11] complementa a definição explicando

---

5. Fala-se em exploração das deficiências motivacionais pelo fornecedor que pratica a venda casada, pois o consumidor é induzido a adquirir produtos (ou serviços) sob a crença de que a compra conjunta seria mais vantajosa ou lhe garantiria maior utilidade, em comparação à aquisição isolada desses itens. No entanto, essa venda conjunta não passa de uma estratégia ilusória, que explora a vulnerabilidade motivacional do consumidor. É interessante notar que os agentes econômicos mostram-se bastante criativos nessas práticas, sendo que, muitas vezes, a percepção da venda casada só ocorre ao final da relação contratual, especialmente quando o consumidor deseja romper o vínculo.
6. Exemplos de Arthur Badin (BADIN, Arthur. Venda Casada: Interface entre a Defesa da Concorrência e do Consumidor. *Revista de Direito da Concorrência*, Brasília: Iob; CADE, n. 5, jan./mar. 2005, p. 49-86.).
7. O que não quer dizer que sua prática seja feita de uma maneira simples e clara. Como bem aponta Paula Forgioni (FORGIONI, Paula Andréa. *Os Fundamentos do Antitruste*. 3. ed. São Paulo: RT, 2008, p. 372), agentes econômicos são bastante criativos na implementação desse expediente, seja através de cláusulas contratuais de redação sofisticada, seja pela vinculação do produto a uma imposição técnica.
8. BADIN, Arthur. Venda Casada: Interface entre a Defesa da Concorrência e do Consumidor. *Revista de Direito da Concorrência*, Brasília: Iob; CADE, n. 5, jan./mar. 2005, p. 50.
9. CALAIS-AULOY, Jean; STEINMETZ, Frank. *Droit de la Consommation*. 6. ed. Paris: Dalloz, 2003, p. 175.
10. Tradução livre autora.
11. L'HEUREUX, Nicole. *Droit de la Consommation*. 5. ed. Cowansville: Les Éditions Yvon Blais. 2000, p. 377.

que venda casada é um método de venda de um comerciante astuto que, pretendendo impulsionar suas vendas, impõe ao consumidor a compra de um bem que esse não deseja[12].

Tanto sob a ótica da União Europeia quanto dos Estados Unidos, ordenamentos que possuem muito mais tradição em Direito da Concorrência que o Brasil, o gênero venda casada possui duas espécies, as quais, apesar da classificação, projetam os mesmos efeitos ao mercado. A primeira situação refere-se aos *tying agreements* (*ties-in* ou *vente liée* em francês) que ocorrem, segundo o *DG Competition Discussion Paper*[13], quando o fornecedor realiza uma venda de um produto (*tying product* ou *clef*), condicionado à compra de um outro produto distinto, que é o *tied product* (*lié*), do fornecedor ou de algum terceiro por esse designado. Apenas o *tied product* (*lié*) pode ser comprado separadamente.

Deve-se ressaltar que a conduta muitas vezes pode ser analisada como um *tying agreement*, com apoio no Relatório *U.S Dep't of Justice, Competition and Monopoly: Single-Firm Conduct Under Section 2 of the Sherman Act*[14], mesmo que a compra do segundo produto não seja exigida. Isso acontece, por exemplo, quando uma empresa proíba o uso de um de seus produtos de informática com produtos complementares produzidos por seus concorrentes. Nesse exemplo, nenhuma segunda compra foi exigida, razão pela qual a conduta é denominada como *ties-out*, em oposição às *ties-in*.

Um exemplo da prática de *ties-out* ficou registrado no emblemático caso Kodak[15]. A Kodak era fabricante e vendedora de máquinas copiadoras, bem como de peças de reposição para essas, sendo algumas fabricadas pela própria Kodak e outras por terceiros, mediante requisição da mesma. Para prestar os serviços de manutenção das suas máquinas de maneira exclusiva, a Kodak não vendia suas peças àqueles que não utilizassem seus serviços de manutenção, impossibilitando, com isso, que empresas independentes executassem os mesmos serviços de manutenção por preços inferiores. Nesse caso, restou consignado que houve abuso por parte da Kodak, já que o consumidor ficou obrigado a se valer, diante de uma necessidade, dos serviços dessa.

---

12. Tradução livre autora.
13. UNIÃO EUROPEIA. *DG Competition Discussion Paper on the Application of Article 82 of the Treaty to Exclusionary Abuses*. Disponível em: http://ec.europa.eu/competition/antitrust/art82/discpaper2005.pdf. Acesso em: 12 abr. 2012.
14. ESTADOS UNIDOS DA AMÉRICA. *Competition and Monopoly*: Single Firm Conduct Under Section 2 of the Sherman Act. Disponível em: http://www.justice.gov/atr/public/reports/236681.htm. Acesso em: 12 abr. 2012.
15. Eastman Kodak Co. v. Image Technical Servs., Inc., 504 U.S. 451, 458 (1992).

Consoante o exposto no *U.S Dep't of Justice, Competition and Monopoly: Single-Firm Conduct Under Section 2 of the Sherman Act*[16], quase todos os itens vendidos são, sem dúvida, compostos por algo que poderia ser visto como *tied product* (*lié*), o que tornaria a venda casada uma das práticas mais onipresentes no mercado. Evidente que nem toda venda conjunta é considerada venda casada, como é o caso da venda do par de sapatos, pois, como bem ensina Roberto Augusto Castelllanos Pfeiffer[17], seria antieconômica a venda em separado, uma vez que a regra é a demanda pelo par, sendo exceção a demanda pela aquisição de apenas um sapato[18].

A segunda espécie de venda casada, como apresenta o *DG Competition Discussion Paper*[19], refere-se ao *bundling* (em francês é denominada *vente jumelée*), que é a situação onde um pacote de dois ou mais produtos são oferecidos, de forma que não é facultado ao comprador a venda isolada dos componentes desse pacote. O *U.S Dep't of Justice, Competition and Monopoly: Single-Firm Conduct Under Section 2 of the Sherman Act*[20] relata que a prática de venda casada através do *bundling* é particularmente comum no mercado norte-americano e apresenta-se, na maioria das vezes, de forma velada.

Um exemplo dessa estratégia velada diz respeito às empresas de informática que fazem um pacote com diferentes componentes e ofertam ao mercado como se fosse um programa de computador integrado, de maneira a impossibilitar, fisicamente, a venda individual desses componentes. Essa integração física é conhecida como venda casada tecnológica (*technological tying*), termo também utilizado para descrever a situação em que uma empresa projeta seus produtos de

---

16. ESTADOS UNIDOS DA AMÉRICA. *Competition and Monopoly*: Single Firm Conduct Under Section 2 of the Sherman Act. Disponível em: http://www.justice.gov/atr/public/reports/236681.htm. Acesso em: 12 abr. 2012.
17. PFEIFFER, Roberto Augusto Castelhanos. *Defesa da Concorrência e Bem-Estar do Consumidor*. 2010. Tese (Doutorado em Direito) – Faculdade de Direito, Universidade de São Paulo, São Paulo, 2010, p. 140.
18. Guy Raymond (RAYMOND, Guy. *Incidences de La Loi MURCEF (Loi no. 2001-1168, 11 déc. 2001) sur le Marketing des Établissements de Crédit*. Limoges: Pulim, 2004) também lista algumas circunstâncias em que não haverá a configuração da prática de venda casada: "(i) quando o consumidor pode comprar a unidade, na mesma loja, dos bens que o comerciante oferece em conjunto; (ii) os produtos que normalmente são vendidos em '*pack*', tais como cerveja e iogurte; (iii) por último, os tribunais franceses toleraram a venda de subordinados chamados de 'complementar', como ocorreu, particularmente, no caso de uma venda de um conjunto de panelas".
19. UNIÃO EUROPEIA. *DG Competition Discussion Paper on the Application of Article 82 of the Treaty to Exclusionary Abuses*. Disponível em: http://ec.europa.eu/competition/antitrust/art82/discpaper2005.pdf. Acesso em: 12 abr. 2012.
20. ESTADOS UNIDOS DA AMÉRICA. *Competition and Monopoly*: Single Firm Conduct Under Section 2 of the Sherman Act. Disponível em: http://www.justice.gov/atr/public/reports/236681.htm. Acesso em: 12 abr. 2012.

maneira a dificultar ou tornar incompatível a utilização de produtos produzidos por outros concorrentes[21].

Interessante notar que na maioria dos casos sobre venda casada relatadas na doutrina norte-americana, esses se referem ao setor tecnológico, inovação, diferentemente do que ocorre no Brasil, onde a venda casada está frequentemente associada aos atos praticados no mercado financeiro[22].

A temática da venda casada no setor financeiro já foi objeto de consolidação de teses pelo rito dos recursos especiais repetitivos no STJ, como exemplificado abaixo:

> Tema 54/STJ: É necessária a contratação do seguro habitacional, no âmbito do SFH. Contudo, não há obrigatoriedade de que o mutuário contrate o referido seguro diretamente com o agente financeiro, ou por seguradora indicada por este, exigência esta que configura "venda casada", vedada pelo art. 39, I, do CDC.

Esta tese originou a Súmula 473/STJ, que estabelece: "O mutuário do SFH não pode ser compelido a contratar o seguro habitacional obrigatório com a instituição financeira mutuante ou com a seguradora por ela indicada.

No julgamento do recurso REsp 1639320/SP[23] pelo STJ, afetado ao rito dos recursos especiais repetitivos para consolidar o entendimento sobre o Tema 972/STJ, também foi analisada a prática de venda casada. O STJ entendeu que configura venda casada a imposição por parte das instituições financeiras da contratação de seguro com determinada seguradora.

Não podemos esquecer também das vendas casadas praticadas no setor de telecomunicação, as quais, igualmente, deram muita "dor de cabeça" aos consumidores, através dos combos com banda larga, TV por assinatura, linha fixa e celular.

---

21. Sobre a venda casada tecnológica ver: Sarita Frattaroli. (FRATTAROLI, Sarita. Dodging the Bullet Again: Microsoft III's Reformulation of the Foremost Technological Tying Doctrine. *Boston University Law Review*. Ano 2010, v. 90, p. 1909-1936), que aborda, entre outros, o Caso Microsoft III'S, onde foi visualizado que o software e o sistema operacional seriam uma espécie particular de integração tecnológica, e Dale Clappertoni e Stephen Corones (CLAPPERTON, Dale; CORONES, Stephen. Techonological Tying of the Apple Iphone: Unlawful in Australia? *QUT Law and Justice Journal*, 2007, v. 7, p. 351-374), que debatem acerca da legalidade, à luz da legislação antitruste australiana, das travas tecnológicas desenvolvidas para o Iphone, que restringe o uso do mesmo aos serviços de telefonia móvel de uma empresa em específico.
22. Segundo levantamento da Fundação Procon em São Paulo (Procon-SP), de janeiro a dezembro de 2006, das 22 queixas sobre venda casada, 21 vieram desse segmento. Notícia veicula no site UOL Economia. Disponível em: http://noticias.uol.com.br/economia/ultnot/infomoney/2007/03/12/ult4040u3208.jhtm.
23. BRASIL. Superior Tribunal de Justiça. Recurso Especial 1.639.259/SP, relator Ministro Paulo de Tarso Sanseverino, Segunda Seção, julgado em 12 dez. 2018, DJe de 17 dez. 2018.

A Lei 12.529/11 veio a tipificar a venda casada como uma infração à ordem econômica no seu artigo 36, § 3º, inciso XVIII, que dispõe: "subordinar a venda de um bem à aquisição de outro ou à utilização de um serviço, ou subordinar a prestação de um serviço à utilização de outro ou à aquisição de um bem"[24]. Para a configuração da infração anticoncorrencial não basta apenas a sua prática, sendo necessário que a mesma tenha o condão de produzir os seguintes efeitos, ainda que não sejam alcançados: limitar ou falsar ou de qualquer forma prejudicar a livre concorrência ou livre iniciativa, dominar o mercado relevante de bens ou serviços, aumentar arbitrariamente os lucros ou exercer de forma abusiva a posição dominante.

Assim, certo é que, para a configuração da venda casada, fazem-se necessários 1) a existência de poder de mercado e 2) o seu consequente abuso. Isto porque, com apoio em Paula Forgioni[25], na venda casada, o adquirente deve ser coagido à aquisição conjunta dos produtos ou serviços, situação que somente existirá quando o agente coator tiver poder de mercado. Paula Forgioni[26] exemplifica:

> Por exemplo, um açougue de determinada cidade que vincule a venda da carne bovina à carne suína. Ora, o consumidor que não se interessar pela aquisição conjunta simplesmente dirigir-se-á a outra loja. Situação bem diversa daquela em que o açougue é o único estabelecimento desse tipo na região e temos elevadas barreiras no caminho de novos entrantes.

Lawrence A. Sullivam e Warren S. Grimmes[27] apontam os efeitos decorrentes da venda casada, que são os seguintes: (a) a prática pode significar o ganho de participação no mercado do produto vinculado, que é resumido pela teoria da alavancagem, (b) o fechamento do mercado do produto vinculado ou aumento de barreiras no mercado do produto vinculado, dificultando a entrada de novos agentes, (c) a discriminação dos preços, com a exploração do adquirente, e (d) o contorno de eventual fiscalização dos preços em mercados regulados.

Nos Estados Unidos, segundo o *U.S Dep't of Justice, Competition and Monopoly: Single-Firm Conduct Under Section 2 of the Sherman Act*[28], a venda casada não é tida como um ilícito *per se*, tendo em vista que será considerada legal quando a mesma for pró-competitiva, possibilitando que as empresas reduzam seus custos, gerando benefícios aos consumidores. Na União Europeia, consoante o relatado

---
24. Note-se que a definição da prática continua a mesma da lei anterior (Lei 8.884/94).
25. FORGIONI, Paula Andréa. *Os Fundamentos do Antitruste*. 3. ed. São Paulo: RT, 2008.
26. FORGIONI, Paula Andréa. *Os Fundamentos do Antitruste*. 3. ed. São Paulo: RT, 2008, p. 373.
27. SULLIVAN, Lawrence A.; GRIMES, Warren S. *The Law of Antitrust*: An Integrated Handbook. St. Paul: West Group, 2000.
28. ESTADOS UNIDOS DA AMÉRICA. *Competition and Monopoly*: Single Firm Conduct Under Section 2 of the Sherman Act. Disponível em: http://www.justice.gov/atr/public/reports/236681.htm. Acesso em: 12 abr. 2012.

no *DG Competition Discussion Paper*[29], a prática é condenada pelo artigo 102 do Tratado sobre o Funcionamento da União Europeia, desde que preenchidos os seguintes elementos: (a) o agente deve possuir poder de mercado em relação ao *tying product* (*clef*); (b) os produtos/serviços da venda casada devem ser de mercados distintos; (c) deve haver coerção; (d) a venda casada deve ser adotada para o fechamento do mercado; (e) a venda casada não é justificada objetivamente ou pelas suas eficiências.

Veja que no Brasil a prática de venda casada também será analisada sob a ótica da Regra da Razão, onde a conduta poderá vir a ser justificada, tendo em vista as eficiências geradas à sociedade e aos consumidores. Muitas vezes as empresas alegam como defesa que a venda casada é necessária para a manutenção da qualidade, nos casos de serviços de instalação ou de assistência técnica.

Essa questão foi analisada pelo CADE no caso da Xerox, processo administrativo 23/91, julgado em 23 de março de 1993. A Xerox foi acusada de dominar o mercado e de eliminar e prejudicar a livre concorrência através da prática de venda casada. Como tese de defesa, entre outros argumentos levantados, a Xerox afirmou que os atos que ela teria praticado objetivaram única e exclusivamente a proteção de sua propriedade, marca, conceito, reputação, e da qualidade de seus produtos e serviços.

Paula Forgioni[30], ao comentar tal julgado, coloca que a tese de defesa de manutenção da qualidade não é válida quando a mesma pode ser garantida de outras formas. Cita a autora, como exemplo, o estabelecimento de requisitos mínimos a serem cumpridos por empresas terceiras independentes.

E foi, nesse sentido, a observação feita pelo Conselheiro do CADE José Matias Pereira em seu voto, destacando que a Xerox impedia seus clientes de utilizarem peças dos concorrentes, através de cláusulas contratuais, o que constituía um ato arbitrário, sem qualquer comprovação técnica. Restou exposto, ainda, no voto, que se a Xerox estivesse mesmo preocupada com a manutenção da qualidade, essa poderia simplesmente impugnar aquelas peças de terceiros que fossem comprovadamente danosas aos seus produtos, razão pela qual a mesma acabou sendo condenada[31].

---

29. UNIÃO EUROPEIA. *DG Competition Discussion Paper on the Application of Article 82 of the Treaty to Exclusionary Abuses*. Disponível em: http://ec.europa.eu/competition/antitrust/art82/discpaper2005.pdf. Acesso em: 12 abr. 2012.
30. FORGIONI, Paula Andréa. *Os Fundamentos do Antitruste*. 3. ed. São Paulo: RT, 2008, p. 380.
31. Em 7 de agosto de 2013, o Tribunal Regional Federal da 1ª Região proferiu a seguinte decisão sobre o caso Xerox: direito econômico. *Venda casada* e criação ilegítima de dificuldades para concorrentes. Fornecimento de materiais de consumo para copiadoras xerox com ênfase em toners e reveladores. Penalidade para clientes que não adquirissem os produtos. Violação à concorrência. Imposição de multa pelo CADE. Ausência de aplicação retroativa de lei. Mera interpretação conjugada dos art. 3º,

inciso VIII da Lei 8.158/91. Art. 2º, I, *g*, da Lei 4.137/62 em decorrência da continuidade da prática até o julgamento do processo administrativo. Art. 173, § 4º, DA CF/88. 1. A decisão administrativa impugnada na ação de procedimento ordinário é a multa aplicada no julgamento do processo administrativo 23/91 que examinou o resultado de sindicâncias instauradas pelo antigo Conselho Administrativo de Defesa Econômica e representações à Secretaria de Direito Econômico – SDE, por meio das quais empresas concorrentes da apelante procuravam demonstrar que, desde 1988, a recorrente exercia pressão sobre os locatários de suas máquinas fotocopiadoras, impondo-lhes a aquisição de materiais de consumo de para uso nos equipamentos exclusivamente da marca "XEROX", sob pena de perda de prestação de assistência técnica vinculada ao produto prevista no contrato, caracterizando com o procedimento, a chamada *venda casada*. 2. Os fundamentos da condenação imposta pelo CADE estão inscritos na alínea "g" do inciso I do art. 2º da Lei 4.137/62, de 10 de setembro de 1962, em conjugação com os incisos II, VIII e XVI da Lei 8.158/91, de 08 de janeiro de 1991, que assim dispõem: "Art. 2º Consideram-se formas de abuso econômico: I. Dominar os mercados nacionais ou eliminar total ou parcialmente a concorrência por meio de: g) criação de dificuldades à constituição, ao funcionamento ou ao desenvolvimento de empresa." Lei 8.158/91: "Art. 3º Constitui infração à ordem econômica qualquer acordo de deliberação conjunta de empresas, ato, conduta ou prática tendo por objeto ou produzindo o efeito de dominar mercado de bens ou serviços, prejudicar a livre concorrência ou aumentar arbitrariamente os lucros, ainda que os fins não sejam alcançados, tais como: II. Subordinar a venda de bens à aquisição de outro ou à utilização de um serviço, ou subordinar a prestação dos serviços à utilização de outro ou à aquisição de um bem. XVI. Criar dificuldades à constituição, ao funcionamento ou ao desenvolvimento de empresas". 3. Consideram-se formas de abuso econômico: dominar os mercados nacionais ou eliminar total ou parcialmente a concorrência por meio de criação de dificuldades à constituição, ao funcionamento ou ao desenvolvimento da empresa (art. 2º, I, g, da Lei 4.137/62). 4. Constitui infração à ordem econômica qualquer conduta ou prática tendo por objeto ou produzindo o efeito de dominar mercado de bens ou serviços, prejudicar a livre concorrência ou aumentar arbitrariamente os lucros, tais como: subordinar a venda de bens à aquisição de outro ou à utilização de outro ou à aquisição de um bem (art. 3º da Lei 8.158/91).5. A ordem econômica, fundada na valorização do trabalho humano e na livre iniciativa observa o princípio da livre concorrência (CF, art. 170).6. A lei reprime o abuso do poder econômico que vise à dominação dos mercados, à eliminação da concorrência e ao aumento arbitrário dos lucros (art. 173, § 4º, CF/88).7. Não se pode admitir que agentes econômicos, seja através de ato unilateral, seja mediante a celebração de um contrato, impeçam o exercício da livre concorrência na regulação do mercado. 8. Tendo sido praticadas as condutas antijurídicas de forma reiterada sob a vigência das Leis 4.137/62, 8.158/91, não há fundamento para pretender a inaplicabilidade de uma em detrimento de outra, pois o que se está punindo é a reiterada conduta contrária às normas protetoras da livre concorrência. 9. A condenação imposta pelo CADE à autora não decorreu apenas do texto do art. 3º da Lei 8.158/91 que proíbe a prática da venda casada, mas também do art. 2º, I, g, da Lei 4.137/62, que considera como forma de abuso econômico a criação de dificuldades à constituição, ao funcionamento ou ao desenvolvimento de empresa. 10. A prova de que a autora dificultava o funcionamento e o desenvolvimento de suas concorrentes está nas várias representações contra ela movidas perante o CADE, assim como da documentação acostada aos autos, especificamente, as cópias de contratos firmados com os locatários dos produtos. 11. A alegação de que houve um aumento considerável no número de empresas concorrentes da autora não deve ser creditada a algum desprendimento em que tenha incorrido, mas sim, ao aumento do mercado e a atuação do CADE, que tornou-se mais rigoroso a partir da edição das Leis 8.158/91 e 8.884/94.12. Não se verifica a suposta aplicação retroativa de lei, pois mesmo a legislação de 1962, já previa a possibilidade de punição a práticas de dominação do mercado por imposição de condição, desde que comprovado o exercício de posição dominante, sendo o caso da Xerox, que à época da sanção, ocupava posição dominante no mercado de locação e prestação de assistência técnica a fotocopiadoras, com uma participação de 91%, no mercado de material de consumo para equipamentos e no fornecimento das máquinas tinha participação que variava de 74% a 100%, dependendo da localidade. 13. Não se nega o reconhecimento de que é salutar o fornecimento de produtos de consumo pela própria fabricante para seus produtos, especialmente a tinta de imprimir, que em regra utiliza o chamado "toner", con-

Ainda, impera destacar que a venda casada não prejudica o consumidor, apenas indiretamente, quando essa produz efeitos anticompetitivos, mas também o afeta diretamente, quando diminui o seu poder de escolha. É por tal razão que a venda casada vem a ser capitulada no Código de Defesa do Consumidor como uma prática abusiva.

As práticas abusivas, no Código de Defesa do Consumidor, estão elencadas no seu artigo 39. Segundo Claudia Lima Marques[32], até a entrada em vigor da Lei 8.884/94 a lista do artigo 39 era exaustiva, tendo em vista que seu inciso x, "que indicava ser a lista apenas exemplificativa, foi vetado pelo Presidente da República, sob alegação de que este inciso tornava a norma 'imprecisa' e era inconstitucional, tendo em vista a 'natureza penal' do dispositivo". A Lei 8.884/94, por seu turno, introduziu no seu *caput* a expressão "dentre outras práticas abusivas", o que acabou refletindo no CDC, retornando a lista a ser exemplificativa.

Antonio Herman V. Benjamin, Claudia Lima Marques e Leonardo Roscoe Bessa[33] lecionam que as práticas abusivas constituem um conceito fluído e flexível, estando, tampouco, limitadas ao CDC. Como decorrência da norma do art. 7º, *caput*, são também práticas abusivas outros comportamentos que afetem o consumidor diretamente, mesmo que previstos em legislação diversa do Código.

A venda casada é elencada no CDC, no inciso I, primeira parte, do artigo 39, como uma prática abusiva. Essa proibição visa a impedir que o fornecedor, con-

---

tudo, não se admite que a utilização do material de consumo seja imposta como condição de validade ou de oferta de determinado serviço pela imposição de cláusula padrão em contrato de prestação de serviço designado como de assistência técnica, estabelecendo obrigação vinculada às tomadoras do serviço, consistente em apenas adquirir material de consumo por ela fornecido, o que na linguagem antitruste representa, abusar da posição dominante para criar dificuldade ao funcionamento e ao desenvolvimento do mercado. 14. É inequívoco que tal procedimento criou barreiras artificiais com o objetivo de retirar ou impedir a entrada no mercado de produtos de impressão similares ao da apelante, o que nada tem de relacionado com uma posição dominante exercida por uma empresa, eis que tal situação não tem relação com a imposição de restrições artificiais à concorrência. 15. A cláusula contratual em questão, reforçada pelos elementos de prova constantes dos autos, denota a figura da venda casada, que é expressamente repudiada pelo legislador no inciso VIII do art. 3º da Lei 8.158/91, sem prejuízo da criação de dificuldade para a constituição e desenvolvimento de empresa, que é conduta vedada tanto na alínea "g" do inciso I do art. 2º da Lei 4.137/62, quanto nos incisos II e XVI do art. 3º da Lei 8.158/91. 16. Dada a perpetuação no tempo da conduta anticoncorrencial da apelante, não há falar-se em violação ao art. 5º, XXXIX da CF/88 e muito menos a norma do art. 5º, inciso XL (retroação da lei punitiva mais severa). 17. Apelação da XEROX parcialmente provida apenas para reduzir o valor da condenação em honorários advocatícios. BRASIL. Tribunal Regional Federal da 1ª Região. Apelação Cível 0031266-06.2001.4.01.0000. Relator: Desembargadora Selene Maria de Almeida. Julgado em 1º jul. 2013.

32. MARQUES, Claudia Lima. *Contratos no Código de Defesa do Consumidor*: O Novo Regime das Relações Contratuais. 5. ed. São Paulo: RT, 2005, p. 814.
33. BENJAMIN, Antonio Herman de Vasconcellos; MARQUES, Claudia Lima; BESSA, Leonardo Roscoe. *Manual de Direito do Consumidor*. 2 ed., rev., atual e ampl. São Paulo: RT, 2009.

forme Claudia Lima Marques[34], prevaleça-se de sua superioridade econômica ou técnica para determinar condições negociais desfavoráveis ao consumidor. Além disso, a venda casada pode ser considerada como uma prática pré-contratual.

É importante destacar que a venda casada não se confunde com oferta combinada, que seria permitida. Na oferta combinada o consumidor tem a opção de comprar os itens separadamente, contanto que ele pague o preço normal do produto ou serviço individual.

Paulo Eduardo Lilla[35] esclarece que, nesse caso, como não há nenhum ato restritivo, a venda casada não será ilegal. Assim, só há que se falar em prática abusiva quando o preço dos produtos vendidos individualmente for exorbitantemente mais alto que o preço da venda conjunta ou quando nenhum produto ou serviço é disponibilizado ao consumidor para a compra isolada. Nessa hipótese, como bem destaca Roberto Augusto Castellanos Pfeiffer[36], "o prejuízo ao consumidor é evidente: com tal prática impinge-se a ele a aquisição de um produto ou serviço não desejado, provocando-lhe, assim, uma notória perda econômica".

Há alguns casos interessantes julgados pelo Superior Tribunal de Justiça (STJ) que abordam a venda casada sob a luz do CDC. O Ministro Herman Benjamin no Recurso Especial 384.284[37] aborda a prática que condicionou o pagamento a prazo da compra do produto objetivado pelo consumidor, qual seja, gasolina, à aquisição de outro produto não desejado pelo consumidor: refrigerante.

O relator entendeu que essa configuraria como uma inequívoca prática abusiva, na modalidade de venda casada, pelos seguintes motivos:

> A dilação do prazo para pagamento, embora seja uma liberalidade do fornecedor – assim como o é a própria colocação no comércio de determinado produto ou serviço –, não o exime de observar as normas legais que visam a coibir os abusos que vieram a reboque da massificação dos contratos na sociedade de consumo e da reconhecida vulnerabilidade do consumidor. Tais normas de controle e saneamento do mercado, ao contrário de restringirem o princípio da liberdade contratual, o aperfeiçoam, tendo em vista que buscam assegurar a vontade real daquele que é estimulado a contratar[38].

---

34. MARQUES, Claudia Lima. *Contratos no Código de Defesa do Consumidor*: O Novo Regime das Relações Contratuais. 5. ed. São Paulo: RT, 2005, p. 815.
35. LILLA, Paulo Eduardo. Elementos para a caracterização das vendas casadas como infração à ordem econômica. *Revista de Direito da Concorrência*, Brasília: IOB/CADE, n. 10, abr./jun. 2006. p. 9-46.
36. PFEIFFER, Roberto Augusto Castellanos. Proteção do Consumidor e Defesa da Concorrência: Paralelo entre Práticas Abusivas e Infrações contra a Ordem Econômica. *Revista de Direito do Consumidor*. ano 19, n. 76, out./dez. 2010, p. 139.
37. BRASIL. Superior Tribunal de Justiça. Recurso Especial 384.284-RS. Relator: Ministro Herman Benjamin. Julgado em 15 dez. 2009.
38. BRASIL. Superior Tribunal de Justiça. Recurso Especial 384.284-RS. Relator: Ministro Herman Benjamin. Julgado em 15 dez. 2009.

Já no julgamento do Recurso Especial 744.602[39], caso dos Cinemas, o relator, Ministro Luiz Fux, identificou que:

> a prática abusiva revela-se patente se a empresa cinematográfica permite a entrada de produtos adquiridos nas suas dependências e interdita o adquirido alhures, engendrando por via oblíqua a cognominada 'venda casada', interdição inextensível ao estabelecimento cuja venda de produtos alimentícios constituiu a essência da sua atividade comercial como, verbi gratia, os bares e restaurantes[40].

Ainda nessa temática do cinema, a Arguição de Descumprimento de Preceito Fundamental (ADPF) 398[41] versava sobre a possibilidade de proibição de alimentos e bebidas de outros estabelecimentos comerciais em salas de cinema. Essa ADPF tinha como objetivo atacar "impropriamente" o Recurso Especial 744.602[42] citado acima, que considerou a prática uma venda casada. Em 2022, foi negado seguimento à ADPF, decisão que já transitou em julgado.

Para mais, o STF, analisando lei municipal que exige a contratação de funcionário para cumprir determinada tarefa em estabelecimento empresarial, entendeu que a obrigação de fornecer serviço de empacotamento em conjunto com a oferta de bens de varejo representa violação à garantia constitucional da proteção aos interesses dos consumidores (art. 5º, XXXII), mercê de constituir verdadeira venda casada, prática vedada pelo art. 39, I, do Código de Defesa do Consumidor, sendo certo que a medida ocasiona aumento de preços para a totalidade dos consumidores, ainda que não necessitem do serviço ou não possuam recursos para custeá-lo[43].

Outro caso paradigmático diz respeito à venda conjunta pelas redes de *fast food* de lanches com brindes infantis. Por considerar essa prática como abusiva, o Ministério Público do Estado de São Paulo ajuizou ação civil pública em face da rede de lanchonetes Bob's.

Sob a mesma alegação, o Ministério Público Federal ajuizou ação civil pública em face do McDonalds e do Burger King. Suscitado conflito de competência entre

---

39. BRASIL. Superior Tribunal de Justiça. Recurso Especial 744.602. Relator: Ministro Luiz Fux, julgado em 23 mar. 2003.
40. BRASIL. Superior Tribunal de Justiça. Recurso Especial 744.602. Relator: Ministro Luiz Fux, julgado em 23 mar. 2003.
41. BRASIL. Supremo Tribunal Federal. Arguição de Descumprimento de Preceito Fundamental 398. Ministro Relator Edson Fachin.
42. BRASIL. Superior Tribunal de Justiça. Recurso Especial 744.602. Relator: Ministro Luiz Fux, julgado em 23 mar. de 2003.
43. BRASIL. Supremo Tribunal Federal. RE 839950, Relator(a): Luiz Fux, Tribunal Pleno, julgado em 24 out. 2018, Processo Eletrônico Repercussão Geral – Mérito DJe-081 Divulg 1º abr. 2020 public 02 abr. 2020.

a justiça estadual de São Paulo e a justiça federal, o STJ declarou como competente para julgar a causa a 15ª Vara Cível da Seção Judiciária de São Paulo.

Outro caso interessante é a da empresa Pandurata Alimentos, dona da marca Bauducco, que tinha lançado a campanha promocional "É Hora de Shrek", que oferecia um relógio com a imagem do personagem Shrek condicionado à compra de cinco embalagens de produtos da linha "Gulosos" e ao pagamento adicional de R$ 5,00. O Ministério Público de São Paulo (MPSP ajuizou uma Ação Civil Pública (ACP) contra a campanha, argumentando que configurava venda casada.

O Tribunal de Justiça de São Paulo (TJSP) julgou procedente a ACP, considerando a prática como venda casada. A decisão foi então confirmada pela Segunda Turma do Superior Tribunal de Justiça (STJ), que estabeleceu um importante precedente ao considerar abusiva a publicidade dirigida ao público infantil e reforçar que a prática de venda casada é ilegal[44].

A respeito da veiculação de campanhas publicitárias com prática de venda casada, encontramos duas decisões condenatórias do CONAR. A primeira, de abril de 2008, diz respeito à manifestação do Conselho de Ética sobre um comercial da Greendene[45].

Nesse caso, entendeu-se que a peça transmitia uma mensagem direta ao público infantil, já que incentiva esse a pedir o produto anunciado – uma sandália – aos pais, com o intuito de receber o brinde. Deu-se procedência à denúncia, nos seguintes termos: "fica claro na peça que o foco não é o produto em si, mas o brinde com ele vendido, com a intenção de despertar o interesse da criança para, de forma indireta, vender o produto, especialmente porque a criança é chamada para influenciar os pais na decisão de compra".

A segunda decisão[46] abordou o anúncio veiculado pela GVT, chamado de "A Escolha Feliz". O CONAR entendeu que tratava-se de uma publicidade irregular, uma vez "que oferecia promoção de serviço de internet a R$ 59,90, mas omitia informação essencial: a necessidade de aquisição de linha telefônica, de forma que o custo cobrado do consumidor torna-se expressivamente mais elevado do que o valor anunciado".

Dessa forma, tendo em vista o discorrido acima, a venda casada vem a ser reprimida por dois campos do Direito. Ocorre que, apesar de ser importante que essa dupla tutela se desenvolva de uma maneira harmônica, na prática percebe-se que falta o diálogo necessário entre a defesa do consumidor e a da concorrência.

---

44. BRASIL. Superior Tribunal de Justiça. REsp 1.558.086/SP, relator Ministro Humberto Martins, Segunda Turma, julgado em 10 mar. 2016, DJe 15 abr. 2016.
45. CONAR. Representação 330/07. Relatora: Marisa D'Alessandri. Julgado em abr. 2008.
46. CONAR. Representação 138/09. Relator: Conselheiro Roberto Philomena. Julgado jul. 2009.

Desse contexto, emergem algumas questões, que acabam pondo em xeque a eficácia dessa tutela ubíqua e apartada. Há, destarte, a necessidade de um estudo mais profundo dessa prática, mas não apenas sob a ótica da concorrência ou do consumidor, e, sim, sob ambas.

Tal problemática não fica adstrita ao sistema brasileiro. Até mesmo a doutrina e jurisprudência norte-americanas, que constituem um solo fértil para o estudo da venda casada, apresentam certa limitação, principalmente no que toca a essa essência dúplice da prática, isto é, de gerar efeitos na esfera do consumidor e da concorrência.

Hebert Hovenkamp[47] comenta que a lei que aborda a venda casada nos Estados Unidos da América não define de maneira apropriada a configuração do ilícito, aduzindo que essa deveria ocorrer através da identificação da redução da oferta ou do aumento de preços aos consumidores. Robert H. Bork[48], da mesma forma que Hebert Hovenkamp[49], considera que a teoria legal da venda casada é inadequada.

Outra questão que pode ser levantada nesse contexto é aquela relatada por Lawrence A. Sullivam e Warren S. Grimmes[50], no que diz respeito à exploração das falhas informacionais e motivacionais do consumidor, quando da prática da venda casada. Em decorrência disso, os autores indagam se a questão não deveria ser endereçada à legislação consumerista, e não à antitruste.

Tal indagação é decorrente, nomeadamente, do emblemático caso Kodak, aqui já mencionado. Lawrence A. Sullivam e Warren S. Grimmes (2000)[51] apontam que é prejudicial analisar, em um litígio antitruste, questões pertinentes ao consumidor, como a exploração de suas falhas informacionais e motivacionais, ainda mais se essas forem objeto de uma outra demanda, nesse caso consumerista, em outro fórum e num momento posterior.

No Brasil, apesar da questão da venda casada não ter, ainda, recebido a atenção devida, divergências surgem, essencialmente no que toca a sua dupla capitulação e aos requisitos para sua configuração. Roberto Castelhanos Pfeiffer[52]

---

47. HOVENKAMP, Hebert. *Antitrust*. 3. ed. St. Paul: West Group, 1999.
48. BORK, Robert H. *The Antitrust Paradox: A Policy at War with Itself*. New York: Free Press, 1993, p. 375.
49. HOVENKAMP, Hebert. *Antitrust*. 3. ed. St. Paul: West Group, 1999.
50. SULLIVAN, Lawrence A.; GRIMES, Warren S. *The Law of Antitrust*: An Integrated Handbook. St. Paul: West Group, 2000.
51. SULLIVAN, Lawrence A.; GRIMES, Warren S. *The Law of Antitrust*: An Integrated Handbook. St. Paul: West Group, 2000.
52. PFEIFFER, Roberto Augusto Castelhanos. Proteção do Consumidor e Defesa da Concorrência: Paralelo entre Práticas Abusivas e Infrações contra a Ordem Econômica. *Revista de Direito do Consumidor*. ano 19, n. 76, out./dez. 2010, p. 131-151.

defende que a venda casada pode ser apurada de forma paralela pelos órgãos de proteção ao consumidor e pelas autoridades de defesa da concorrência, não havendo que se falar em *bis in idem*, uma vez que efeitos distintos são derivados da mesma conduta.

Calixto Salomão[53], por sua vez, aponta que a inserção da venda casada no Código de Defesa do Consumidor é equivocada, podendo, ainda, ocasionar sérias consequências estruturais para o sistema concorrencial, o que irá, em última análise, prejudicar o consumidor.

Paulo Eduardo Lilla[54] complementa o entendimento acima, observando que se não houver poder de mercado, o consumidor não será forçado à compra casada, motivo pelo qual não haveria que se falar em ilícito. Veja que dessa constatação emergem dois problemas: (a) sendo necessário o poder de mercado, a questão não deveria ser tratada apenas pelo Direito da Concorrência? e (b) a caracterização da venda casada como prática abusiva *per se* pela defesa do consumidor, conforme anota Arthur Badin[55], não criaria um conflito de normas, que pode "levar ao absurdo de sancionar prática ou informar políticas públicas que sejam mais benéficas para o próprio consumidor", como o caso de práticas que visem ao desenvolvimento tecnológico, apesar de serem restritivas à concorrência?

Diante desse contexto, surge a necessidade de ser analisada a prática da venda casada sob a ótica consumerista e concorrencial, a fim de verificar como sua repressão poderia ser mais bem redirecionada, sempre levando em consideração que o bem-estar do consumidor é o fim último a ser buscado pelas duas tutelas, ainda que de forma diversa.

4.2 DÚPLICE CAPITULAÇÃO DA VENDA CASADA

Roberto Augusto Castellanos Pfeiffer[56] alerta que a proteção do consumidor e a defesa da concorrência são duas políticas públicas que devem ser executadas de modo harmônico, uma vez que rendem benefícios múltiplos. No entanto, percebe-se que, no Brasil, a relação entre esses dois ramos, conforme Bruno Miragem[57], mostra-se bastante inexperiente.

---

53. SALOMÃO FILHO, Calixto. *Direito Concorrencial*: As Condutas. Malheiros: São Paulo, 2003.
54. LILLA, Paulo Eduardo. Elementos para a caracterização das vendas casadas como infração à ordem econômica. *Revista de Direito da Concorrência*, Brasília: IOB/CADE, n. 10, abr./jun. 2006. p. 9-46.
55. BADIN, Arthur. Venda Casada: Interface entre a Defesa da Concorrência e do Consumidor. *Revista de Direito da Concorrência*, Brasília: IOB/CADE, n. 5, jan./mar. 2005, p. 49-86.
56. PFEIFFER, Roberto Augusto Castelhanos. *Defesa da Concorrência e Bem-Estar do Consumidor*. 2010. Tese (Doutorado em Direito) – Faculdade de Direito, Universidade de São Paulo, São Paulo, 2010.
57. MIRAGEM, Bruno. *Curso de Direito do Consumidor*. 3. ed. São Paulo: RT, 2012.

Nesse sentido, corrobora Arthur Badin[58]:

Não obstante sejam verso e reverso de uma mesma política que visa, em última instância, o bem-estar dos consumidores, os dois microssistemas foram, no Brasil, tradicionalmente mantidos incomunicáveis pelas doutrinas antitruste e consumerista, o que acabou levando a uma recíproca incompreensão, de parte a parte, dos princípios e racionalidade que os informam.

Tendo em vista, portanto, esse imaturo isolamento entre as esferas do consumidor e da concorrência, o método do Diálogo das Fontes acaba fornecendo um arcabouço metodológico para a construção e a execução de uma política harmônica e conjunta. Já de uma maneira mais específica e localizada, o método será responsável pela superação do "aparente dissenso" apresentado na primeira parte desse estudo, no que toca à dupla capitulação da venda casada.

Com efeito, sendo o método utilizado o Diálogo das Fontes, não há espaço para discussão acerca dos critérios de especialidade ou anterioridade, utilizados pela doutrina clássica. Esses critérios seriam, até mesmo, insuficientes para resolver a questão, pois, à luz da especialidade, ambas leis são consideradas especiais nas suas respectivas áreas de aplicação. O mesmo entendimento vale ao critério da anterioridade: sendo o âmbito de aplicação de cada lei distinto, não há como afirmar que uma lei posterior revogou uma lei anterior.

Por outro lado, haverá sim que se falar na aplicação simultânea das leis, que deverá, no entanto, ocorrer de uma maneira harmônica e coerente. Quem apresenta essa possibilidade de aplicação conjunta de leis é Claudia Lima Marques[59], confirmando que também poderá haver diálogo entre normas igualmente especiais, para que se alcance um resultado justo e de acordo com os valores positivados na Constituição.

Assim, o que se propõe, nesse ponto do estudo, é que a Lei Antitruste, já que mais recente do que o CDC, acabe se incorporando harmoniosamente ao sistema, servindo de complemento a esse. Tal entendimento acaba tendo respaldo na definição do Direito Antitruste pela doutrina de Robert H. Lande e Neil W. Averitt[60], que se resume na repressão às falhas externas do mercado, que prejudicam o consumidor, diminuindo sua gama de escolha.

---

58. BADIN, Arthur. Venda Casada: Interface entre a Defesa da Concorrência e do Consumidor. *Revista de Direito da Concorrência*, Brasília: Iob; CADE, n. 5, jan./mar. 2005, p. 49-86.
59. MARQUES, Claudia Lima. O "Diálogo das Fontes" como Método da Nova Teoria Geral do Direito: Um Tributo a Erik Jayme. In: MARQUES, Claudia Lima (Coord.). *Diálogo das Fontes*: Do Conflito à Coordenação de Normas do Direito Brasileiro. São Paulo: RT, 2012, p. 17-66.
60. Lande, Robert H. AVERITT, Neil W. A Escolha do Consumidor: Uma Razão Prática para o Direito Antitruste e o Direito de Defesa do Consumidor. *Revista de Direito do Consumidor*. São Paulo: RT, v. 45, p. 26-50, jan./mar. 2003.

Nessa linha de raciocínio, percebe-se que a proteção do consumidor precisa dessa complementação dada pela Lei Antitruste, uma vez que o Direito do Consumidor consegue tutelar apenas as falhas internas do mercado, dirigidas de uma forma direta aos consumidores. Assim, como apoio no Diálogo das Fontes, a fim de que a finalidade das leis seja alcançada de uma maneira mais eficaz, esses dois ramos vão ao encontro um do outro, vindo a constituírem uma unidade única, segundo Robert H. Lande e Neil W. Averitt[61].

Essa busca conjunta pelo bem-estar do consumidor será viabilizada, num primeiro momento, através do diálogo sistemático de complementariedade e subsidiariedade, em que conceitos desenvolvidos pelo Direito do Consumidor servirão de complemento ao Direito da Concorrência. Sobre a utilização desse diálogo em fluxo contrário, isto é, os conceitos antitrustes servindo como complemento, cabe aqui colacionar as reflexões de Amanda Flávio de Oliveira[62]: "até que ponto a política brasileira de defesa do consumidor está disposta a ceder aos argumentos antitruste, tanto quanto pleiteia considerações consumeristas na política antitruste? É mesmo desejável um alinhamento entre as duas políticas?[63]"

Concretizando as reflexões de Amanda Flávio de Oliveira[64], podemos dizer que o alinhamento é sim desejável, e ocorrerá tanto em relação às influências do Direito do Consumidor ao da Concorrência, quanto ao reverso. Há, na verdade, influências recíprocas, num diálogo de *doublé sens,* consoante respalda Heloisa Carpena[65], "se há pontos de conexão recíproca influência entre os dois estatutos, e mais amplamente, entre as duas disciplinas, não resta dúvida de que devem ser interpretadas sistematicamente as suas normas, cuja *ratio,* é comum".

Dessa forma, a primeira colocação que devemos afastar, daquelas apresentadas na primeira parte desse estudo, é a trazida por Calixto Salomão Filho[66], de que a inserção da venda casada no Código do Consumidor teria sido equivocada.

---

61. Lande, Robert H. AVERITT, Neil W. A Escolha do Consumidor: Uma Razão Prática para o Direito Antitruste e o Direito de Defesa do Consumidor. *Revista de Direito do Consumidor.* São Paulo: RT, v. 45, p. 26-50, jan./mar. 2003.
62. OLIVEIRA, Amanda Flávio. Defesa da Concorrência e Proteção do Consumidor – Análise da Situação Político institucional Brasileira em Relação à Defesa do Consumidor e da Concorrência tendo em Perspectiva os Estudos Empreendidos por Ocasião dos 90 Anos da Federal Trade Comission. *Revista do IBRAC,* São Paulo: IBRAC, v. 14, n. 1, p. 178, jan. 2007.
63. Insta destacar que ambas as defesas tratam-se de normas de ordem pública.
64. OLIVEIRA, Amanda Flávio. Defesa da Concorrência e Proteção do Consumidor – Análise da Situação Político institucional Brasileira em Relação à Defesa do Consumidor e da Concorrência tendo em Perspectiva os Estudos Empreendidos por Ocasião dos 90 Anos da Federal Trade Comission. *Revista do IBRAC,* São Paulo: IBRAC, v. 14, n. 1, p. 178, jan. 2007.
65. CARPENA, Heloisa. *Consumidor no Direito da Concorrência.* Rio de Janeiro: Renovar, 2005.
66. SALOMÃO FILHO, Calixto. *Direito Concorrencial:* As Condutas. Malheiros: São Paulo, 2003.

Veja-se que na hipótese de exclusão da capitulação da venda casada prevista no CDC, o consumidor lesado pela prática poderia acabar sem qualquer proteção.

Muito embora se pudesse afirmar que o interesse do consumidor, nesse caso, seria tutelado pela Lei Antitruste, essa tutela não é feita de uma maneira individual e direta ao consumidor, não sendo concedido a esse, de uma maneira específica, a cessação da prática, nem a reparação pelos danos sofridos. José Reinaldo de Lima Lopes[67], bem elucida tal questão explicitando que o "CADE recusa-se e com razão, a transformar-se num órgão judicante ou arbitral de conflitos individuais de consumidores e fornecedores", complementando que o "individualmente considerado não é objeto do CADE, mas a lesão de um consumidor pode ser a evidência de uma prática abusiva, cujos efeitos gerais (ou universais) sobre o mercado denotam o abuso de posição dominante".

Perceba-se que mesmo que a prática envolvesse questões de natureza concorrencial, e portanto, legitimasse a intervenção do CADE, os interesses dos consumidores só seriam satisfeitos de uma maneira geral, ampla, seja com a repressão da prática, seja com a aplicação de uma multa que é revertida ao Fundo de Defesa de Direitos Difusos (FDD), cujos recursos são destinados à reparação de interesses difusos[68].

A reparação do dano individual do consumidor, assim, não poderia ser feita perante o CADE, já que o mesmo não é um fórum competente para tanto. Poderia, eventualmente, tendo em vista a falta de amparo no CDC, o consumidor recorrer ao direito de ação previsto no artigo 47 da Lei Antitruste, ingressando no judiciário com o denominado pela doutrina norte-americana de *private enforcement*.

Ocorre que apesar de possível, verificamos que na prática ações fundadas nessa faculdade trazida pela Lei Antitruste são praticamente incipientes. Não há tradição no Brasil, diferente da realidade americana e europeia, em ajuizamento de *private enforcements*, até mesmo porque a mesma desafia uma instrução processual bastante complexa.

Sobre essa problemática, Mauro Grinberg[69] destaca:

> Qualquer desenvolvimento do Direito Concorrencial, hoje, tem que passar, necessariamente, por uma educação do Poder Judiciário. A maioria dos juízes nunca viu isso. O Direito da

---

67. LOPES, José Reinaldo de Lima. Direito da Concorrência e Direito do Consumidor. *Revista de Direito do Consumidor*, São Paulo, SP, v. 34, p. 79-97, 2001.
68. Apenas a título de complementação, o referido fundo é vinculado ao Ministério da Justiça e administrado por dez Conselheiros, sendo que desses, três são da sociedade civil, dois de órgãos de Estado e cinco indicados por Ministérios.
69. GRINBERG, Mauro. *CADE Precisa de Maior Capacidade Técnica*. Disponível em: http://www.conjur.com.br/2009-nov-01/fimde-entrevista-mauro-grinberg-advogado-especialista-direito-concorrencia. Acesso em: 24 set. 2013.

Concorrência teve origem no sistema da *Common Law* e nós temos o sistema do Direito romano-germânico. Na Europa, essa questão foi solucionada, porque há uma mescla do Direito romano-germânico com o Direito anglo-saxão. Nos Estados Unidos isso não é um problema porque todo sistema é anglo-saxônico. No Brasil, ainda há conceitos econômicos, como por exemplo, o conceito de mercado relevante, que precisa ser entendido em qualquer análise concorrencial. A simples análise do Direito da Concorrência é estéril para maioria dos juízes. Quando se fala em mercado relevante, alguns pensam que é um mercado que tem importância, não é bem assim. Mercado relevante é a porção do mercado em que se dá a concorrência. Para complicar, tem a dimensão material e a dimensão geográfica. Um exemplo de dimensão material: manteiga x margarina. Tem gente que acha que um concorre com o outro, alguns entendem que são mercados totalmente diferentes. No mercado de automóveis, há o carro de luxo, o carro popular, que compõe mercados distintos. Os juízes são pessoas inteligentes, mas não estão preparados para fazer essa análise. A tendência é nomear um perito para fazer a análise e dizer qual é o mercado relevante. Nós especialistas, fazemos isso de maneira intuitiva.

Ademais, o principal motivo pelo qual não podemos aderir ao posicionamento de Calixto Salomão Filho[70] diz respeito às situações em que a prática da venda casada não gera qualquer efeito ao livre mercado. Nessa hipótese, o CADE não teria interesse e legitimidade para agir, de forma que, se a capitulação da venda casada fosse extirpada do CDC, o consumidor ficaria desamparado.

Uma vez afastada a possibilidade de supressão da capitulação da venda casada do CDC, pergunta-se, *a contrario sensu*, se, tendo em vista que a venda casada propicia a exploração das falhas informacionais e motivacionais do consumidor pelo agente que pratica a venda casada, a mesma não deveria ser endereçada apenas sob a ótica da legislação consumerista, conforme levantado pela doutrina norte-americana?[71].

Acredita-se que não, uma vez que a prática da venda casada pode vir, sim, a prejudicar a livre concorrência, como nos casos em que a mesma gere o efeito de fechamento do mercado, criando barreiras de entrada a novos agentes. Se a repressão fosse realizada apenas no âmbito do consumidor, questões como essas ficariam de fora, sem falar que condutas prejudiciais ao longo termo ao consumidor seriam aprovadas, já que disfarçadas em algum benefício imediato como descontos[72].

---

70. SALOMÃO FILHO, Calixto. *Direito Concorrencial*: As Condutas. São Paulo: Malheiros, 2003.
71. SULLIVAN, Lawrence A.; GRIMES, Warren S. *The Law of Antitrust*: An Integrated Handbook. St. Paul: West Group, 2000.
72. Muito embora uma conduta possa ser benéfica ao consumidor num primeiro momento, como a imposição de descontos ao consumidor pela venda casada, a mesma poderá ser prejudicial ao consumidor ao longo prazo, tendo em vista que o agente busca fechar o mercado, aumentando as barreiras do mesmo, de maneira que poderá, num segundo momento, implementar condutas e preços monopolistas, extremamente prejudiciais ao consumidor, os quais são os grandes causadores das falhas internas, que buscam a ser reprimidas pelo Direito do Consumidor.

Assim, percebe-se que uma repressão bifurcada, mas não incomunicável, e em diferentes proporções, isto é, uma em visão macro e a outra em micro, se faz necessária. Embora movidas por uma *ratio* comum, cada esfera encarará os interesses do consumidor de uma forma, sendo que para o CADE, segundo José Reinaldo de Lima Lopes[73], os mesmos são tidos como um subproduto de um mercado competitivo e eficiente.

Ainda, para que a repressão se torne mais eficaz e gere mais benefícios aos consumidores, Arthur Badin[74] aduz que seria interessante aproveitarmo-nos do desenvolvimento da doutrina antitruste sobre venda casada para inferir uma melhor exegese do artigo 39, inciso I, do CDC.

Verificado, portanto, que inexistiria plausibilidade de se concentrar a repressão da prática de venda casada em apenas um microssistema, já que em ambas hipóteses o consumidor seria prejudicado, ainda quando a tutela residisse apenas no CDC, evidencia-se, mais uma vez, a necessidade de interação entre as duas esferas. Nesse passo, indagamos se essa dupla capitulação caracterizar-se-ia ou não como um *bis in idem*.

Seguimos aqui a orientação de Roberto Castelhanos Pfeiffer[75], que aduz que a venda casada pode ser apurada de forma paralela pelos órgãos de proteção ao consumidor e pelas autoridades de defesa da concorrência, não havendo que se falar em *bis in idem*, uma vez que efeitos distintos são derivados de uma mesma conduta. No mesmo sentido, é o entendimento de Arthur Badin[76] que coloca que os "dois microssistemas devem coexistir, pois ensejam controles e sanções distintos, porém não excludentes", nada impedindo que a prática seja sancionada como infração à ordem econômica pelo CADE e como prática abusiva pelo PROCON, ou pelos órgãos judiciais.

Para melhor redirecionar essa dupla repressão, Roberto Castellanos Pfeiffer[77] propõe a hipótese de troca de uma linha de investigação por outra. Seria o caso em que o CADE, ao investigar uma denúncia de venda casada, concluía que a conduta é incapaz de produzir efeitos sobre a concorrência, mas, como

---

73. LOPES, José Reinaldo de Lima. Direito da Concorrência e Direito do Consumidor. *Revista de Direito do Consumidor*, São Paulo, SP, v. 34, 2001, p. 79-97.
74. BADIN, Arthur. Venda Casada: Interface entre a Defesa da Concorrência e do Consumidor. *Revista de Direito da Concorrência*, Brasília: Iob/CADE, n. 5, jan./mar. 2005, p. 49-86.
75. PFEIFFER, Roberto Augusto Castelhanos. Proteção do Consumidor e Defesa da Concorrência: Paralelo entre Práticas Abusivas e Infrações contra a Ordem Econômica. *Revista de Direito do Consumidor*. ano 19, n. 76, out./dez. 2010, p. 131-151.
76. BADIN, Arthur. Venda Casada: Interface entre a Defesa da Concorrência e do Consumidor. *Revista de Direito da Concorrência*, Brasília: Iob; CADE, n. 5, jan./mar. 2005, p. 49-86.
77. PFEIFFER, Roberto Augusto Castelhanos. *Defesa da Concorrência e Bem-Estar do Consumidor*. 2010. Tese (Doutorado em Direito) – Faculdade de Direito, Universidade de São Paulo, São Paulo, 2010.

os elementos coligidos podem ser úteis para enquadramento da conduta como prática abusiva (CDC), no lugar de arquivar o processo, remeta a cópia dos autos às autoridades de proteção ao consumidor.

Destarte, cabível analisar como o Direito Antitruste pode vir a complementar a proteção estampada no CDC, tendo como norte o diálogo sistemático de complementariedade e subsidiariedade. Arthur Badin[78] fala que seria interessante aproveitarmo-nos do desenvolvimento da doutrina antitruste sobre a venda casada para inferir uma melhor exegese do artigo 39, inciso I, do CDC.

A teleologia da norma estampada no inciso I do artigo 39 do CDC é sem dúvida a proteção à livre escolha do consumidor, não podendo esse ser obrigado a contratar e adquirir algo que não lhe seja conveniente ou que lhe seja mais custoso. Segundo Arthur Badin[79], "como se vê, a teleologia da norma é evitar a coerção sobre o consumidor, preservando sua soberania de escolha".

Dessa forma, para que se possa haver a prática da venda casada sob o enfoque do CDC, a coerção ao consumidor deve ser considerada. Arthur Badin[80], por isso, postula que o reconhecimento da venda casada como prática abusiva *per se* pela defesa do consumidor, independentemente de uma análise da estrutura do mercado, além de criar um verdadeiro conflito entre as duas normas, pode levar ao absurdo de sancionar práticas ou informar políticas públicas que sejam mais benéficas para o próprio consumidor, o que, sob a ótica pragmática, constituiria um contrassenso.

Nessa linha, o Ministro Luiz Fux no julgamento do Recurso Especial 744.602[81], caso dos Cinemas, quando em atuação no STJ, destacou a necessidade de superioridade econômica ou técnica do fornecedor para a configuração da prática de venda casada:

> A denominada 'venda casada', sob esse enfoque, tem como *ratio essendi* da vedação a proibição imposta ao fornecedor de, utilizando de sua superioridade econômica ou técnica, opor-se à liberdade de escolha do consumidor entre os produtos e serviços de qualidade satisfatório e preços competitivos[82].

---

78. BADIN, Arthur. Venda Casada: Interface entre a Defesa da Concorrência e do Consumidor. *Revista de Direito da Concorrência*, Brasília: Iob; CADE, n. 5, jan./mar. 2005, p. 49-86.
79. BADIN, Arthur. Venda Casada: Interface entre a Defesa da Concorrência e do Consumidor. *Revista de Direito da Concorrência*, Brasília: Iob; CADE, n. 5, jan./mar. 2005, p. 49-86.
80. BADIN, Arthur. Venda Casada: Interface entre a Defesa da Concorrência e do Consumidor. *Revista de Direito da Concorrência*, Brasília: Iob; CADE, n. 5, jan./mar. 2005, p. 49-86.
81. BRASIL. Superior Tribunal de Justiça. Recurso Especial 744.602. Relator: Ministro Luiz Fux, julgado em 23 mar. 2003.
82. BRASIL. Superior Tribunal de Justiça. Recurso Especial 744.602. Relator: Ministro Luiz Fux, julgado em 23 mar. 2003.

Ainda com base nos estudos de Arthur Badin[83], considerando que a venda casada pode ser um importante instrumento de mitigação de custos – e, assim, de fornecimento a mais consumidores a menores preços – a condenação da prática sem considerar eventuais eficiências geradas levaria ao absurdo de prejudicar o interesse difuso de todos os potenciais consumidores, em favor de um consumidor marginal.

Portanto, a ilicitude da venda casada deverá ser analisada por meio de um *case by case approach*, sob a luz da Regra da Razão[84]. Se assim não fosse, não haveria nem que se falar em oferta combinada, já que essa prática, ainda que gerasse benefícios ao consumidor, seria condenada.

Identifica-se na jurisprudência do STJ precedente que faz uma análise acerca das condições em que foi praticada a venda casada, não condenando a prática de uma maneira *per se*. O mencionado precedente é o Recurso Especial 1.097.582 julgado em abril de 2013 pelo Ministro Relator Marco Buzzi[85], da 4ª Turma.

A controvérsia que foi submetida à apreciação do STJ cingia-se em aferir a "caracterização ou não de abusividade em cláusula contratual de prestação de serviços de telefonia móvel, com previsão de duração por prazo mínimo ("fidelização" de 12 meses), cujo descumprimento enseja a imposição de multa; bem como se a mencionada estipulação caracteriza "venda casada", tendo em vista a existência paralela de ajuste de comodato de 09 (nove) aparelhos celulares, com prazo de carência de 24 (vinte e quatro) meses, cuja rescisão antecipada implicaria na incidência de sanção idêntica"[86].

Primeiramente fazendo uma análise acerca dos possíveis benefícios gerados ao consumidor, o relator observou:

> Não obstante, consoante acima exposto, a previsão de um prazo de permanência contratual mínima, inserto em cada um dos mencionados ajustes, não encerra em si qualquer abusividade, *desde que tenha como razão de ser a concessão de benefícios ao consumidor como contrapartida*. Desse modo, no caso do contrato de prestação de serviços de telefonia móvel, a vinculação do consumidor a um prazo mínimo é legítima sempre que este obtiver, durante

---

83. BADIN, Arthur. Venda Casada: Interface entre a Defesa da Concorrência e do Consumidor. *Revista de Direito da Concorrência*, Brasília: IOB/CADE, n. 5, jan./mar. 2005, p. 49-86.
84. A Regra da Razão nascida na jurisprudência norte-americana, quando aplicada, possibilita que não haja a composição do suporte fático necessário à incidência da norma que determinaria a ilicitude do ato. Essa aplicação está condicionada à comprovação de que a prática proporcionou efeitos competitivos e extracompetitivos positivos ao mercado e à sociedade, sendo a concorrência lesada apenas de forma razoável.
85. BRASIL. Superior Tribunal de Justiça. Recurso Especial 1.097.582. Relator: Ministro Marco Buzzi, julgado em 8 abr. 2013.
86. BRASIL. Superior Tribunal de Justiça. Recurso Especial 1.097.582. Relator: Ministro Marco Buzzi, julgado em 8 abr. 2013.

a vigência desse período, *vantagem pecuniária decorrente da cobrança de valores reduzidos (em comparação ao consumidor que contrata os mesmos serviços, sem, entretanto, vincular-se à cláusula de fidelidade)* (grifo nosso)[87].

Já no que tange ao comodato dos aparelhos celulares habilitados para uso naquelas mesmas linhas telefônicas, igualmente, o prazo de carência *reverte-se em benefício ao consumidor*, na medida em que permite, por parte deste, adquirir determinado terminal móvel por *preço substancialmente inferiores aos de mercado*, subsidiado, portanto, pela empresa de telefonia. (Grifo nosso.)[88]

Destarte, infere-se que o relator fez uma análise do caso para ver se a prática comercial era benéfica ou não ao consumidor. Não se tratou, portanto, de uma configuração *per se* da suposta venda casada.

Defende-se, pois, um espaço de diálogo na análise consumerista administrativa e civil (perante o judiciário) com a doutrina e a experiência antitruste. Dessa forma, acredita-se que os aplicadores das normas do CDC terão um maior respaldo para adotar a interpretação e a decisão que estimulam condutas mais benéficas ao consumidor, não só de uma maneira imediata, mas também em longo prazo.

Longe de querer reduzir a defesa do consumidor à doutrina antitruste, essa obra pretende apenas ressaltar que a importação de algumas técnicas desta por aquela, podem trazer benefícios àquela. Ronaldo Porto Macedo Junior[89] atenta para o prejudicial fato das resistências mais conservadoras dos consumeristas.

Parecendo até uma "brincadeira de mau gosto", há casos em que políticas consumeristas ruins podem prejudicar o seu objeto de tutela, qual seja, os consumidores. Um exemplo é a grande regulação da publicidade[90].

Como levanta o OFT[91] (Autoridade da Concorrência e do Consumidor do Reino Unido), as políticas do consumidor, ao contrário do que vêm fazendo, deveriam facilitar a publicidade, tendo em vista que essa pode ser utilizada como um valioso canal pelo qual os consumidores irão obter informações sobre os preços e os atributos dos produtos em um mercado.

Desta feita, o OFT[92] destaca que no passado recente, ironicamente, as políticas consumeristas frequentemente agiam com vistas a restringir a publicidade.

---

87. BRASIL. Superior Tribunal de Justiça. Recurso Especial 1.097.582. Relator: Ministro Marco Buzzi, julgado em 8 abr. 2013.
88. BRASIL. Superior Tribunal de Justiça. Recurso Especial 1.097.582. Relator: Ministro Marco Buzzi, julgado em 8 abr. 2013.
89. MACEDO JUNIOR, Ronaldo Porto. Íntegra Entrevista Pensando o Direito. Secretaria De Assuntos Legislativos Do Ministério Da Justiça. *Agências Reguladoras e a Tutela do Consumidor*. SAL: Brasília, 2010.
90. Office of Fair Trade. *Interactions Between Competition and Consumer Policy*. Londres: OFT, 2008, p. 55.
91. Office of Fair Trade. *Interactions Between Competition and Consumer Policy*. Londres: OFT, 2008, p. 55.
92. Office of Fair Trade. *Interactions Between Competition and Consumer Policy*. Londres: OFT, 2008, p. 55.

A fim de respaldar tal afirmação, citamos as palavras de Robert Pitofsy[93], em seu estudo sobre a proteção dos consumidores e a regulação da publicidade, especialmente no que tange à década de 60 e ao papel desempenhado pela Federal Trade Comission – FTC (autoridade norte-americana):

> many enforcement actions against advertisers grew directly out of competitor complaints and appear to have been primarily intended to protect sellers against competition from cheaper substitutes[94].

Ainda, nessa temática, o OFT[95] destaca que a proibição à publicidade comparativa[96], a qual é frequentemente justificada com base na prevenção à prática de publicidades enganosas, revela que tal regulação pode ser prejudicial à livre concorrência, impedindo que os benefícios desse jogo sejam remetidos aos consumidores. Além disso, quando há uma política eficaz consumerista, que consiga impedir a publicidade enganosa e abusiva, não haveria necessidade de controlar ou proibir a publicidade comparativa.

São inúmeros os exemplos em que a restrição à publicidade comparativa[97] acabou, em última análise, prejudicando os consumidores. Ou seja, mais se privilegia um concorrente em específico do que o consumidor propriamente dito.

Citamos aqui o exemplo de Roberto H. Lande e Neil Averitt[98], sobre o mercado de coletes à prova de bala. A associação de coletes à prova de bala editou uma regra que restringia a publicidade comparativa, declarando que seria antiética a conduta de qualquer dos membros em sustentar que os coletes de outro associado tivessem falhado no teste de certificação, ainda que isso fosse verdadeiro. Assim, a FTC, tendo em vista os danos à concorrência, especialmente no que diz respeito à qualidade, celebrou um acordo para a cessação dessa prática anticoncorrencial[99].

---

93. Pitofsky, Robert. Beyond Nader: Consumer Protection and the Regulation of Advertising. *Harvard Law Review*. v. 90, n. 4, p. 674, 1977.
94. Tradução livre: "muitas ações contra determinadas publicidades foram promovidas diretamente por concorrentes, parecendo que essas tiveram primariamente a intenção de proteger os fornecedores contra a competição de substitutos mais baratos".
95. Office of Fair Trade. *Interactions Between Competition and Consumer Policy*. Londres: OFT, 2008, p. 56.
96. Cumpre esclarecer que ainda que se possa sustentar que a propaganda comparativa esteja mais relacionada com a concorrência desleal e a Lei de Propriedade Intelectual, não podemos esquecer que a repressão aos atos de concorrência desleal também visam a proteger os consumidores.
97. Sobre a publicidade comparativa, ver: DURIGAN, Paulo. *Publicidade comparativa*: informação persuasiva e concorrência. 268 f. Dissertação (Mestrado em Direito). Faculdades Integradas Curitiba. Curitiba, 2007.
98. Lande, Robert H. AVERITT, Neil W. A Escolha do consumidor: uma Razão Prática para o Direito Antitruste e o Direito de Defesa do Consumidor. *Revista de Direito do* Consumidor. São Paulo: RT, 45, p. 42, jan./mar. 2003.
99. Apontamos outros exemplos bastante relevantes sobre o tema, que reforçam a ideia de que, quando não são enganosas ou abusivas, as publicidades podem ser extremamente benéficas aos consumidores.

No Brasil, temos um relevante julgado do Superior Tribunal de Justiça (STJ) que trouxe uma importante perspectiva sobre a questão. Trata-se do REsp 1377911/SP (Caso Activia v. Nesvita)[100], cuja questão principal versa sobre a propaganda comparativa e sua possível ilicitude frente ao ordenamento jurídico brasileiro, especialmente em relação às normas de propriedade industrial, defesa do consumidor e concorrência.

Sobre os fatos do caso, em 2007, a Nesvita lançou uma publicidade televisiva para divulgar seu produto de bebida láctea, utilizando uma comparação com o produto concorrente da marca Activia. Em decorrência dessa publicidade, a Danone, titular da marca Activia, recorreu ao poder judiciário, alegando violação ao seu direito de marca, o que foi reconhecido em primeira instância. Entretanto, ao julgar a Apelação[101], o Tribunal de Justiça de São Paulo (TJSP) reformou a decisão, considerando lícita a comparação publicitária.

Diante dessa decisão, a Danone (Activia) recorreu ao Superior Tribunal de Justiça, alegando que o objetivo da recorrida (Nesvita) era desviar a clientela, aproveitando-se da já renomada marca Activia. O Ministro Relator Luis Felipe Salomão rejeitou os argumentos da Danone, destacando que a propaganda comparativa só é ilegal quando induz o consumidor em erro ou gera confusão entre as marcas. Na ausência desses elementos, considerar a propaganda ilegal seria um obstáculo à livre iniciativa e à livre concorrência (arts. 1º, IV, e 170, caput e IV, da Constituição da República), configurando uma restrição desproporcional à atividade econômica e publicitária e limitando o acesso a informações mais amplas pelos consumidores[102].

Pode-se, ademais, citar outras políticas públicas pró-consumidor que, paradoxalmente, acabam induzindo a realização de uma prática abusiva e também

---

No caso *Bates v. State Bar of Arizona*, a Suprema Corte dos Estados Unidos confirmou o direito constitucional dos advogados de promoverem seus serviços. Esta decisão surgiu em resposta à excessiva regulamentação imposta pelos State Bars e pelas legislações estaduais à publicidade dos serviços jurídicos. Embora essas restrições tenham como objetivo a proteção dos consumidores, na prática, elas acabam prejudicando-os. ESTADOS UNIDOS DA AMÉRICA. Suprema Corte. Partes: John R. Bates and Van O'Steen v. State Bar of Arizona. Juiz Presidente: Warren E. Burger, julgado em 1977.

Outro exemplo prejudicial aos consumidores mencionado pela OFT é a política implementada pela U.S. Food and Drug Administration, que essencialmente proibiu as empresas de fazer alegações sobre os benefícios à saúde de seus produtos alimentícios. Office of Fair Trade. *Interactions Between Competition and Consumer Policy*. Londres: OFT, 2008, p. 55.

100. BRASIL. Superior Tribunal de Justiça. REsp 1377911/SP. Relator Ministro Luis Felipe Salomão. Quarta Turma. Julgado em out. 2014.
101. SÃO PAULO. Tribunal de Justiça de São Paulo. Apelação 9103501-36.2008.8.26.0000. Relator Desembargador Rui Cascaldi. Primeira Câmara de Direito Privado. Julgado em ago. 2011.
102. BRASIL. Superior Tribunal de Justiça. REsp 1377911/SP. Relator Ministro Luis Felipe Salomão. Quarta Turma. Julgado em outubro de 2014.

anticoncorrencial, diminuindo o poder de escolha dos consumidores. A OFT[103] cita as seguintes situações: a primeira seria uma política consumerista simplista que exige que todas as empresas de transporte aéreo sirvam refeição completa.

Essa política acabaria impondo a prática de venda casada, ignorando a possibilidade de escolha daqueles consumidores que não desejem consumir qualquer tipo de refeição e, sob o viés da concorrência, criaria barreiras à entrada de empresas "*no frills*". Já a segunda, refere-se à atuação da Comissão Europeia que, em 2005, impôs às empresas aéreas a obrigação de compensar os consumidores por voos cancelados, independentemente de sua causa, ocasionando, igualmente como na primeira situação, uma venda casada, isto é, de transporte aéreo e de seguro de viagem[104].

Percebe-se, assim, a grande responsabilidade do aplicador das normas consumeristas diante da prática de venda casada. Esse deverá realizar um juízo de ponderação[105] das circunstâncias em que se deu a prática, como as estruturas de mercado, bem como os efeitos gerados aos consumidores e os que se poderia gerar no futuro.

Uma vez visto o subsídio dado pelo Direito Antitruste à repressão à venda casada entabulada no CDC, cabível utilizar o Diálogo das Fontes para verificar como o Direito do Consumidor deve guiar a tutela da concorrência. Essa possibilidade, como informa Heloisa Carpena[106], decorre da tendência expansionista do CDC, que legitima a sua aplicação a outras matérias.

Conforme já salientado, a prática de venda casada pode ter o potencial de beneficiar os consumidores, permitindo que as empresas reduzam os seus custos, facilitando as compras dos consumidores e melhor atendendo a demanda. E, quando uma empresa diminui seus preços, o natural de se esperar é que os agentes respondam a essa redução, garantindo um mercado ainda mais competitivo.

A questão que emerge dessa constatação, de maneira similar àquelas atreladas ao controle dos atos de concentração, diz respeito ao modo pelo qual o interesse do consumidor deverá ser levado em consideração e, de uma forma mais sensível ainda, qual é o conceito de consumidor que o CADE deve adotar.

---

103. Office of Fair Trade. *Interactions Between Competition and Consumer Policy*. Londres: OFT, 2008, p. 56.
104. Office of Fair Trade. *Interactions Between Competition and Consumer Policy*. Londres: OFT, 2008, p. 56.
105. Registra-se que o juízo de ponderação deve ser conduzido de maneira mais aberta às exigências do princípio democrático e mais alinhado com as funções que justificam a existência dos direitos fundamentais. BRANCO, Paulo Gustavo Gonet. *Juízo de ponderação na jurisdição constitucional*. Rio de Janeiro: Grupo GEN, 2012.
106. CARPENA, Heloisa. *Consumidor no Direito da Concorrência*. Rio de Janeiro: Renovar, 2005.

Não restam dúvidas que o CADE deverá utilizar o conceito desenvolvido, não sem grandes controvérsias, pela doutrina consumerista, realizando um verdadeiro diálogo sistemático de complementariedade. Incabível admitir-se que dentro de um mesmo sistema jurídico – que deve ser uno – sejam atribuídos conceitos distintos ao "sujeito consumidor", sob pena de criarmos, segundo Gustavo Tepedino[107], verdadeiros guetos legislativos.

Sobre o interesse do consumidor a ser considerado, esse não pode ser evidenciado apenas em um caráter imediato, nem sequer pode ser baseado apenas na questão do preço, o que traz à tona o novo paradigma antitruste. Esse, conforme já apresentado anteriormente, teria como objetivo garantir o direito de escolha ao consumidor, estimulando, ademais, ainda a inovação do mercado, uma vez que é pacífico que o consumidor não deseja apenas preços baixos, mas também novos produtos, novas tecnologias.

Deve ser observado, igualmente, como ressalta Bruno Miragem[108], que algumas condutas parecem imediatamente vantajosas aos consumidores, mas, cujos efeitos, a médio e a longo prazo são claramente lesivos aos interesses dos mesmos. Dessarte, na análise antitruste da conduta, deverá haver um respeito ao equilíbrio entre os interesses atuais e futuros, individuais e coletivos dos consumidores.

A aprovação de uma prática sem a devida consideração dessas circunstâncias compromete o interesse público da concorrência, que é indisponível e deve ser preservado pelo CADE[109]. Por fim, fica o registro de Cristiano Heineck Shmitt[110], de que a dignidade da pessoa humana é pauta inafastável na conformação da ordem econômica.

---

107. TEPEDINO, Gustavo. As Relações de Consumo e a Nova Teoria Contratual. In: TEPEDINO, Gustavo (Coord.). *Temas de direito civil*. 2. ed. Rio de Janeiro: Renovar, 2001, p. 199-216.
108. MIRAGEM, Bruno. *Curso de Direito do Consumidor*. 3. ed. São Paulo: RT, 2012, p. 84.
109. SALGADO, Lucia Helena; MORAIS, Rafael Pinho Senra. *Pesadelo para o Consumidor*. Disponível em: http://oglobo.globo.com/opiniao/pesadelo-para-consumidor-2871268. Acesso em: 17 jul. 2012.
110. SCHMITT, Cristiano Heineck. A Proteção do Interesse do Consumidor por Meio da Garantia à Liberdade de Concorrência. *Revista dos Tribunais Doutrina civil* – Primeira Seção, n. 98, fev. 2009, p. 10-31.

5
MERCADO DIGITAL

5.1 A REVOLUÇÃO PÓS-INDUSTRIAL E A SOCIEDADE DA INFORMAÇÃO

Relata-se a ocorrência de uma revolução pós-industrial, cujas características principais são o aumento da riqueza de maneira autônoma ao aumento da produção industrial e a superação do número de empregos na indústria pelo número de emprego nos serviços[1].

Diz-se que as mudanças em curso são tão importantes quanto àquelas vivenciadas na Revolução Industrial, quando houve a transição para os negócios industriais[2]. Mas, o que realmente diferencia essas revoluções é o fator eletrônico e a informatização.

Destarte, o ponto fulcral do que vivenciamos hoje não é simplesmente o modo de produzir, mas também o modo de comercializar, de consumir e de se comunicar. Além disso, não se pode esquecer da internacionalização vivenciada que só ocorreu quando a riqueza se desmaterializou. Se o mercado é a mão invisível que rege a vida econômica, a riqueza desmaterializada — em paralelo — representa sua expressão sublime[3].

Essa revolução tem como fato gerador a tecnologia e a extraordinária expansão das redes de telecomunicações, nomeadamente da Internet, como veículo de transmissão e intercâmbio de todo o tipo de informação[4]. Como abordou o Informe de Bangemann[5], o cerne da revolução é a informação, a qual é, em si mesma, a expressão do conhecimento humano"[6].

---

1. GALGANO, Francesco. *La Globalización en El Espejo del Derecho*. Santa Fé: Rubinzal-Culzoni, 2005, p. 13.
2. ALSTYNE, Marshall Van. *A Platform Strategy*: Creating New Forms of Value in the Digital Age. Capgemini Consulting, 2016.
3. GALGANO, Francesco. *La Globalización en El Espejo del Derecho*. Santa Fé: Rubinzal-Culzoni, 2005, p. 23.
4. PASTOR SEMPERE, Maria del Carmen. *Dinero Electrónico*. Madrid: Nueva Imprenta, 2003, p. 22.
5. O Informe de Bangemann é um documento elaborado a pedido do Conselho Europeu por um grupo de personalidades sobre infraestrutura no âmbito da informação. Nesse informe, expressa-se a ocorrência de uma revolução de caráter mundial, gerada pelas tecnologias da informação e da comunicação,

O valor econômico da informação, destaca-se, foi desenvolvido primeiramente no Plano para a Sociedade da Informação elaborado pelo *Japan Computer Usage Development Institute* (JACUDI), momento em que o termo "Sociedade da Informação" foi introduzido[7].

Nessa economia, os modelos de negócios se pautam nas informações, de maneira que essa não é valorada pelo grau de conhecimento que provê, mas como um bem negociável no mercado. A informação é objeto da comercialização, cujo âmbito de abrangência envolve desde dados até conhecimentos, música e literatura.

Com efeito, a descentralização da informação é uma consequência dessa nova era, sendo uma importante janela de oportunidade para os cidadãos, as empresas, a administração pública etc. Essa consequência, associada às demais características acima expostas, alcançam, de uma forma mais ou menos direta, praticamente todas as esferas de desenvolvimento das pessoas[8], o que suscita a necessidade de repensar importantes aspectos relativos à organização social, à democracia, à tecnologia, à privacidade e à liberdade[9].

Além de alcançar todas as esferas, não há como negar que as novas tecnologias da comunicação e da informação tomaram espaço central da nossa vida cotidiana. Há uma onipresença ou ubiquidade dos meios informáticos (*ubiquitous computing*), especialmente por causa dos *smartphones*, da web semântica e do *cloud computing*[10].

Como mencionado, a Internet é uma das grandes responsáveis por esse novo panorama. Manuel Castells[11] afirma que a criação e o desenvolvimento da Internet representam uma aventura humana extraordinária, provando como a cooperação e a liberdade de informação podem gerar inovação.

Pois bem, as origens da Internet podem ser encontradas na ARPANET, uma rede de computadores montada pela Advanced Research Project Agency

---

    definida como "uma nova revolução industrial tão importante e profunda como suas antecessoras. É uma revolução baseada na informação, a qual é, em si mesma a expressão do conhecimento humano". COMISSÃO EUROPEIA. *Bangemann Report*: Europe and the Global Information Society. Disponível em: http://cordis.europa.eu/ne ws/rcn/2730_en.html. Acesso em: 12 abr. 2017.

6. COMISSÃO EUROPEIA. *Bangemann Report*: Europe and the Global Information Society. Disponível em: http://cordis.europa.eu/ne ws/rcn/2730_en.html. Acesso em: 12 abr. 2017.
7. Menéndez MATO, Juan Carlos. *El Contrato Via Internet*. Barcelona: Bosch, 2005, p. 102.
8. Menéndez MATO, Juan Carlos. *El Contrato Via Internet*. Barcelona: Bosch, 2005, p. 29.
9. LORENZETTI, Ricardo. *Comercio Electrónico*. Buenos Aires: Abeledo-Perrot. 2001, p. 9.
10. MENDES, Laura Schertel Ferreira; DONEDA, Danilo. Marco Jurídico para a cidadania digital: uma análise do Projeto de Lei 5.276/2016. *Revista de Direito Civil Contemporâneo*, v. 9, p. 37, 2016.
11. CASTELLS, Manuel. *A Galáxia Internet*: reflexões sobre a Internet, negócios e a sociedade. Rio de Janeiro: Jorge Zahar Editor Ltda., 2003, p. 13.

(ARPA)[12] em setembro de 1969[13], que surgiu como uma proposta de projeto de interconexão entre *hosts* por meio da troca de pacotes[14]. O passo seguinte desse projeto foi conectar a ARPANET com outras redes de computadores, o que resultou na introdução do conceito da rede de redes[15].

Na década de 80, a ARPANET transforma-se na ARPA-INTERNET, dissociando-se do contexto militar[16]. A partir disso, e já na década de 90, com a tecnologia de redes de computadores no domínio público e as telecomunicações plenamente desreguladas, houve a privatização da Internet, o que permitiu o rápido crescimento dessa como uma rede global de redes de computadores[17].

Percebe-se, pois, que a Internet não foi desenhada inicialmente para transações comerciais ou para o comércio eletrônico. Os objetivos primordiais da Internet eram facilitar a circulação de informação científica e simplificar a interconexão de redes e equipamentos diversos, deixando de lado a segurança, num primeiro momento[18].

A Internet, assim, pode ser definida como uma rede de computadores na qual existem dezenas de redes conectadas, desde redes locais que dão serviço a uma organização conectando seus computadores situados em um ou vários edifícios, passando para a agrupação dessas em redes maiores, de alcance regional ou nacional, e chegando por interconexão dessas últimas às grandes redes que interconectam todo o mundo.

Destaca-se que a Internet não é apenas um meio de comunicação. Sendo fruto da combinação da tecnologia da informática com a das telecomunicações, ela é uma plataforma na qual se pode realizar uma infinidade de aplicações, permitindo a integração de várias tecnologias conjugadas, como rádio, TV, vídeo (streaming), DVD e telefonia móvel[19].

Sob o viés técnico, a Internet "representa o ápice de processo de interação e cooperação de vários sistemas tecnológicos, oriundos de distintas áreas do co-

---

12. A ARPA era uma agência criada em 1958 pelo Departamento de Defesa dos Estados Unidos da América com a missão de mobilizar recursos de pesquisa, particularmente do mundo universitário, com o objetivo de alcançar superioridade tecnológica militar. CASTELLS, Manuel. *A Galáxia Internet*: reflexões sobre a Internet, negócios e a sociedade. Rio de Janeiro: Jorge Zahar Editor Ltda., 2003, p. 13.
13. CASTELLS, Manuel. *A Galáxia Internet*: reflexões sobre a Internet, negócios e a sociedade. Rio de Janeiro: Jorge Zahar Editor Ltda., 2003, p. 12.
14. OPPLIGER, Rolf. *Internet and Intranet Security*. Boston: Artech House, 2002, p. 12.
15. CASTELLS, Manuel. *A Galáxia Internet*: reflexões sobre a Internet, negócios e a sociedade. Rio de Janeiro: Jorge Zahar Editor Ltda., 2003, p. 14.
16. Menéndez MATO, Juan Carlos. *El Contrato Via Internet*. Barcelona: Bosch, 2005, p. 33.
17. CASTELLS, Manuel. *A Galáxia Internet*: reflexões sobre a Internet, negócios e a sociedade. Rio de Janeiro: Jorge Zahar Editor Ltda., 2003, p. 15.
18. PASTOR SEMPERE, Maria del Carmen. *Dinero Electrónico*. Madrid: Nueva Imprenta, 2003, p. 23.
19. Menéndez MATO, Juan Carlos. *El Contrato Via Internet*. Barcelona: Bosch, 2005, p. 32-33.

nhecimento". Para facilitar a experiência do usuário, a informação circula entre as três camadas da internet, quais sejam, a física, que é a infraestrutura; a lógica, que representa os padrões e programas que traduzem informações; e a de conteúdo, que são as informações dotadas de significado para as pessoas[20].

Ressalte-se que o sistema da Internet não é um serviço de telecomunicações, que nos termos da Lei Geral de Telecomunicações – LGT (Lei 9.472, de 16 de julho de 1997), artigo 60, §§ 1º e 2º, é o conjunto de equipamentos ou aparelhos, dispositivos e demais meios necessários à realização de telecomunicação; mas sim um serviço de valor adicionado, o qual acrescenta novas utilidades a um serviço de telecomunicações, que, por sua vez, dá suporte ao de valor adicionado[21]. Nos termos do artigo 61, *caput*, da LGT, essas novas utilidades podem ser concernentes ao acesso, ao armazenamento, à apresentação, à movimentação ou à recuperação de informações.

Uma peculiaridade da realidade digital é a dinamicidade do mercado, de modo que o ciclo de novidades para desenvolvimentos tecnológicos pode ser medido não em dias, mas em minutos ou mesmo segundos[22]. Tudo muda muito rápido no mercado digital e especialmente na Internet. Um exemplo a ser citado é a drástica mudança com que as informações jornalísticas circulam pelo mundo, reduzindo a importância do conteúdo jornalístico sob bases diárias, que migrou também, em muitos mercados, para conteúdos digitais atualizados em sites ou blogs em tempo real.

Quando os mais importantes livros sobre direito informático estavam recém sendo lançados, quem dominava a Internet era a American Online (AOL), a qual hoje não representa qualquer ameaça[23]. Na era digital do século XXI, a inovação é capaz de transformar da noite para o dia um enorme gorila ameaçador em pequeno filho chimpanzé[24].

Certo é que os serviços online possuem um grande peso na economia digital. E peculiarmente a maioria desses serviços é aparentemente gratuito. Na realidade, todavia, o pagamento se dá mediante o fornecimento de informações pessoais dos consumidores[25].

---

20. LUCERO, Everton. *Governança de Internet*: Aspectos da Formação de um Regime Global e Oportunidades para a Ação Diplomática. Brasília: Fundação Alexandre Gusmão, 2011, p 39.
21. Ver: SUNDFELD, Carlos Ari; ROSILHO, André. A Governança Não Estatal da Internet e o Direito Brasileiro. *Revista de Direito Administrativo*. Rio de Janeiro, v. 270, p. 43, set./dez. 2015.
22. THIERER, Adam. The Case for Internet Optimism, Part 2: Saving the Net from its Supporters. In: SZOKA, Berin; MARCUS, Adam. *The Next Digital Decade*: Essays on the Future of the Internet. Washington DC: TechFreedom, 2010, p. 149.
23. THIERER, Adam. The Case for Internet Optimism, Part 2: Saving the Net from its Supporters. In: SZOKA, Berin; MARCUS, Adam. *The Next Digital Decade*: Essays on the Future of the Internet. Washington DC: TechFreedom, 2010, p. 151.
24. GREENSPAN, Alan. *A Era da Turbulência*. São Paulo: Campus, 2008, p. 480.
25. Geradin, Damien; Kuschewsky, Monika. *Competition Law and Personal Data*: Preliminary Thoughts on a Complex Issue. Disponível em: https://papers.ssrn.com/sol3/papers.cfm?abstract_id=2216088. Acesso em: 25 dez. 2017.

A propósito, o Superior Tribunal de Justiça (STJ) já decidiu que o não pagamento direto pelos serviços na Internet, como é o caso de um provedor de pesquisa, não afasta a incidência das normas do Código de Defesa do Consumidor (CDC). Com efeito, o ganho indireto do fornecedor, como é o caso do acesso a dados dos usuários, enquadra-se no conceito de remuneração[26-27].

Trata-se da monetização dos dados, que hoje é vital para uma parcela bastante representativa de novos serviços e produtos. O consumidor passa a ser a fonte do ativo necessário a esse modelo de economia, em decorrência dos dados que pode fornecer[28].

Nesse ponto, é imperioso fazer uma distinção entre os termos "dado" e "informação", que frequentemente são utilizados de maneira sobreposta e podem eventualmente acarretar uma inadequação terminológica. Apesar de ambos representarem o mesmo fato, cada um tem um peso particular[29].

O termo "dado" apresenta uma conotação mais primitiva e fragmentada, podendo ser considerado como uma potencial informação ou uma pré-informação[30], ou seja, simples fatos, figuras ou *bits* de informação. Em outras palavras, "dados" seriam os registros que podemos estabelecer com um dos atributos (nomes, endereços, medidas, valores monetários, datas etc.) de pessoas, empresas ou objetos[31].

No ordenamento brasileiro há expressa definição de dado pessoal no artigo 14 do Decreto 8.771/2016, que regulamentou o Marco Civil da Internet, o qual assim dispõe: "dado pessoal é aquele relacionado à pessoa natural identificada ou identificável, inclusive por números identificativos, dados locacionais ou identificadores eletrônicos, quando estes estiverem relacionados a uma pessoa".

Por outro lado, informação é o resultado de um procedimento que utilizou como substrato os dados, seja pelo processamento, pela interpretação, pela organização, pela estruturação ou pela apresentação, e, pois, apresenta o contexto

---

26. BRASIL. Superior Tribunal de Justiça. Recurso Especial 1.444.008. Relatora Ministra Nancy Andrighi. Julgado em 25 out. 2016.
27. Claudia Lima Marques pondera que o CDC refere-se à remuneração dos serviços e não a sua gratuidade. Assim, consolidou-se no que concerne ao mundo virtual a remuneração indireta. MARQUES, Claudia; BENJAMIN, Antonio Herman; MIRAGEM, Bruno. *Comentários ao Código de Defesa do Consumidor*. São Paulo: RT, 2016, p. 201.
28. BRASIL. Escola Nacional de Defesa do Consumidor. *A proteção de dados pessoais nas relações de consumo*: para além da informação creditícia. Brasília: SDE/DPDC, 2010, p. 10.
29. BRASIL. Escola Nacional de Defesa do Consumidor. *A proteção de dados pessoais nas relações de consumo*: para além da informação creditícia. Brasília: SDE/DPDC, 2010, p. 19.
30. BRASIL. Escola Nacional de Defesa do Consumidor. *A proteção de dados pessoais nas relações de consumo*: para além da informação creditícia. Brasília: SDE/DPDC, 2010, p. 19.
31. GOUVÊA, Sandra. *O direito na era digital*: crimes praticados por meio da informática. Rio de Janeiro: Mauad, 1997, p. 41.

dos dados. Com efeito, o dado, quando passa a ser informação, pode ser utilizado na tomada de decisões, muitas vezes por meios automatizados que possibilitam a sua rápida recuperação[32].

Diante do incremento na capacidade computacional, há que se falar em uma proteção de dados e não somente em proteção das informações (que é o resultado obtido pelo tratamento/mensuração do dado bruto). No passado, a proteção era apenas da informação e não dos dados brutos[33], o que, na realidade atual, além de insuficiente, pode tornar a própria tutela da informação totalmente inócua.

Identifica-se quatro passos da cadeia de valor dos dados pessoais, que são os seguintes: 1º) coleta e acesso dos dados; 2º) armazenamento e agregação; 3º) análise e distribuição; e 4º) uso do conjunto de dados. Por meio dessa cadeia de valor, espera-se que uma multiplicidade de indivíduos, empresários, entidades públicas e organizações sem fins lucrativos visualizem e processem esses dados, incluindo entre esses os *data brokers*, que mediam o comércio de informações pessoais entre controladores de dados e provedores de informática[34].

Nesse modelo, a maioria dos serviços online são *two-sided* (de dois lados). Com isso, no intuito de atrair usuários, os fornecedores oferecem seus serviços (de busca ou de conteúdo) de forma gratuita – *free side*. Para gerar receitas necessárias para financiar esses serviços, os fornecedores realizam atividades de publicidade online, que é o *paying side*[35].

Os dados pessoais são imprescindíveis nas duas pontas, ou seja, nos dois lados. Esses permitem que os serviços online forneçam um serviço de relevância e qualidade que atenda às expectativas dos usuários. Além disso, os dados são fundamentais para os serviços de busca, já que quando um usuário utiliza certa ferramenta de busca ele quer encontrar a resposta que mais satisfaça seus anseios: se alguém procura um serviço, ele não deseja apenas qualquer prestador, mas sim, por exemplo, aquele que esteja mais perto de sua localização[36].

---

32. GOUVÊA, Sandra. *O direito na era digital*: crimes praticados por meio da informática. Rio de Janeiro: Mauad, 1997, p. 41.
33. VERONESE, Alexandre. Os direitos de explicação e de oposição frente às decisões totalmente automatizadas: comparando o RGPD da União Europeia com a LGPD brasileira. In: TEPEDINO, Gustavo; FRAZÃO, Ana; OLIVA, Milena (Org.). *Lei Geral de Proteção de Dados Pessoais e suas repercussões no Direito Brasileiro*. São Paulo: Thomson Reuters Brasil, v. 1, p. 385-415, 2019.
34. EDPS. *Privacy and Competitiveness in the Age of Big Data*. Disponível em: https://edps.europa.eu/data-protection/our-work/publications/opinions/privacy-and-competitiveness-age-big-data_en. Acesso em: 4 fev. 2022.
35. Geradin, Damien; Kuschewsky, Monika. *Competition Law and Personal Data*: Preliminary Thoughts on a Complex Issue. Disponível em: https://papers.ssrn.com/sol3/papers.cfm?abstract_id=2216088. Acesso em: 25 dez. 2017.
36. Geradin, Damien; Kuschewsky, Monika. *Competition Law and Personal Data*: Preliminary Thoughts on a Complex Issue. Disponível em: https://papers.ssrn.com/sol3/papers.cfm?abstract_id=2216088.

Eis que os dados pessoais se tornaram, pois, espécie de moeda corrente do mercado digital atual, sendo muitas vezes o principal meio de "pagamento" utilizado pelos consumidores em troca de serviços online. Como contrapartida, fornecedores utilizam-se de uma variedade de ferramentas para coletar os dados, com foco no indivíduo e não em grupos, para se obter a maior precisão possível[37-38].

Ademais, os agentes econômicos acabam empreendendo as mais diferentes técnicas para ter acesso a esse insumo, as quais, por vezes, não estão alinhadas com a proteção de dados. Alguns exemplos recorrentes são os seguintes: atualização da política de privacidade do *WhatsApp* para compartilhamento dos dados com o grupo de empresas do *Facebook*, para fins de publicidade comportamental; novos termos do Uber, que pode coletar dados até mesmo quando seu aplicativo não está em uso; e política de privacidade do *Spotify,* em que o usuário deveria renunciar ao seu sigilo bancário[39].

Ao lado disso, as ferramentas de coleta dos dados são cada vez mais eficientes, já que esses podem ser ilimitadamente armazenados e consultados a qualquer momento, sem restrição de distância ou tempo[40]. Um exemplo disso é a interligação de sistemas e de bancos de dados.

Em combinação, há o uso de ferramentas que possibilitam o processamento de dados de uma pessoa a partir da combinação de fragmentos e de dados primitivos, gerando informações úteis e valiosas para a empresa, situação conhecida como o *Data Mining*[41]. Adverte-se que há uma situação preocupante aqui, já que esses elementos informativos podem não receber o tratamento devido, por parecerem insignificantes num primeiro momento[42].

Acesso em: 25 dez. 2017.
37. Geradin, Damien; Kuschewsky, Monika. *Competition Law and Personal Data*: Preliminary Thoughts on a Complex Issue. Disponível em: https://papers.ssrn.com/sol3/papers.cfm?abstract_id=2216088. Acesso em: 25 dez. 2017.
38. "Certo é que a desinformação do usuário-comum e a comodidade da adesão às grandes plataformas da web são fatores que desencadeiam a aglutinação de poder pela coleta indiscriminada de dados" (MARTINS, Guilherme Magalhães; FALEIROS JÚNIOR, José Luiz de Moura. O direito à portabilidade de dados pessoais e sua função na efetiva proteção às relações concorrenciais e de consumo. In: LÓSSIO, Claudio Joel Brito; NASCIMENTO, Luciano; TREMEL, Rosangela. (Org.). *Cibernética jurídica: estudos sobre direito digital*. Campina Grande: EDUEPB, 2020, v. 1, p. 219).
39. BIONI, Bruno. *Privacidade e Proteção de Dados Pessoais em 2017*. Disponível em: https://www.jota.info/colunas/agenda-da-privacidade-e-da-protecao-de-dados/privacidade-e-protecao-de-dados--pessoais-em-2017-10012017. Acesso em: 8 jan. 2018.
40. DONEDA, Danilo; MENDES, Laura Schertel Ferreira. Iniciativas Legislativas sobre Proteção de Dados Pessoais no Brasil. *Revista Uruguaya de Protección de Datos Personales*. n. 2, p. 47, ago. 2017.
41. MENDES, Laura Schertel. *Privacidade, proteção de dados e defesa do consumidor*: linhas gerais de um novo direito fundamental. São Paulo: Saraiva, 2014, p. 109.
42. DONEDA, Danilo; MENDES, Laura Schertel Ferreira. Iniciativas Legislativas sobre Proteção de Dados Pessoais no Brasil. *Revista Uruguaya de Protección de Datos Personales*. n. 2, p. 47, ago. 2017.

Ademais, o cidadão passa a ter reiteradamente os seus dados coletados e processados, nos seus mais diferentes papeis assumidos: como contribuinte, paciente, consumidor, beneficiário etc. Uma das características definidoras da vida moderna é o surgimento de tecnologias que tornam a coleta e processamento de dados extraordinariamente eficientes[43].

Ressalta-se que o processamento em larga escala de dados, se não for devidamente regulada, pode impactar diretamente a esfera privada dos cidadãos, comprometendo sua liberdade, personalidade, privacidade e capacidade de controlar suas informações. A situação se agrava com a instalação de sensores ou câmeras por entidades privadas em espaços públicos[44], muitas vezes sem o devido controle ou transparência. Esses dispositivos, aparentemente inofensivos, têm a capacidade de captar e registrar olhares, rostos ou movimentos corporais dos espectadores em resposta ao conteúdo exibido[45], revelando, por meio de inferências, questões extremamente sensíveis[46].

Com o apoio de tecnologias específicas, é possível traçar o perfil de cada indivíduo. Trata-se da técnica de *profiling*, que é o processo de inferir[47] um conjunto

---

43. LESSIG, Lawrence. *Code: Version 2.0*. New York: Basic Books, 2006.
44. Nesse contexto, emerge a relevância e importância da regulamentação municipal da temática, dentro do interesse local, para especificar limites e obrigações na adoção de sistemas que coletem e utilizem dados pessoais. Como bem destaca Danilo Doneda, "há uma vocação concreta de que a regulação de natureza municipal possa ser muito relevante para estipular limites e obrigações na utilização de sistemas que coletam dados pessoais por entes municipais, em espaços públicos, em serviços concedidos e outras situações nas quais seja necessária a garantia dos direitos do cidadão sobre seus dados. (DONEDA, Danilo. Um panorama de proteção de dados para as cidades inteligentes. *Jota*, 2018). Para exemplificar esse cenário, podemos tomar como referência a cidade de Amsterdã. Em 2021, após estabelecer um registro público abrangente de todos os sensores governamentais, a cidade implementou uma regulamentação pioneira, que determina que todas as entidades – sejam elas públicas ou privadas, empresas, instituições de pesquisa ou organizações sem fins lucrativos – que coletam informações por meio de qualquer tipo de dispositivo sensorial em espaços públicos para fins profissionais, devem divulgar o uso desses dispositivos e especificar os tipos de dados coletados ou passíveis de serem coletados. Ver: Ordinance of the Council of the City of Amsterdam amending the General Local Bye-law 2008 in connection with the introduction of a notification obligation for sensors (Regulation on the Notification Obligation for Sensors), https://zoek.officielebekendmakingen.nl/gmb-2021-368183.html#extrainformatie.
45. Cabível citar o caso envolvendo a Concessionária da Linha 4 do Metrô de São Paulo S.A. (Via Quatro), julgado pela 8ª Câmara de Direito Público do TJSP (Apelação 1090663-42.2018.8.26.0100). A apelação refere-se a uma ação civil pública contra a Via Quatro, que, por meio das "Portas Interativas Digitais" dos trens da linha de metrô, coletava dados e informações dos consumidores. As imagens captadas eram usadas para fins publicitários e comerciais sem prévia autorização e buscavam detectar as principais características dos indivíduos. Segundo consignou o TJSP, a "ausência de prévia autorização para captação das imagens demonstra conduta muito reprovável, caracterizando dano moral coletivo, principalmente considerando o incalculável número de passageiros que transitam pela plataforma da ré todos os dias". TJSP. ACF 15.997/2022 (Oposição JV) 8ª Câmara de Direito Público Apelação 1090663-42.2018.8.26.0100.
46. OECD. *Global Trends in Government Innovation 2023*, OECD Public Governance Reviews, OECD Publishing, Paris, 2023.
47. A inferência pode ser decorrente do estudo do comportamento do usuário e não demanda, por exemplo, que o usuário de uma rede social seja ativo e publique bastante conteúdo. A inferência pode decorrer

de características (geralmente *behavioural* ou comportamental) da pessoa, que poderá ser utilizado de maneira extremamente útil pelos agentes econômicos[48].

A criação desses perfis também pode ser implementada por meio dos *cookies*, os quais permitem os fornecedores conhecer as rotas de navegação mais usuais dos usuários e verificar, por meio disso, as suas preferências de consumo. Na sequência, os dados podem ser utilizados em campanhas publicitárias específicas, direcionadas ao consumidor cujo perfil restou definido[49].

Dessa maneira, o *profiling* possui duas facetas: a) geração do perfil, que consiste na análise dos dados pessoais em termos de padrões, sequências e relacionamentos, em ordem de se obter uma série de assunções sobre o perfil baseado em razões de probabilidade; e b) a aplicação do perfil como uma ajuda para uma pesquisa ou uma decisão sobre uma pessoa ou uma entidade[50].

Por vezes, esse processamento pode até servir como instrumento para a prática de abusos, como a discriminação entre consumidores. A título de exemplo, há relatos de que consumidores teriam sido discriminados por sistemas de flutuação de preços em compras *online*, em que os usuários do sistema IOS da Apple recebiam ofertas mais caras do que os usuários do sistema Android. A situação poderá se agravar com o avanço da Internet das Coisas, permitindo uma catalogação completa dos indivíduos[51].

Percebe-se que a coleta e o processamento automatizados de dados passaram por muitos avanços, tanto do ponto de vista quantitativo (com relação ao grande volume de dados), quanto do qualitativo, de maneira que cada fração de informação sobre uma pessoa possa ser cruzada, relacionada ou agregada com outras informações[52]. Esse seria o diferencial que a informatização proporcionou ao tratamento de dados pessoais[53].

Nessa senda, um novo mercado repleto dos mais diferentes segmentos surge com o advento dos bancos de dados pessoais automatizados. Esses são um con-

---

de interações como os "likes" ou curtidas pelo *Facebook* a certos conteúdos, possíveis até de revelar eventuais preferências políticas ou religiosas.
48. MENDES, Laura Schertel Ferreira; DONEDA, Danilo. Marco Jurídico para a cidadania digital: uma análise do Projeto de Lei 5.276/2016. *Revista de Direito Civil Contemporâneo*, v. 9, p. 37, 2016.
49. VEGA, José Antonio. *Derecho de las Nuevas Tecnologias: Contratos Eletrónicos y Protección de los Consumidores*. Madrid: Editora Reus, 2005, p. 165-167.
50. BYGRAVE, Lee. Minding the Machine: Article 15 of the EC Data Protection Directive and Automated Profiling. *Computer Law & Security Report*, v. 17, p. 18, 2001.
51. BIONI, Bruno. *Xeque-Mate: O tripé da proteção de dados pessoais no jogo de xadrez das iniciativas legislativas no Brasil*. São Paulo: GPoPAI/USP, 2015, p. 5.
52. DONEDA, Danilo; MENDES, Laura Schertel Ferreira. Iniciativas Legislativas sobre Proteção de Dados Pessoais no Brasil. *Revista Uruguaya de Protección de Datos Personales*. n. 2, p. 47, ago. 2017.
53. BRASIL. Escola Nacional de Defesa do Consumidor. *A proteção de dados pessoais nas relações de consumo*: para além da informação creditícia. Brasília: SDE/DPDC, 2010, p. 31.

junto estruturado de informações de forma a proporcionar o máximo proveito possível de um conjunto de informações[54].

Dessa forma, os dados são a principal força propulsora do mercado digital, que é pautado por um ciclo de feedback: quanto mais dados uma empresa tem, mais dados ele tenderá a coletar em novas atividades com a intenção de prestar melhores serviços. No mercado digital, os dados desempenham papéis diversos, seja como uma entrada para mídias sociais, plataformas de compartilhamento de conteúdo e algoritmos, ou como um produto a ser vendido diretamente a terceiros[55].

Ao lado da rentabilidade, que estimula a utilização dos dados, há outro fator preocupante: não há uma tendência dos usuários de escolherem serviços que invistam em proteção de dados. Com exceção daqueles serviços em que a segurança é deveras essencial, como nos casos de serviços bancários ou médicos, os consumidores em geral não têm a tendência de escolher serviços que apresentam políticas mais seguras de proteção de dados pessoais[56]. Na verdade, sequer há conhecimento por parte da população dos riscos envolvendo o fornecimento dos seus dados, bem como das precauções que deveriam ser tomadas nessa seara.

Ademais, as novidades emergentes na sociedade digital como o *big data*, a Internet das Coisas e o armazenamento em nuvem representam grandes desafios à proteção da privacidade e dos dados pessoais. Especialmente no que toca ao *big data*, não podemos esquecer que apesar desse incluir dados agregados e anônimos, não há como garantir que toda a informação utilizada seja completa e irreversivelmente anonimizada[57]. Na realidade, sustenta-se que é raro que os dados obtidos de um usuário ativo sejam completos e irreversivelmente anônimos[58].

Com esses mecanismos de coleta dos dados, as empresas rapidamente traçam perfis dos usuários dos serviços disponibilizados e a partir disso personalizam cada aspecto da experiência do consumidor. Uma principal diferença diz respeito à abordagem comercial: no lugar de esperar o consumidor ir até o *marketplace*,

---

54. BRASIL. Escola Nacional de Defesa do Consumidor. *A proteção de dados pessoais nas relações de consumo*: para além da informação creditícia. Brasília: SDE/DPDC, 2010, p. 19.
55. OECD. *Data portability, interoperability and digital platform competition*, OECD Competition Committee Discussion Paper, 2021. Disponível em: http://oe.cd/dpic. Acesso em: 30 jan. 2022.
56. EDPS. *Privacy and Competitiveness in the Age of Big Data*. Disponível em: https://edps.europa.eu/data-protection/our-work/publications/opinions/privacy-and-competitiveness-age-big-data_en. Acesso em: 4 fev. 2022.
57. EDPS. *Privacy and Competitiveness in the Age of Big Data*. Disponível em: https://edps.europa.eu/data-protection/our-work/publications/opinions/privacy-and-competitiveness-age-big-data_en. Acesso em: 4 fev. 2022.
58. Geradin, Damien; Kuschewsky, Monika. *Competition Law and Personal Data*: Preliminary Thoughts on a Complex Issue. Disponível em: https://papers.ssrn.com/sol3/papers.cfm?abstract_id=2216088. Acesso em: 25 dez. 2017.

as empresas podem alcançar os consumidores desejados em qualquer momento e em qualquer lugar[59].

Como resultado, as empresas podem ter a vantagem de compreender as limitações cognitivas do consumidor e explorar suas fragilidades em um nível individual. Essas situações colocam os consumidores em uma situação de extrema vulnerabilidade, que pode não estar sendo abordada corretamente pelas normas até então existentes de defesa do consumidor e cuja importância os reguladores podem ser pressionados a ignorar, em decorrência de eventual *lobby*[60].

Interessante ponderar que muitas vezes há uma violação aos direitos de personalidade nessa nova economia digital. Muitos institutos jurídicos foram concebidos à luz de uma outra época, com limites físicos que hoje inexistem e que foram rompidos pela econômica digital e pela Internet[61].

Destarte, a proteção à privacidade e aos dados pessoais estão na agenda do dia[62], sendo que um dos fatos geradores foram os escândalos de espionagem pela Agência Nacional de Segurança Norte-Americana envolvendo líderes mundiais[63]. Tais acontecimentos ensejaram a adoção pela Assembleia Geral da ONU da Resolução 68/167[64], que expressou uma grande preocupação quanto ao impacto negativo da espionagem e da interceptação das comunicações nos direitos humanos.

O escândalo envolvendo a Cambridge Analityca também estimulou a discussão sobre o uso indevido de dados e o seu impacto nas relações democráticas. A partir disso, houve a oportunidade para se repensar nos modelos de proteção de dados então existentes, na busca de uma modernização e de supressão de anomias jurídicas[65], como era o caso do Brasil que não possuía na época uma Lei Geral de Proteção de Dados Pessoais.

---

59. CALO, Ryan. Digital Market Manipulation. *82 George Washington Law Review*. p. 995, 2014.
60. CALO, Ryan. Digital Market Manipulation. *82 George Washington Law Review*. p. 995, 2014.
61. LORENZETTI, Ricardo. *Comercio Electrónico*. Buenos Aires: Abeledo-Perrot. 2001, p. 25.
62. A proteção de dados, segundo Ruaro, Rodriguez e Finger, para além da defesa da privacidade, protege e regula o direito de acesso e o poder de controle das informações pessoais (RUARO, Regina; RODRIGUEZ, Daniel Piñeiro; FINGER, Brunize. O direito à proteção de dados pessoais e a privacidade. *Revista da Faculdade de Direito* (UFPR), v. 53, p. 64, 2012).
63. Ver: http://www.theguardian.com/world/2013/oct/24/nsa-surveillance-world-leaders-calls. Acesso em: 20 jul. 2015.
64. UNITED NATIONS. *The Right to Privacy in the Digital Age*. Disponível em: www.Ohchr.org/en/issues/digitalage/pages/digitalageIndex.aspx. Acesso em: 6 jan. 2018.
65. Para Rafael Zanatta, a situação brasileira era espantosa quando comparada com outros países da América Latina, onde se vivenciou uma difusão de legislações gerais de proteção de dados pessoais, acompanhadas de mecanismos específicos para assegurar os direitos positivados e da criação de agências reguladoras (ZANATTA, Rafael. A Proteção de Dados entre Leis, Códigos e Programação: os limites do Marco Civil da Internet. In: DE LUCCA, Newton; SIMÃO FILHO, Adalberto; PEREIRA

Lembra-se que o direito da proteção de dados pessoais tem como uma das suas manifestações iniciais a instituição pelo Congresso Americano do Special Subcommittee on Invasion of Privacy, na década de 60. No entanto, é na década de 70, na Europa, que surgem as primeiras leis sobre a matéria, como foi o caso da Lei do Estado de Hesse, em 1970, na Alemanha, e a *Datalag*, na Suécia, em 1973[66-67].

Seguindo a tendência inaugurada por tais legislações, que previam a proteção de dados como um direito autônomo, tem-se, na década de 80, um período de consolidação da proteção de dados pessoais. Dentre os principais marcos desta década, citam-se as Diretrizes para a Proteção da Privacidade e dos Fluxos Transfronteiriços de Dados Pessoais da OCDE, a Convenção 108 do Conselho da Europa e a decisão do Tribunal Constitucional Alemão que analisou a Lei do Censo de 1983 e firmou o entendimento quanto à existência de um "direito à autodeterminação informativa".

Nas décadas seguintes, muito a matéria evoluiu[68], até mesmo pela digitalização da sociedade e da economia, de forma que já podemos vislumbrar, atualmente, a existência de uma nova geração de leis de proteção de dados pessoais[69]. Tais

---

DE LIMA, Cíntia Rosa. *Direito e Internet III*: Marco Civil da Internet. São Paulo: Quartier Latin, p. 454, 2015.).

66. Segundo Danilo Doneda, a Lei do Estado Alemão trouxe consigo o desenvolvimento de um modelo normativo autônomo para a proteção de dados (DONEDA, Danilo. Panorama Histórico da Proteção de Dados Pessoais. In: MENDES, Laura; DONEDA, Danilo; SARLET, Ingo; RODRIGUES JR., Otavio Luiz (Coord.). *Tratado de Proteção de Dados Pessoais*. Rio de Janeiro: Forense, p. 8, 2021).

67. A Lei de Hesse limitava-se a abordar os dados recolhidos e tratados pelas entidades públicas, já a lei sueca era voltada tanto para as entidades públicas como privadas (ACOCELLA, Jéssica; SAMPAIO, Rodrigo. Impactos da LGPD sobre a atuação da administração pública: alguns desafios e sua efetividade. In: DAL POZZO, Augusto Neves; MARTINS, Ricardo Marcondes. *LGPD e Administração Pública*, ebook, São Paulo: RT, 2020).

68. A respeito, cita-se a Diretiva 95/46/CE, substituída em 2016 pelo Regulamento Geral de Proteção de Dados (RGPD). Um dos grandes motivos para substituição da Diretiva foram os distintos tratamentos adotados no âmbito do direito interno dos Estados Membros. Além disso, a Diretiva sofria com os avanços da revolução tecnológica presenciada nos últimos tempos, o que comprometeu e pôs em risco a sua eficácia, já que quando da sua criação a chamada "era digital" estava dando seus primeiros passos (Edwards, Lilian; Harbinja, Edina. Protecting Post-Mortem Privacy: Reconsidering the Privacy Interests of the Deceased in a Digital World. *Cardozo Arts & Entertainment Law Journal*, v. 32, n. 1, p. 130, 2013.). Ainda, o Regulamento possui um objetivo adicional que diz respeito à consolidação do Mercado Único Digital. Para o sucesso desse, é indispensável a existência de regras uniformes e a remoção das barreiras técnicas e legais (WUBBEN, Martine; SCHERMER, Bart; TETERISSA, Deniece. *Legal aspects of the Digital Single Market Current framework, barriers and developments*. Amsterdã: Considerati, 2012).

69. A proteção de dados pessoais não se limita à autodeterminação informativa (embora essa seja um dos seus eixos estruturantes), versando também sobre a salvaguarda da confidencialidade e da integridade dos sistemas técnico-informacionais, como reconhecido na decisão de 2008 da Corte Constitucional Alemã. Tal direito proporciona a proteção do sistema como um todo, evitando o acesso por terceiros não autorizados, segundo Ingo Sarlet (SARLET, Ingo. Fundamentos Constitucionais: O Direito Fundamental à Proteção de Dados. In: MENDES, Laura; DONEDA, Danilo; SARLET, Ingo; RODRIGUES JR., Otavio Luiz (Coord.). *Tratado de Proteção de Dados Pessoais*. Rio de Janeiro: Forense, p. 35, 2021).

legislações contemporâneas vão muito além da autodeterminação informativa e buscam trazer ferramentas para uma tutela coletiva, bem como mecanismos de gestão de risco, a partir do reconhecimento de que o sucesso da proteção de dados pessoais depende de prevenção dos possíveis danos induzidos pela informação (*information-induced harms*)[70] e de *accountability*.

Um outro aspecto dessas legislações diz respeito ao aparecimento de novos direitos, os quais originalmente sequer pareceriam estar relacionados com a tutela da proteção de dados e que hoje já encontram um espaço natural para tanto. Nesse sentido, citam-se a portabilidade de dados e o direito à revisão das decisões automatizadas[71-72].

Apesar de alguns direitos não serem novos no nosso ordenamento (veja o caso do direito de acesso e de retificação já instrumentalizados pelo *Habeas Data*[73-74] desde a Constituição Federal de 1988), certo é que a preocupação com o exercício dos direitos dos titulares ganha uma outra dimensão com a entrada em vigor da Lei Geral de Proteção de Dados (LGPD)[75] no Brasil.

---

70. Purtova, Nadezhda. The law of everything. Broad concept of personal data and future of EU data protection law. *Law, Innovation and Technology*, v. 10, 2018.
71. DONEDA, Danilo. Panorama Histórico da Proteção de Dados Pessoais. In: MENDES, Laura; DONEDA, Danilo; SARLET, Ingo; RODRIGUES JR., Otavio Luiz (Coord.). *Tratado de Proteção de Dados Pessoais*. Rio de Janeiro: Forense, p. 5, 2021.
72. A portabilidade de dados é uma tendência global, que abrange várias iniciativas distintas. Como aponta Peter Swire, essas iniciativas giram em torno das seguintes perspectivas: (1) portabilidade de dados como um direito individual, previsto em legislações de proteção de dados pessoais como o RGPD, (2) debate sobre regulação de grandes plataformas e (3) regulações de diferentes setores para transferência de dados. Swire, Peter. *The Portability and Other Required Transfers Impact Assessment*: Assessing Competition, Privacy, Cybersecurity, and Other Considerations, 2020, p. 2.
73. A respeito, Daniel Rodriguez pondera o seguinte: "O Poder Constituinte brasileiro, ao instituir a figura do *habeas data* em seu ordenamento jurídico erroneamente presumiu que os interesses envolvendo a tutela dos dados pessoais poderiam ser solucionados ao garantir o seu acesso e possibilidade de retificação, o que não se coaduna com os problemas enfrentados após a superação do cenário político que dava margem a tais contornos. Dentre os principais problemas apresentados pelo remédio constitucional está o fato de mostrar-se como medida exclusivamente remedial, *post facto* e sem efetivo cunho preventivo de danos aos direitos de personalidade do sujeito titular, pressupondo, ainda, uma utópica inclinação participativa dos indivíduos no controle dos fluxos que, não raro, são invisíveis à maioria populacional" (RODRIGUEZ, Daniel Pineiro. *O Direito Fundamental à Proteção de Dados*. Rio de Janeiro: Lumen Juris, 2021, p. 181).
74. Apesar das limitações do instituto, como ponderado na nota acima, a introdução do *Habeas Datas* pela Constituição Federal de 1988 pode ser encarada como um marco importante na busca por maior concretude na atribuição de direitos relacionados à proteção de dados, ressoando com o movimento de redemocratização da década de 1980 (DONEDA, Danilo. Panorama Histórico da Proteção de Dados Pessoais. In: MENDES, Laura; DONEDA, Danilo; SARLET, Ingo; RODRIGUES JR., Otavio Luiz (Coord.). *Tratado de Proteção de Dados Pessoais*. Rio de Janeiro: Forense, p. 12, 2021.
75. Conforme dispõe Cueva, essa lei surge para suprir as omissões existentes no ordenamento jurídico brasileiro e garantir um nível adequado de proteção. CUEVA, Ricardo Villas Bôas. A insuficiente proteção de dados pessoais no Brasil. *Revista de Direito Civil Contemporâneo*, São Paulo, v. 13, ano 4, p. 59-67, out./dez. 2017.

5.2 ECONOMIA DIGITAL, DADOS E DESAFIOS REGULATÓRIOS

Com relação aos dados, fundamental produto do mercado digital, quanto mais fácil for para um consumidor portar seus dados de uma plataforma a outra, mais baixos são os seus custos de troca[76]. Um ponto específico do mercado digital é que os consumidores, frequentemente, desejam usar várias plataformas ao mesmo tempo (*multihoming*), o que gera mais uma necessidade de se viabilizar a redução dos custos de troca[77].

Associado ao custo de troca (e também aos custos de procura) está o efeito de aprisionamento[78], que é a situação na qual o consumidor torna-se dependente de um fornecedor de produto e serviço e não consegue migrar para outro sem custos de transação substanciais ou sem inconveniências, como os custos especificados acima.

Portanto, o *lock-in* é o efeito de permanência do consumidor ao fornecedor originário mesmo quando haja um desejo pela mudança, que pode ser proveniente do aumento de preços, falhas, vícios ou defeitos no fornecimento do produto ou serviço, vazamento de dados ou falta de privacidade[79]. No entanto, quando esse consumidor faz um cálculo do custo benefício de uma eventual troca, percebe que será mais custoso, seja monetariamente, seja emocionalmente, seja em termos de conforto, trocar para um fornecedor alternativo[80].

Além disso, o efeito também pode estar presente nos negócios que fornecem serviços no mercado de pós-venda, que podem incluir peças, manutenção, consultas, *upgrades*. Geralmente, a empresa que oferece o serviço no mercado pós-venda é a mesma proprietária do equipamento que necessita do serviço, podendo figurar até mesmo como a única fornecedora de tal serviço[81]. A coerção ao consumidor nesse segundo mercado pode ser sutil ou até implementada por práticas abusivas e anticoncorrenciais, como a de uma venda casada.

Alguns exemplos podem ser dados e eles estão bem próximos do nosso dia a dia. Vejamos: a Nespresso vende uma combinação de máquinas de café e cáp-

---

76. Engels, Bárbara. Data portability among online platforms. *Internet Policy Review*, 5(2), 2016.
77. Engels, Bárbara. Data portability among online platforms. *Internet Policy Review*, 5(2), 2016.
78. Na pesquisa realizada para a Tese, encontraram-se estudos que tratam o aprisionamento (*lock-in*) como um desdobramento dos custos de troca e outros que tratam o *lock-in* como sendo sinônimo de custos de troca. Sobre essa última hipótese, cita-se o seguinte estudo: EURICH, Markus; BURTSCHER, Michael. *The Business-to-ConsumerLock-in Effect*. University of Cambridge: Cambridge, 2014, p. 3.
79. EURICH, Markus; BURTSCHER, Michael. *The Business-to-ConsumerLock-in Effect*. University of Cambridge: Cambridge, 2014, p. 2.
80. MURRAY, Kyle; HÄUBL, Gerald. Explaining Cognitive Lock-In: The Role of Skill-Based Habits of Use in Consumer Choice. *Journal of Consumer Research*, v. 34. p. 2, June 2007.
81. Borenstein, Severin; MacKie-Mason, Jeffrey; NETZ, Janet. *The Economics of Customer Lock-In and Market Power in Services*. Dordrecht: Springer, 1995, p. 2.

sulas de café, o que lhe garante uma receita constante durante longo período de tempo, por meio da venda das cápsulas. Da mesma forma, fabricantes vendem impressoras a baixo preço, mas se beneficiam no longo prazo com a venda de cartuchos de tinta, não tão baratos[82].

Outro modelo de negócios que se enquadra no padrão de efeito de aprisionamento é o conhecido como "*Freemium*", que é a composição entre serviços *free* e *premium*, ou seja, há um segmento de serviços gratuitos e outros adicionais, que são cobrados. O componente gratuito atrai uma larga base de usuários e, quando interconectado com o *premium*, aumenta a procura por este[83].

O modelo desenvolvido pelo Skype é um exemplo do que é conhecido como "*Freemium*". Utilizando-se do protocolo de voice-over-IP (Internet Protocol), os seus usuários podem fazer vídeos e chamadas de voz de graça. Adicionando o serviço *premium*, é possível ligar para telefones de linhas convencionais ou celulares utilizando uma conta de débitos[84]. Outros exemplos são o Evernote e o Dropbox[85], cada um com suas peculiaridades próprias.

Pois bem, o efeito *lock-in*, no "*Freemium*", funciona da seguinte forma: quanto mais usuários usam o produto, mais valor esse passa a ostentar no mercado, criando mais dependência aos seus adeptos, que muitas vezes trocam informações com pessoas que, necessariamente, precisam usar esse serviço, como no exemplo de uma ferramenta de telecomunicação onde todos precisam ser usuários do aplicativo meio.

Com isso, uma eventual mudança passa a ter custos de troca, os quais influenciarão o consumidor a continuar com o mesmo serviço[86], já que para fazer sentido uma mudança, os demais usuários com quem esse interage também precisaram mudar de serviço. Quando um grupo inteiro se torna adepto do modelo, uma saída é praticamente inviável, o que redunda no efeito de aprisionamento.

Diante disso, os usuários permanecem no serviço originário, e por consequência ultrapassam a parcela gratuita (*free*), tornando-se usuários pagantes do tipo *premium*. Como afirmado, esse novo *status* surge essencialmente por causa do efeito de aprisionamento, pois se esse inexistisse, quando o usuário atingisse

---

82. EURICH, Markus; BURTSCHER, Michael. *The Business-to-ConsumerLock-in Effect*. University of Cambridge: Cambridge, 2014, p. 2.
83. EURICH, Markus; BURTSCHER, Michael. *The Business-to-ConsumerLock-in Effect*. University of Cambridge: Cambridge, 2014, p. 2.
84. EURICH, Markus; BURTSCHER, Michael. *The Business-to-ConsumerLock-in Effect*. University of Cambridge: Cambridge, 2014, p. 2.
85. Shmilovici, Uzi. *The Complete Guide To Freemium Business Models*. Disponível em: https://techcrunch.com/2011/09/04/complete-guide-freemium/. Acesso em: 21 jan. 2018.
86. Shmilovici, Uzi. *The Complete Guide to Freemium Business Models*. Disponível em: https://techcrunch.com/2011/09/04/complete-guide-freemium/. Acesso em: 21 jan. 2018.

o limite, no lugar de passar a ser um *premium*, poderia migrar para outro fornecedor[87].

Ainda, na análise do efeito de aprisionamento decorrente dos custos de troca e de procura, não se pode deixar de abordar os efeitos de rede (*network effects*). A interação desses efeitos com os custos de troca é um tema central na nova economia integrada por indústrias da tecnologia informativa[88], situação a qual é atribuída a denominação de *network lock-in*, ou *path-dependence*[89].

Esses efeitos guardam relação com a (i) compatibilidade[90] entre usuários, para que eles possam interagir, comerciar entre si ou usar os mesmos complementos, o que cria uma economia de escopo entre diferentes usuários[91], ou (ii) a situação na qual o aumento do consumo de um produto ou serviço gera o aumento do valor desse[92], o que atrai novos e futuros usuários, que se sentirão mais atraídos pelo negócio[93].

Os efeitos de redes podem ser comparados ao efeito ocorrido ao adquirirmos alguma utilidade, tal como falar uma segunda língua: essa se torna cada vez mais útil, quando outras pessoas também a falam. O mesmo acontece com o efeito de instrumentos de comunicação: o telefone celular e o aparelho de fax, não eram tão úteis antes da multiplicação dos proprietários desses aparelhos. Assim, a utilidade cresce na medida em que cresce o número de consumidores que os utilizam[94]. No meio tecnológico, podemos afirmar, oferecendo outro exemplo,

---

87. Shmilovici, Uzi. *The Complete Guide to Freemium Business Models*. Disponível em: https://techcrunch.com/2011/09/04/complete-guide-freemium/. Acesso em: 21 jan. 2018.
88. FARRELL, Joseph; KLEMPERER, Paul. Coordination and lock-in: competition with switching costs and network effects. In: ARMSTRONG, Mark; PORTER, Robert. *Handbook of Industrial Organization*. North-Holland: Elsevier, v. 3, p. 1971, 2007.
89. YOSIFON, David. Consumer Lock-In and the Theory of the Firm. *Seattle University Law Review*, v. 35:1429, p. 1456, 2012.
90. É o caso de um serviço de e-mail, em que o usuário não precisa só que esse seja de fácil uso ou gratuito, mas também depende que outras pessoas tenham e-mail e que esses sejam entre si compatíveis. AFUAH, Allan. Are network effects really all about size? The role of structure and conduct. *Strategic Management Journal*, 34, p. 257, 2013.
91. FARRELL, Joseph; KLEMPERER, Paul. Coordination and lock-in: competition with switching costs and network effects. In: ARMSTRONG, Mark; PORTER, Robert. *Handbook of Industrial Organization*. North-Holland: Elsevier, v. 3, p. 1971, 2007.
92. CHEN, Pei-yu; HITT, Lorin. Information Technology and Switching Costs. Disponível em: http://citeseerx.ist.psu.edu/viewdoc/download?doi=10.1.1.458.1995&rep=rep1&type=pdf. Acesso em: 19 jan. 2018, p. 15.
93. Engels, Bárbara. Data portability among online platforms. *Internet Policy Review*, 5(2), 2016.
94. FARRELL, Joseph; KLEMPERER, Paul. Coordination and lock-in: competition with switching costs and network effects. In: ARMSTRONG, Mark; PORTER, Robert. *Handbook of Industrial Organization*. North-Holland: Elsevier, v. 3, p. 2007, 2007.

que um aplicativo de comunicação por mensagem só adquire relevância se houver outras pessoas que utilizem o serviço[95].

São beneficiadas por esses efeitos de redes as mais variadas indústrias que vão de bancos até empresas de telecomunicações. Essas se tornaram dependentes desses efeitos[96].

Para o Google, oferecendo um exemplo, é necessária a união entre os sites indicados e os usuários do sistema de busca. No site de hospedagem Airbnb, há a relação entre hóspedes e anfitriões[97;] no eBay, entre compradores e vendedores; na Visa, entre os vendedores e os titulares dos cartões de crédito[98].

Cabe observar que os efeitos de redes são tão importantes que possibilitam a manutenção do poder de mercado por um longo lapso temporal, muito embora o produto ou serviço apresente um desempenho ruim ou existam outros concorrentes[99]. Com isso, mesmo que exista um competidor mais eficiente, com tecnologia superior ou preços mais atraentes, não haverá necessariamente a troca de fornecedor, uma vez que seria necessária a migração da maioria dos usuários, já que a experiência depende desses coletivamente[100], ou de uma compatibilidade.

Assim, vê-se que o serviço só tem o desempenho adequado e esperado por causa do número dos usuários desse[101]. Em decorrência disso, reconhece-se um problema: os novos agentes terão muita dificuldade em alcançar um efeito de rede e acabarão por incorrer no problema "do ovo e da galinha": o serviço deles não tem valor de mercado, pois não tem muitos usuários; por outro lado, o serviço não tem muitos usuários porque não tem valor[102].

A questão concorrencial nos produtos e serviços que seguem esse padrão é peculiar, já que há como regra uma competição por tudo ou nada. Nessa estrutura

---

95. BALFOUR, Brian. *Achieving The Network Effect*: Solving The Chicken or The Egg. Disponível em: https://brianbalfour.com/essays/the-network-effect-marketplaces. Acesso em: 22 jan. 2018.
96. AFUAH, Allan. Are network effects really all about size? The role of structure and conduct. *Strategic Management Journal*, 34, p. 257, 2013.
97. ALSTYNE, Marshall Van. *A Platform Strategy*: Creating New Forms of Value in the Digital Age. Capgemini Consulting, 2016.
98. PARKER, Geoffrey; ALSTYNE, Marshall. Two-Sided Network Effects: A Theory of Information Product Design. *Management Science*. v. 51, n. 10, p. 1504, October 2005.
99. BALFOUR, Brian. *Achieving The Network Effect*: Solving The Chicken or The Egg. Disponível em: https://brianbalfour.com/essays/the-network-effect-marketplaces. Acesso em: 22 jan. 2018.
100. CHEN, Pei-yu; HITT, Lorin. *Information Technology and Switching Costs*. Disponível em: http://citeseerx.ist.psu.edu/viewdoc/download?doi=10.1.1.458.1995&rep=rep1&type=pdf. Acesso em: 19 jan. 2018, p. 15.
101. CHEN, Pei-yu; HITT, Lorin. *Information Technology and Switching Costs*. Disponível em: http://citeseerx.ist.psu.edu/viewdoc/download?doi=10.1.1.458.1995&rep=rep1&type=pdf. Acesso em: 19 jan. 2018, p. 15.
102. BALFOUR, Brian. *Achieving The Network Effect*: Solving The Chicken or The Egg. Disponível em: https://brianbalfour.com/essays/the-network-effect-marketplaces. Acesso em 22 jan. 2018.

de mercado, os consumidores não buscam produtos que se adequem perfeitamente aos seus gostos pessoais, mas sim, aqueles produtos ou serviços que são vencedores, cabendo ao vencedor o mercado todo (*the winner takes it all*)[103].

Em última análise, a variedade, importante vetor para o exercício do direito de escolha dos consumidores, resta prejudicada em mercados com efeitos de rede e com custos de troca, os quais decorrem da impossibilidade de um novo fornecedor apresentar um serviço que seja compatível com os *mainstream*[104]. Ou seja, é difícil que um fornecedor consiga disponibilizar um serviço concorrente que possibilite a interoperabilidade dos seus usuários com os dos serviços dominantes.

Nessa esteira, intuitivo afirmar que a entrada de novos agentes em mercados em que haja efeitos de rede e custos de troca é bastante improvável, o que representa um custo social da incompatibilidade. Essa dificuldade centra-se na inexistência de base instalada para aqueles que desejem entrar e no desinteresse dos consumidores em contratar com as novas empresas, essencialmente considerado o padrão de concorrência "tudo ou nada" e *the winner takes it all*[105], já citados.

Outro ponto de extrema relevância refere-se à atividade de coleta de dados nos mercados em que há o efeito de rede. Quanto mais consumidores são atraídos pelo valor do produto ou serviço, mais dados poderão ser coletados, o que incrementa o outro lado do mercado, qual seja, os de serviços de publicidade nos modelos de mercado de dois lados[106], e gera uma vantagem competitiva.

Na maioria dos casos, os dados dos usuários não podem ser extraídos quando esses desejem migrar para um concorrente, vez que só será possível a mudança de plataforma ao custo de deixar essa com a consequente perda seus dados[107]. Percebe-se, assim, a situação colocada aos usuários: se houver o aumento do preço do serviço, a diminuição da proteção de privacidade, perda de qualidade, entre outros casos, o usuário fica totalmente desprotegido, já que reduzido o seu poder de negociação. Assim, ou fica e aceita as novas condições impostas, ou sai

---

103. FARRELL, Joseph; KLEMPERER, Paul. Coordination and lock-in: competition with switching costs and network effects. In: ARMSTRONG, Mark; PORTER, Robert. *Handbook of Industrial Organization*. North-Holland: Elsevier, v. 3, p. 1975, 2007.
104. FARRELL, Joseph; KLEMPERER, Paul. Coordination and lock-in: competition with switching costs and network effects. In: ARMSTRONG, Mark; PORTER, Robert. *Handbook of Industrial Organization*. North-Holland: Elsevier, p. 1972, v. 3, 2007.
105. FARRELL, Joseph; KLEMPERER, Paul. Coordination and lock-in: competition with switching costs and network effects. In: ARMSTRONG, Mark; PORTER, Robert. *Handbook of Industrial Organization*. North-Holland: Elsevier, v. 3, p. 1972, 2007.
106. EDPS. *Privacy and Competitiveness in the Age of Big Data*. Disponível em: https://edps.europa.eu/data-protection/our-work/publications/opinions/privacy-and-competitiveness-age-big-data_en. Acesso em: 04 fev. 2022.
107. Engels, Bárbara. Data portability among online platforms. *Internet Policy Review*, 5(2), 2016.

sem seus dados abastecidos ao longo do tempo[108]. Eis, portanto, a configuração do aprisionamento, em que os custos de troca referem-se à retenção dos dados.

Para agravar ainda mais a situação, relata-se que o risco de aprisionamento é a regra, e não a exceção no que toca a plataformas online. Há incentivos e interesse das empresas em manter seu sistema fechado, o que gera problemas de acesso a outras empresas que necessitem dos dados dos usuários para competir ou oferecer serviços e produtos complementares[109].

No serviço de busca, que é aquele em que o consumidor procura informações, sendo exemplos o Google, o Yahoo, o Bing, os custos de troca entre os mecanismos é alto. Cabe ressaltar que o aprisionamento é desejado por essas empresas, já que quanto mais usuários um serviço de busca possui, mais atrativo ele é para publicidade. Relata-se até a ocorrência de contratos de exclusividade dos serviços de busca com aqueles que anunciam em seus serviços e de restrições de portabilidade das publicidades[110].

A esse respeito, cita-se o Processo Administrativo 08700.005694/2013-19[111], que tramitou no CADE, instaurado a partir de representação formulada pela Microsoft Corporation. Esse processo versava sobre o possível abuso de poder de mercado pela Google Inc. e Google Brasil Internet Ltda., mediante imposição de restrições na prestação de serviços da plataforma de publicidade online do Google (AdWords). A prática questionada envolvia a imposição de cláusulas contratuais que impossibilitavam o multihoming[112], ou seja, a utilização de múltiplas plataformas simultaneamente.

Com isso, alegava-se que o Google impedia o desenvolvimento de ferramentas de software de gerenciamento de campanhas entre plataformas, dificultando a comparação de performance e utilização. Ademais, sustentava-se que os dados dos anunciantes não poderiam ser utilizados em outras plataformas de busca patrocinada[113], comprometendo a concorrência das plataformas rivais.

---

108. Engels, Bárbara. Data portability among online platforms. *Internet Policy Review*, 5(2), 2016.
109. Engels, Bárbara. Data portability among online platforms. *Internet Policy Review*, 5(2), 2016.
110. Engels, Bárbara. Data portability among online platforms. *Internet Policy Review*, 5(2), 2016.
111. BRASIL. Conselho Administrativo de Defesa Econômica. *Processo 08700.005694/2013-19*. Disponível em: http://sei.cade.gov.br/. Acesso em: 1º fev. 2017.
112. Carol Elizabeth Conway define *multihoming* como "a utilização de mais de uma plataforma de busca patrocinada simultaneamente por um mesmo anunciante, com veiculação de links patrocinados em mais de um site de busca" (CONWAY, Carol Elizabeth. Concorrência: A Lei 12.529/2011 e os E-Mercados. In: CARVALHO, Vinicius, Marques. *A Lei 12.529/2011 e a Nova Política de Defesa da Concorrência*. São Paulo: Singular, 2015, p. 246.)
113. CONWAY, Carol Elizabeth. Concorrência: A Lei 12.529/2011 e os E-Mercados. In: CARVALHO, Vinicius, Marques. *A Lei 12.529/2011 e a Nova Política de Defesa da Concorrência*. São Paulo: Singular, 2015, p. 246.

Entretanto, em sessão extraordinária de julgamento, o Conselho Administrativo de Defesa Econômica (CADE) decidiu arquivar o processo. O órgão concluiu que as cláusulas contratuais utilizadas pelo Google, embora comuns em contratos de licenciamento e adesão, não apresentavam caráter anticompetitivo.

Da mesma forma, nos *marketplaces* online, que são as plataformas em que o consumidor compra, vende e compartilha produtos e serviços, há custos de troca, especialmente nos lados dos vendedores da plataforma de comércio. A respeito, cita-se a reputação e comentários sobre as vendas, que podem ser considerados como um investimento específico da plataforma, sendo dependentes do número de transações já realizadas[114].

Para os consumidores, apesar de existir baixos custos de troca, como regra, nos *marketplaces* online, esses podem ser impostos por meio da cobrança de taxa para deixar o serviço. Ademais, a familiarização com as regras da plataforma e sua forma de utilização podem gerar o efeito de aprisionamento[115].

Com relação às redes sociais, que possuem como *main sides* os usuários e as publicidades, os custos de troca são grandes. Apesar de ser possível obter cópia de certos dados, a transferência de um perfil a um serviço concorrente requer tempo e esforço, tendo em vista que não existe a possibilidade de extrair os dados em um formato que possa facilmente ser importado por outra rede social correspondente[116].

Além disso, contatos e informações compartilhadas, como mensagens, comentários e fotografias, como regra, não podem ser transferidos para outras plataformas. Relevante é constatar a incompatibilidade que gera o *network lock-in*: os usuários não podem se comunicar por meio de diferentes plataformas (interplataformas), com isso eles têm o estímulo de utilizar, como regra, as maiores redes para poder interagir plenamente com o maior número de usuários possíveis[117]. Tais preocupações poderiam, no entanto, ser atenuadas pela disposição por parte das redes sociais de mecanismos que facilitem a exportação de dados, segundo aponta Christopher Yoo[118].

No mercado de serviços de nuvem (*Cloud Computing*), que é conceituado como um modelo que permite um acesso ubíquo, conveniente e sob demanda (*on-demand*) a um conjunto de recursos configuráveis de computador, tais como

---

114. Engels, Bárbara. Data portability among online platforms. *Internet Policy Review*, 5(2), 2016.
115. Engels, Bárbara. Data portability among online platforms. *Internet Policy Review*, 5(2), 2016.
116. Engels, Bárbara. Data portability among online platforms. *Internet Policy Review*, 5(2), 2016.
117. Engels, Bárbara. Data portability among online platforms. *Internet Policy Review*, 5(2), 2016.
118. YOO, Christopher. When Antitrust Met Facebook. *George Mason Law Review*. v. 19:5, p. 1155, 2012.

os de infraestrutura, de software e de plataforma[119], os custos de troca são acentuadamente elevados, sendo necessária uma interoperabilidade e portabilidade para que os usuários possam utilizar outros serviços de nuvem[120].

Dessa forma, de uma maneira geral e independente do mercado conforme visto acima, caso um usuário deseje trocar de plataforma ou serviço, precisará fazer investimentos complementares e elevados para fornecer novamente os dados[121], quando isso for possível. Nesse caso, os custos que serão gerados podem ser considerados como *sunk costs*[122], que são aqueles custos irrecuperáveis incorridos no passado[123].

Os efeitos dessa situação podem ser observados não só nos concorrentes diretos (substitutos), mas também nos serviços complementares. Nesses dois cenários, o número de usuários é positivamente correlacionado com o volume e a qualidade dos dados[124]. E o volume e a qualidade dos dados relacionam-se com a variedade e qualidade dos produtos e serviços, uma vez que as empresas podem oferecer melhores produtos ao analisar melhor o comportamento dos usuários e ao extrair os dados obtidos com o oferecimento do serviço[125].

Cabe destacar que a aparição do direito antitruste teve como fato gerador o surgimento, nos Estados Unidos da América, dos *trusts* e dos grandes conglomerados em matéria de aço, transporte e eletricidade. O símbolo da época era John D. Rockefeller, da Standard Oil Trust, retratado na imprensa popular como um polvo ameaçador, com tentáculos alongados em volta do território norte-americano[126]. Tudo isso desembocou na política dos *trustbusters*[127] e no *Shermann Act* de 1890, legislação que inspirou inúmeras normas no mundo todo.

---

119. SHAH, Yunfan Wang and Anuj. *Supporting Data Portability in the Cloud Under the GDPR*. Disponível em: http://alicloud-common.oss-ap-southeast-1.aliyuncs.com/Supporting_Data_Portability_in_the_Cloud_Under_the_GDPR.pdf?spm=a3c0i.170826.889865.14.6a7c5d44kKqXFP&file=Supporting_Data_Portability_in_the_Cloud_Under_the_GDPR.pdf. Acesso em: 3 fev. 2022.
120. Engels, Bárbara. Data portability among online platforms. *Internet Policy Review*, 5(2), 2016.
121. DZHAIN, Nikita. *Impact of Switching Costs and Network Effects on Adoption of Mobile Platforms*. 2014. p. 98. Dissertação (Mestrado em Sistemas da Informação). Aalto University School of Business, Helsinque, Finlândia, 2014, p. 14.
122. DZHAIN, Nikita. *Impact of Switching Costs and Network Effects on Adoption of Mobile Platforms*. 2014, p, 98. Dissertação (Mestrado em Sistemas da Informação). Aalto University School of Business, Helsinque, Finlândia, 2014, p. 74.
123. WANG, Henry; YANG, Bill. Fixed and Sunk Costs Revisited. *Journal of Economic Education*. p. 179, Sprinig, 2001.
124. Engels, Bárbara. Data portability among online platforms. *Internet Policy Review*, 5(2), 2016.
125. Engels, Bárbara. Data portability among online platforms. *Internet Policy Review*, 5(2), 2016.
126. RUDOLPH, J. R. Peritz. *Competition Policy in America – 1888-1992*. New York: Oxford University Press. 1996, p. 9.
127. Logo com a entrada em vigor do *Shermann Act,* grandes casos foram processados, os quais receberam um enorme interesse social. Com isso, grupos de apoio à repressão antitruste ficaram conhecidos como os *Trust Busting*. Dentre esses, estava Theodore Roosevelt, que iniciava campanha eleitoral

Parece que a história se repete: agora, no mercado digital. Como já destacado anteriormente, a economia atual é embasada em grandes vencedores, sendo caracterizada por agentes que possuem em média 80 a 90% do mercado[128]. Apenas a título comparativo, nossa lei de concorrência traz como presunção de posição dominante o controle de pelo menos 20% do mercado relevante (artigo 36, § 2º, da Lei 12.529/2011)[129]. Ou seja, dominar 80 a 90% do mercado é algo extremamente preocupante.

Junto com as enormes empresas, surgem grandes preocupações concorrenciais, uma vez que o poder dessas de impactar o mercado é muito maior que o das empresas de pequeno ou médio porte em um mercado pulverizado. Essa preocupação foi visualizada, por exemplo, quando da aquisição da Whole Foods pela Amazon[130], que demonstrou a possibilidade de uma única empresa digital dominar vários setores da economia.

Em decorrência desse grande poder acumulado por corporações, voltam à tona as preocupações quanto aos reflexos desse poder na democracia. É de se ressaltar que o início do antitruste foi concebido à luz dessa problemática, como destacado no julgamento do United States v. Columbia Steel Co.[131]: a maldição de ser grande ameaça à democracia e as estruturas sociais, industriais e políticas.

---

para a Presidência norte-americana, em 1904. Essa saga foi continuada pelo sucessor presidencial de Roosevelt, William Howard Taft. ROGERS, C. Paul. A Concise History of Corporate Mergers and the Antitrust Laws in the United States. *National Law School of India Review*, v. 24, No. 2, p. 13, 2013.

128. ALSTYNE, Marshall Van. *A Platform Strategy*: Creating New Forms of Value in the Digital Age. Capgemini Consulting, 2016, p. 3.
129. Pondera-se, todavia, que essa presunção é relativa. A legislação antitruste brasileira não optou apenas o critério do *market share*, mas também o do *market power*. Paula Forgioni explica essa técnica da seguinte forma: "nem sempre o elevado percentual de mercado pela empresa significa existência de posição dominante, assim como sua diminuta participação pode não significar ausência de poder". FORGIONI, Paula Andréa. *Os Fundamentos do Antitruste*. 3. ed. São Paulo: RT, 2008, p. 333.
130. Federal Trade Commission. Statement of Federal Trade Commission's Acting Director of the Bureau of Competition on the Agency's Review of Amazon.com, Inc.'s Acquisition of Whole Foods Market Inc. Disponível em: https://www.ftc.gov/news-events/press-releases/2017/08/statement-federal-trade-commissions-acting-director-bureau. Acesso em: 24 jan. 2018.
131. Os Estados Unidos da América processaram, nos termos do § 4 do Sherman Act, a aquisição pela United States Steel Corporation dos ativos da Consolidated Steel Corporation, maior fabricante de aço independente da Costa Oeste, como uma violação dos §§ 1º e 2º da lei. A essência da queixa era (i) que a aquisição restringiria o comércio, porque todos os fabricantes, que não a United States Steel, estariam excluídos do negócio de suprir as necessidades da Consolidated em produtos de aço laminado e porque a concorrência existente entre Consolidated e United na venda de produtos estruturais fabricados e tubos seria eliminado, e (ii) que a aquisição proposta, à luz de aquisições anteriores da United States Steel, era uma tentativa de monopolizar a produção e a venda de produtos siderúrgicos fabricados nos Estados Unidos da América, área consolidada de mercado. ESTADOS UNIDOS DA AMÉRICA. Suprema Corte. *United States v. Columbia Steel Co*. 334 U.S. 495. Julgado em jun. 1948.

Deve-se pontuar que a proposta do antitruste nunca foi atacar diretamente os problemas políticos a nível macro[132]. No entanto, ele pode, sim, ajudar nessa missão ao desempenhar o seu papel de reduzir ou impedir a concentração de poder.

Atualmente, a questão reaparece, mas ganha nova roupagem. Em outubro de 2017, representantes legais do Facebook, Google e Twitter participaram no Congresso norte-americano de discussões sobre possíveis influências russas nas eleições dos Estados Unidos da América de 2016[133]. Há quem sustente que o modelo comercial dessas empresas, especialmente por causa dos algoritmos, proporcionaram, ainda que não intencionalmente, a difusão de notícias falsas, gerando impactos desproporcionais nas eleições[134].

Apesar de as preocupações serem as mesmas: concentração de poder de mercado e abusos, o modelo de negócios é diferente. Houve, indubitavelmente, uma transformação da economia, assim como da sociedade. Se antes havia preços predatórios, hoje há serviços gratuitos. Ou seja, a competição não diz mais respeito a preços, e sim a dados[e] a algoritmos[135].

Como analisado anteriormente, a economia digital tem como um dos seus insumos primordiais os dados. Com efeito, várias novas formas de ganho de mercado são implementadas, como a manipulação dos consumidores por meio das informações que os seus interlocutores (sejam eles entes estatais ou privados) tenham sobre a sua pessoa, segundo aponta Fabiano Menke[136].

Veja-se que, nesse caso, o detentor da informação invariavelmente se coloca numa posição privilegiada, atalhando os caminhos. Destarte, surge o poder de manipulação e de direcionamento, já que a relação não se desenvolve "do zero", como seria em um encontro fortuito.

---

132. SHAPIRO, Carl. *Antitrust in a Time of Populism*. Disponível em: https://faculty.haas.berkeley.edu/shapiro/antitrustpopulism.pdf. Acesso em: 24 jan. 2017.
133. Hendrickson, Clara; GALSTON, William. *Big technology firms challenge traditional assumptions about antitrust enforcement*. Disponível em: https://www.brookings.edu/blog/techtank/2017/12/06/big-technology-firms-challenge-traditional-assumptions-about-antitrust-enforcement/. Acesso em: 24 jan. 2017.
134. ILLING, Sean. *Why "fake news" is an antitrust problem*. Disponível em: https://www.vox.com/technology/2017/9/22/16330008/facebook-google-amazon-monopoly-antitrust-regulation. Acesso em: 24 jan. 2017.
135. CONWAY, Carol Elizabeth. Concorrência: A Lei 12.529/2011 e os E-Mercados. In: CARVALHO, Vinicius, Marques. *A Lei 12.529/2011 e a Nova Política de Defesa da Concorrência*. São Paulo: Singular, 2015, p. 257.
136. MENKE, Fabiano. A proteção de dados e novo direito fundamental à garantia da confidencialidade e da integridade dos sistemas técnico-informacionais no direito alemão. In: MENDES, Gilmar; SARLET, Ingo; COELHO, Alexandre. (Org.). *Direito, Inovação e Tecnologia*. São Paulo: Saraiva, 2014, p. 211.

Embora os dados sejam geralmente "gratuitos", não exclusivos e não rivais, o acesso a esses ainda é difícil. A razão disso é que a infraestrutura para coleta, armazenamento e distribuição de dados é normalmente incorporada por meio de barreiras tecnológicas; além disso, existem barreiras legais e comportamentais ao acesso[137].

À luz de estudos de direito da concorrência[138], verifica-se que empresas que sofreram significativos *turnovers* no mercado possuem como modelo de negócios o uso de dados, geralmente dados pessoais, que são obtidos por meio do grande número de usuários no setor de suas atividades. Os maiores exemplos disso são Google Search e Facebook[139].

Além disso, reconhece-se que as empresas incorrem em investimentos significativos para coletar e armazenar mais dados e buscam impedir que terceiros tenham acesso a eles,[140] o que pode criar dificuldades para o desenvolvimento[141] de serviços horizontais ou complementares. A criação de dificuldades no acesso aos dados pode estar relacionada a recusa de contratar e vir a ser considerada um abuso de posição dominante[142-143].

---

137. LUNDQVIST, Bjorn. *Portability in Datasets under Intellectual Property, Competition Law, and Blockchain*. Stockholm University Research Paper n. 62, 2018.
138. Autorité de la Concurrence. Bundeskartellamt. *Competition Law and Data*. Disponível em: http://www.autoritedelaconcurrence.fr/doc/reportcompetitionlawanddatafinal.pdf. Acesso em: 7 jul. 2016.
139. Autorité de la Concurrence. Bundeskartellamt. *Competition Law and Data*. Disponível em: http://www.autoritedelaconcurrence.fr/doc/reportcompetitionlawanddatafinal.pdf. Acesso em: 7 jul. 2016.
140. STUCKE, Maurice E.; GRUNES, Allen P. *Big Data and Competition Policy*. Oxford: Oxford University Press, 2016.
141. Como exemplo, veja a investigação da FCT envolvendo o Google AdWords: https://www.ftc.gov/news-events/press-releases/2013/01/google-agrees-change-its-business-practices-resolve-ftc.
142. Tais comportamentos também podem estar relacionados a limitações de interoperabilidade através da criação de dificuldades na transferência de dados entre plataformas e restrições ao uso de APIs. A respeito, cita-se o processo da FTC ajuizado em face do Facebook: https://www.ftc.gov/news-events/press-releases/2020/12/ftc-sues-facebook-illegal-monopolization.
143. No entanto, não está claro se a recusa em fornecer dados aos concorrentes constituiria uma recusa em contratar/negociar no contexto do direito de concorrência, especialmente pela necessidade de demonstrar a exigência da indispensabilidade (OECD. *Data portability, interoperability and digital platform competition, OECD Competition Committee Discussion Paper*, 2021. Disponível em: http://oe.cd/dpic. Acesso em: 30 jan. 2022). No Brasil, o CADE decidiu instaurar um processo administrativo para investigar um possível abuso de posição dominante por parte do Bradesco no mercado financeiro (Caso GuiaBolso/Bradesco). A autoridade entendeu que, apesar da conduta não ter sido caracterizada por uma recusa explícita (houve a exigência de autenticação de duplo fator para acesso a informações bancárias), havia indícios de um possível abuso de posição dominante. "No decorrer da investigação, em 2020, o Bradesco assinou um Termo de Cessação de Conduta (TCC), ratificado pelo Tribunal do CADE, no qual o banco concordou em cessar a conduta e implementar um mecanismo de interoperabilidade para permitir que o GuiaBolso acesse seu sistema de internet banking, até que a regulação de open banking do Banco Central do Brasil entre em vigor" (tradução livre autora). OECD. *Data Portability, Interoperability and Competition – Note by Brazil*. Disponível em: https://www.oecd.org/officialdocuments/publicdisplaydocumentpdf/?cote=DAF/COMP/WD(2021)30&docLanguage=En. Acesso em: 30 jan. 2022.

Também foi verificada a ocorrência de fusões baseadas em dados (*data-driven mergers*). Essas operações podem ter ajudado empresas a obter dados pessoais para o desenvolvimento de produtos e serviços voltados para o mercado de publicidade online direcionado ou para entrar em outros mercados[144]. Tais situações são preocupantes por causa dos efeitos da rede, que dificultam a contestação da posição dominante dos agentes que têm acesso a dados em larga escala, já que quando uma empresa é bem sucedida no mercado, a atração de novos clientes acaba sendo automática, o que contribui para o fenômeno do "*winner takes all*"[145].

---

144. MOTTA, Lucas Griebeler da. *Análise Multijurisdicional de Aquisições Centradas em Dados*: diagnóstico atual e propostas de política pública para o Brasil. São Paulo: Associação Data Privacy Brasil de Pesquisa, 2021.
145. CADE. *Mercados de Plataformas Digitais*. Disponível em: https://cdn.cade.gov.br/Portal/centrais-de--conteudo/publicacoes/estudos-economicos/cadernos-do-cade/plataformas-digitais.pdf. Acesso em: 30 jan. 2021.

6
VENDA CASADA NO MERCADO DIGITAL

6.1 ASPECTOS GERAIS

A evolução dos mercados digitais trouxe novos desafios para a compreensão e regulamentação de práticas comerciais tradicionalmente conhecidas como *tying* (venda casada) e *bundling* (empacotamento). Enquanto nos mercados tradicionais esses termos se referiam simplesmente à venda combinada de produtos físicos distintos, no ambiente digital, essas práticas ganharam novas dimensões e complexidades[1].

No contexto digital, a integração de aplicativos de software em sistemas operacionais de plataformas tornou-se um exemplo emblemático dessa evolução. Por exemplo, quando uma empresa de tecnologia inclui seu próprio navegador web ou aplicativo de mensagens como parte integrante de seu sistema operacional, isso pode ser visto como uma forma de venda casada digital.

Essa prática levanta questões importantes sobre concorrência e escolha do consumidor. Por um lado, a integração pode oferecer conveniência e eficiência para os usuários. Por outro, pode potencialmente limitar a competição ao dificultar o acesso de produtos concorrentes ao mercado.

Nesse contexto digital, é possível afirmar que poucas doutrinas do direito da concorrência sofreram modificações tão profundas quanto as que se aplicam ao *tying* e ao *bundling*. A natureza digital dos produtos e serviços, com sua capacidade de integração e interoperabilidade, torna o *tying* e o *bundling* mais dinâmicos e complexos. A distinção entre produtos distintos e complementares se torna tênue[2], assim como a linha entre práticas abusivas e inovações legítimas.

---

1. JAFARGULIYEV, Amil. *Tying and Bundling in Digital Markets under the European Union Competition Law and Digital Markets Act.* 2023. 30 f. Dissertação (Mestrado em European Business Law) – Lund University, Lund, 2023.
2. JAFARGULIYEV, Amil. *Tying and Bundling in Digital Markets under the European Union Competition Law and Digital Markets Act.* 2023. 30 f. Dissertação (Mestrado em European Business Law) – Lund University, Lund, 2023.

O desafio para as autoridades antitruste é adaptar as normas tradicionais para lidar com essas novas realidades, garantindo a competição justa e a proteção do consumidor sem sufocar a inovação e o desenvolvimento de novos modelos de negócio[3].

Essa dificuldade se estende para além dos sistemas operacionais. Plataformas de mídia social, por exemplo, frequentemente integram funcionalidades de mensagens, compartilhamento de fotos e vídeos, e até mesmo comércio eletrônico. Isso pode ser visto como uma forma de *bundling* digital, onde vários serviços são oferecidos como parte de uma única plataforma.

O debate sobre essas práticas no mundo digital também toca em questões de interoperabilidade e portabilidade de dados. Quando um serviço é fortemente integrado a uma plataforma, pode se tornar difícil para os usuários migrarem para serviços concorrentes sem perder dados ou funcionalidades.

Inclusive, empresas podem acabar por adotar medidas para prevenir ou impedir essa migração de dados entre os fornecedores[4]. Segundo Peter Swire e Yianni Lagos[5], as implicações concorrenciais de uma recusa de portabilidade podem ser vistas de três formas: como recusa de negociar (*refuse to deal*, que diria respeito à recusa em proceder com a portabilidade), negativa de acesso a uma utilidade essencial (doutrina da *Essential Facilites*) e venda casada (levando-se em consideração que um agente estaria vinculando sua oferta a um módulo de software não interoperável).

Uma negativa de portabilidade poderia ser considerada uma venda casada da seguinte forma: o fornecedor só concede a portabilidade caso essa seja utilizada em um produto ou serviço que é por si fornecido. Se a portabilidade for para acesso a um produto ou serviço do concorrente, essa é negada[6].

Outra visualização de venda casada seria, por exemplo, quando uma rede social for vinculada a um software específico que governa a exportação dos dados a outros serviços. Como se pode ver, essa analogia não é muito precisa, e nem diz respeito ao cerne do objeto da investigação presente, que é a negativa

---

3. HOLZWEBER, S. Tying and bundling in the digital era. *European Competition Journal*, v. 14, n. 2-3, p. 342-366, 2018.
4. Geradin, Damien; Kuschewsky, Monika. *Competition Law and Personal Data*: Preliminary Thoughts on a Complex Issue. Disponível em: https://papers.ssrn.com/sol3/papers.cfm?abstract_id=2216088. Acesso em: 25 dez. 2017.
5. SWIRE, Peter; LAGOS, Yianni. Why the Right to Data Portability Likely Reduces Consumer Welfare: Antitrust and Privacy Critique. *Maryland Law Review*, n. 335, p. 358, 2013.
6. SWIRE, Peter; LAGOS, Yianni. Why the Right to Data Portability Likely Reduces Consumer Welfare: Antitrust and Privacy Critique. *Maryland Law Review*, n. 335, p. 363, 2013.

da portabilidade em si. Ademais, em geral não existe um produto em separado para a exportação dos dados[7].

Além disso, as plataformas podem aumentar o valor de seu ecossistema por meio da venda casada de produtos e serviços adicionais a custos muito baixos ou até mesmo gratuitos[8]. Tais práticas não apenas se tornaram mais comuns, como também se mostraram potencialmente mais danosas à concorrência do que em mercados tradicionais[9].

A natureza digital dos produtos e serviços, com sua capacidade de integração e interoperabilidade, facilita a criação de pacotes que podem dificultar a entrada de novos competidores e restringir a escolha do consumidor. A interdependência entre produtos digitais e a dificuldade de separá-los aumentam o poder de barganha das empresas dominantes e dificultam a competição justa, criando um ambiente propício à consolidação de monopólios.

A venda casada também pode ser analisada à luz do conceito da servitização[10], um conceito interdisciplinar que integra produtos e serviços em modelos de negócios orientados para o consumidor e que emerge como uma megatendência econômica. Essa abordagem, que vai além da mera venda de produtos, busca oferecer soluções completas para atender às necessidades dos clientes. A digitalização da economia facilita essa integração, aprimorando a comunicação e o monitoramento entre os fornecedores de produtos-serviços e seus clientes.

A servitização também desempenha um papel crucial na transição para uma economia circular mais sustentável. Ao agregar serviços aos produtos, é possível prolongar seu tempo de uso, reduzir o consumo de materiais e otimizar a gestão de resíduos. Essa mudança, no entanto, apresenta desafios sociais, pois as aplicações digitais envolvidas podem comprometer os direitos dos trabalhadores, beneficiando os proprietários das plataformas[11].

No que toca à questão antitruste, a servitização pode trazer preocupações quando, por exemplo, um fornecedor dominante condicionar o benefício de uma garantia ao uso de componentes próprios, em detrimento de componentes de terceiros. A servitização, portanto, apresenta um cenário complexo, com opor-

---

7. SWIRE, Peter; LAGOS, Yianni. Why the Right to Data Portability Likely Reduces Consumer Welfare: Antitrust and Privacy Critique. *Maryland Law Review*, n. 335, p. 363, 2013.
8. WU, Qian; PHILIPSEN, Niels J. The law and economics of tying in digital platforms: comparing Tencent and Android. *Journal of Competition Law & Economics*, v. 19, n. 1, p. 103–122, mar. 2023.
9. HOLZWEBER, S. Tying and bundling in the digital era. *European Competition Journal*, v. 14, n. 2-3, p. 342-366, 2018.
10. HOJNIK, Janja. *Regulatory aspects of servitisation*: study materials for global course. E-knjiga. Maribor: Univerza v Mariboru, Univerzitetna založba, 2024.
11. HOJNIK, Janja. *Regulatory aspects of servitisation*: study materials for global course. E-knjiga. Maribor: Univerza v Mariboru, Univerzitetna založba, 2024.

tunidades e desafios que exigem uma análise cuidadosa. A busca por modelos de negócio mais sustentáveis e eficientes deve ser conciliada com a proteção dos direitos dos trabalhadores e a garantia de uma competição justa no mercado, dentre outros valores importantes.

Em resposta a essas questões, autoridades reguladoras em várias partes do mundo têm investigado e, em alguns casos, tomado medidas contra grandes empresas de tecnologia por práticas consideradas anticompetitivas. Isso inclui exigências de desagregação de certos serviços ou a garantia de que os usuários possam facilmente escolher e instalar alternativas.

No âmbito da União Europeia, o caso Microsoft (COMP/C-3/37.792) envolveu uma investigação da Comissão Europeia sobre a prática da Microsoft de vincular o Windows Media Player (WMP) ao seu sistema operacional Windows (WOS). A Comissão concluiu que essa prática violava o Artigo 102 do TFEU, constituindo abuso de posição dominante. A decisão considerou que a vinculação permitia à Microsoft expandir seu poder de mercado de forma anticompetitiva, prejudicando a concorrência no mercado de media players. A Comissão analisou os efeitos de exclusão dessa prática, destacando como ela poderia tornar o WMP a plataforma preferida para conteúdos e aplicativos complementares, criando efeitos de rede indiretos. Embora a Microsoft tenha alegado eficiências resultantes dessa vinculação, a Comissão rejeitou esses argumentos, afirmando que as interdependências alegadas eram resultado de uma escolha deliberada da empresa e não justificavam a prática anticompetitiva. Como resultado, a Microsoft foi multada em aproximadamente 497 milhões de euros. A Comissão Europeia também ordenou que a Microsoft desenvolvesse e oferecesse o sistema operacional Windows sem o Windows Media Player (WMP) incluso, embora pudesse oferecer produtos em pacotes, desde que também estivessem disponíveis de forma independente. No entanto, a Microsoft não foi autorizada a tornar as ofertas em pacotes mais atraentes para os consumidores por meio de melhorias contratuais, comerciais ou tecnológicas[12].

O caso da Microsoft revelou, pela primeira vez, que a integração de aplicativos de software em sistemas operacionais pode resultar em práticas de vinculação e agrupamento (*tying and bundling*). Essa integração não seria vista como um único produto, já que a análise consideraria a perspectiva da demanda do consumidor[13].

---

12. JAFARGULIYEV, Amil. *Tying and Bundling in Digital Markets under the European Union Competition Law and Digital Markets Act*. 2023. 30 f. Dissertação (Mestrado em European Business Law) – Lund University, Lund, 2023.
13. JAFARGULIYEV, Amil. *Tying and Bundling in Digital Markets under the European Union Competition Law and Digital Markets Act*. 2023. 30 f. Dissertação (Mestrado em European Business Law) – Lund University, Lund, 2023.

Outro caso, de julho de 2018, diz respeito à multa aplicada ela Comissão ao Google em 4,34 bilhões de euros por violar o Artigo 102 do Tratado sobre o Funcionamento da União Europeia (TFEU) através de três práticas abusivas que reforçavam sua posição dominante no mercado de buscas na Internet. Essas práticas foram impostas a operadores de redes móveis e fabricantes de dispositivos por meio de três tipos de acordos: os Acordos de Distribuição de Aplicativos Móveis (MADA), que exigiam a pré-instalação dos aplicativos Google Search e Chrome para licenciar a Play Store; os Acordos de Compartilhamento de Receita (RSA), que condicionavam pagamentos à exclusividade na pré-instalação do Google Search; e os Acordos de AntiFragmentação (AFA), que impediam a venda de dispositivos com versões alternativas do Android, se quisessem pré-instalar aplicativos Google[14].

A Comissão Europeia focou principalmente no MADA, identificando a prática ilegal de vinculação, onde a Play Store era atrelada aos aplicativos Google Search e Google Chrome. A investigação mostrou que a Play Store era um aplicativo essencial, esperado pelos usuários nos dispositivos, e a vinculação forçava fabricantes a obter produtos apenas em pacotes. A Comissão concluiu que o Google era dominante nos mercados de sistemas operacionais móveis, lojas de aplicativos Android, serviços de busca geral e navegadores móveis, com poder de mercado entre 70% e 90% desde 2011[15].

A prática de vinculação foi considerada ilegal porque conferia uma vantagem competitiva substancial ao Google, criando um viés de *status quo*, onde os usuários tendiam a usar os aplicativos pré-instalados, prejudicial à inovação e aos consumidores dos produtos vinculados. O Tribunal Geral da União Europeia confirmou a decisão da Comissão, mas reduziu a multa para 4,125 bilhões de euros, devido à interrupção dos RSAs em 2014[16].

O caso trouxe importantes lições, mostrando que a vinculação e a exigência de pré-instalação de lojas de aplicativos com outros aplicativos podem ser consideradas práticas ilegais de vinculação e agrupamento, principalmente quando a empresa é dominante tanto nos mercados dos produtos vinculantes quanto nos vinculados. Além disso, o caso reconheceu o precedente do caso Microsoft

---

14. JAFARGULIYEV, Amil. *Tying and Bundling in Digital Markets under the European Union Competition Law and Digital Markets Act*. 2023. 30 f. Dissertação (Mestrado em European Business Law) – Lund University, Lund, 2023.
15. JAFARGULIYEV, Amil. *Tying and Bundling in Digital Markets under the European Union Competition Law and Digital Markets Act*. 2023. 30 f. Dissertação (Mestrado em European Business Law) – Lund University, Lund, 2023.
16. JAFARGULIYEV, Amil. *Tying and Bundling in Digital Markets under the European Union Competition Law and Digital Markets Act*. 2023. 30 f. Dissertação (Mestrado em European Business Law) – Lund University, Lund, 2023.

Media Player. O Google apelou da decisão, e o caso está pendente de julgamento no Tribunal de Justiça da União Europeia[17].

Por fim, ainda no âmbito da União Europeia, a Comissão tornou legalmente vinculativos os compromissos oferecidos pela Apple sob as regras antitruste da UE. Esses compromissos abordam as preocupações da Comissão sobre a recusa da Apple em conceder aos rivais acesso à tecnologia NFC para pagamentos sem contato em iPhones.

No mencionado caso, a Comissão considerou preliminarmente que a Apple tem poder de mercado significativo em dispositivos móveis inteligentes e posição dominante no mercado de carteiras móveis em iOS. A investigação concluiu que a Apple abusou de sua posição dominante ao negar acesso à tecnologia NFC a desenvolvedores de carteiras móveis concorrentes.

Em face disso, a Apple ofereceu os seguintes compromissos:

- Permitir acesso gratuito à tecnologia NFC para provedores de carteiras de terceiros.
- Aplicar critérios justos, objetivos e transparentes para conceder acesso NFC.
- Permitir que os usuários definam facilmente um aplicativo de pagamento HCE como padrão.
- Estabelecer um mecanismo de monitoramento e sistema de resolução de disputas.
- Aplicar esses compromissos a todos os desenvolvedores e usuários iOS na Área Econômica Europeia.

A Comissão concluiu que os compromissos finais da Apple resolveriam as preocupações sobre a restrição de acesso à NFC para desenvolvedores de carteiras móveis terceirizadas no EEE, tornando-os legalmente vinculativos por dez anos. Um administrador de monitoramento nomeado pela Apple supervisionará a implementação, reportando à Comissão durante o mesmo período. Esses compromissos não afetam as obrigações atuais ou futuras da Apple sob outras regulamentações, como a Lei de Mercados Digitais e a implementação do Euro Digital[18].

---

17. JAFARGULIYEV, Amil. *Tying and Bundling in Digital Markets under the European Union Competition Law and Digital Markets Act*. 2023. 30 f. Dissertação (Mestrado em European Business Law) – Lund University, Lund, 2023.
18. Disponível em: https://ec.europa.eu/commission/presscorner/detail/en/ip_24_3706.

Abaixo, um quadro resumido e explicativo sobre as obrigações assumidas pela Apple:

Fonte: EUROPEAN COMMISSION, 2024[19]

Já na China, caso envolvendo duas provedoras de serviços digitais traz algumas perspectivas sobre como essa temática está sendo enfrentada naquele país. Tencent e Qihoo 360, empresas líderes nos mercados de mensagens instantâneas e software antivírus, respectivamente, ofereciam seus principais produtos gratuitamente, obtendo lucros através de publicidade online e serviços adicionais pagos. Em 2010, a Tencent lançou o software de segurança QQ Doctor, mas sua promoção não foi bem-sucedida. Posteriormente, a Tencent integrou o QQ Doctor ao seu software de mensagens instantâneas, sem aviso prévio aos usuários, o que levantou preocupações sobre a possibilidade de restringir a concorrência no mercado de antivírus, dominado pela Qihoo[20].

Em 2012, a Qihoo processou a Tencent, alegando abuso de posição dominante, por meio de duas estratégias de venda casada. A primeira envolvia a vinculação do software de mensagens QQ com o software de gestão QQ, e a segunda a integração do QQ Doctor ao software de gestão, formando o QQ

---

19. Disponível em: https://ec.europa.eu/commission/presscorner/detail/en/ip_24_3706.
20. CHINA. Beijing Qihoo Technology Co., Ltd. v. Tencent Technology (Shenzhen) Co., Ltd. & Shenzhen Tencent Computer Systems Co., Ltd. A dispute over abusing dominant market positions. *SPC Guiding Case n.* 78, 6 mar. 2017.

Computer Housekeeper. No entanto, em 2014, o Supremo Tribunal Popular da China (SPC) decidiu que a Tencent não possuía posição dominante no mercado de mensagens instantâneas, o que dispensava a necessidade de analisar o abuso de posição dominante. Mesmo assim, o tribunal avaliou os efeitos das práticas de venda casada e concluiu que não havia provas de que essas práticas reduziram significativamente a participação de mercado da Qihoo ou restringiram a concorrência[21].

A análise realizada ao longo deste capítulo revelou que a prática da venda casada no mercado digital apresenta nuances que diferem significativamente das situações observadas no mercado tradicional. Ao explorar casos práticos da União Europeia e da China, foi possível identificar que a complexidade da economia digital introduz novos desafios. O modelo digital, caracterizado pela integração de plataformas, dados e serviços, muitas vezes dificulta a percepção clara da prática de venda casada, exigindo uma abordagem jurídica mais refinada e específica para garantir a proteção do consumidor.

6.2 VENDAS CASADAS NO REGULAMENTO DOS MERCADOS DIGITAIS 2022/1925 (DIGITAL MARKETS ACT – DMA)

Na economia contemporânea, os serviços digitais, e em especial as plataformas online, desempenham um papel cada vez mais relevante. No entanto, os serviços de plataformas essenciais[22] apresentam várias características que podem ser exploradas de maneiras específicas.

Uma característica marcante dos serviços de plataforma essenciais é a extrema economia de escala, que pode resultar em custos marginais quase nulos na adição de novos usuários. Além disso, esses serviços apresentam fortes efeitos de rede, capacidade de conectar muitos usuários por meio da multilateralidade, grande dependência tanto de fornecedores quanto de usuários, efeito de aprisio-

---

21. CHINA. Beijing Qihoo Technology Co., Ltd. v. Tencent Technology (Shenzhen) Co., Ltd. & Shenzhen Tencent Computer Systems Co., Ltd. A dispute over abusing dominant market positions. *SPC Guiding Case n.* 78, 6 mar. 2017.
22. Segundo o Regulamento dos Mercados Digitais 2022/1925 (Digital Markets Act – DMA), são considerados "Serviço essencial de plataforma" qualquer dos seguintes serviços: a) Serviços de intermediação em linha; b) Motores de pesquisa em linha; c) Serviços de redes sociais em linha; d) Serviços de plataforma de partilha de vídeos; e) Serviços de comunicações interpessoais independentes do número; f) Sistemas operativos; g) Navegadores Web; h) Assistentes virtuais; i) Serviços de computação em nuvem; j) Serviços de publicidade em linha, incluindo qualquer rede de publicidade, trocas publicitárias ou outro serviço de intermediação publicitária, prestados por uma empresa que presta qualquer um dos serviços essenciais de plataforma enumerados nas alíneas a) a i).

namento, ausência de *multi-homing*, integração vertical e vantagens econômicas baseadas em dados[23-24].

Tais características, quando acompanhadas de possíveis práticas desleais pelos serviços de plataforma essenciais, podem afetar negativamente a contestabilidade do mercado. Como resultado, pode ocorrer uma significativa redução do direito de escolha dos consumidores, levando o provedor de serviços a assumir a posição de *gatekeeper*[25].

Os controladores de acesso, ou *gatekeepers*, atuam como verdadeiras pontes entre uma vasta gama de usuários comerciais e um público ainda mais amplo de consumidores finais, graças aos seus serviços inovadores. Esta posição estratégica não apenas facilita transações e comunicações em uma escala impressionante, mas também abre portas para esses *gatekeepers* explorarem suas posições privilegiadas. Uma das maiores alavancas que têm à disposição é o acesso a um oceano de dados gerados pelas interações em suas plataformas[26].

Este acesso não se limita a informações superficiais; ele se estende a insights profundos sobre o comportamento do consumidor, tendências de mercado, preferências pessoais, e muito mais. Com esses dados, os *gatekeepers* não apenas refinam e personalizam seus serviços atuais, mas também identificam oportunidades para diversificar suas ofertas e penetrar em novos mercados. Essa capacidade de transferir conhecimento e recursos de um setor para outro lhes confere uma vantagem competitiva formidável, permitindo não apenas a expansão dos seus domínios de atuação, mas também a solidificação de sua posição como pilares centrais da economia digital[27].

Nesse sentido, os *gatekeepers* desempenham um papel crítico não apenas em conectar diferentes esferas do comércio eletrônico, mas também em moldar

---

23. Conforme expõe Nicolas Petit, O DMA reflete uma abordagem baseada nos efeitos de rede, amplamente estudados na economia digital. Nestes modelos, a inclusão de um novo usuário em uma plataforma resulta em benefícios marginais consideráveis para os demais usuários, um fenômeno conhecido como "efeito de rede". Esse processo cria um ponto de inflexão, onde os usuários tendem a se concentrar em uma ou mais plataformas dominantes. A demanda por essas plataformas mostra-se estável e pouco flexível, contrastando com a análise tradicional de dominância que se limita ao tamanho horizontal das empresas. O DMA, portanto, considera não apenas a dimensão da expansão das empresas, mas também como os efeitos de rede influenciam a dinâmica competitiva no mercado digital. Petit, Nicolas. The Proposed Digital Markets Act (DMA): A Legal and Policy Review, *Journal of European Competition Law & Practice*, v. 12, Issue 7, September 2021, Pages 529-541.
24. Ver: https://eur-lex.europa.eu/legal-content/EN/TXT/?uri=uriserv%3AOJ.L_.2022.265.01.0001.01.ENG&toc=OJ%3AL%3A2022%3A265%3ATOC.
25. Disponível em: https://eur-lex.europa.eu/legal-content/PT/TXT/?uri=CELEX%3A52020PC0842.
26. Disponível em: https://eur-lex.europa.eu/legal-content/PT/TXT/?uri=CELEX%3A52020PC0842.
27. Disponível em: https://eur-lex.europa.eu/legalcontent/EN/TXT/?uri=uriserv%3AO-J.L_.2022.265.01.0001.01.ENG&toc=OJ%3AL%3A2022%3A265%3ATOC.

as direções futuras dessas conexões. Sua influência vai além de meros intermediários; eles são arquitetos da interação digital, cujas decisões e estratégias têm o poder de definir padrões de mercado, influenciar comportamentos de consumo e até mesmo moldar a própria estrutura da economia digital global[28-29].

Nesse contexto, mesmo que novos entrantes ou concorrentes estabelecidos adotem práticas inovadoras e eficientes, a estrutura do mercado digital é tal que desafiar esses gigantes é uma tarefa hercúlea. A dificuldade de contestação do mercado é agravada por barreiras significativas de entrada e saída. Investimentos iniciais massivos são necessários, cujos retornos não são garantidos e podem ser irrecuperáveis em caso de retirada do mercado. Além disso, acesso limitado a insumos críticos, como dados, cria uma lacuna adicional, reforçando a posição dos *gatekeepers* e dificultando a ascensão de novos competidores[30].

Essa dinâmica pode resultar em mercados que operam suboptimamente ou, pior ainda, em falhas sistemáticas que prejudicam a funcionalidade geral do setor digital. O poder de barganha desproporcional dos *gatekeepers* pode levar a desequilíbrios significativos, afetando negativamente os usuários comerciais e finais. Condições injustas podem se instalar, refletindo-se em preços distorcidos, qualidade comprometida, concorrência injusta, redução na escolha do consumidor e estagnação da inovação[31].

A estrutura regulatória da União Europeia, embora abrangente, enfrenta desafios ao lidar com os *gatekeepers* da economia digital. Os Artigos 101 e 102 do Tratado sobre o Funcionamento da União Europeia (TFUE) oferecem um arcabouço legal, mas seu escopo é restrito a casos de dominância em mercados específicos e práticas anticompetitivas, aplicando-se principalmente após os fatos

---

28. Disponível em: https://eur-lex.europa.eu/legal-content/PT/TXT/?uri=CELEX%3A52020PC0842.
29. A decisão do Tribunal de Justiça da União Europeia (TJUE) no caso Google Shopping tem uma conexão direta com os princípios estabelecidos pelo Digital Markets Act (DMA), legislação da União Europeia que visa regular o comportamento das grandes plataformas digitais. O DMA impõe regras rigorosas para impedir que as empresas dominantes favoreçam injustamente seus próprios serviços, garantindo um mercado mais competitivo e equilibrado. No julgamento, o TJUE confirmou a decisão da Comissão Europeia de que a Google violou o artigo 102 do Tratado sobre o Funcionamento da União Europeia (TFEU) ao priorizar seu próprio serviço de comparação de preços, o Google Shopping, nos resultados de busca. Isso configurou uma prática de *self-preferencing*, onde a empresa, utilizando-se de sua posição dominante, prejudicou concorrentes e distorceu a concorrência de forma injusta. O tribunal reconheceu que essa prática, em certos contextos, constitui abuso de posição dominante, reforçando que as empresas de tecnologia não podem usar seu poder de mercado para desvirtuar a concorrência. Ver: https://www.jota.info/artigos/google-anticompetitivo-necessidade-de-reciclagem-da-defesa--da-concorrencia.
30. Disponível em: https://eur-lex.europa.eu/legal-content/PT/TXT/?uri=CELEX%3A52020PC0842.
31. Disponível em: https://eur-lex.europa.eu/legal-content/PT/TXT/?uri=CELEX%3A52020PC0842.

(*ex post*)³². Essa abordagem, embora essencial, não é suficiente para enfrentar as complexidades e os desafios sistêmicos impostos pelos *gatekeepers*.

Frente a essa lacuna, o Digital Markets Act (DMA)³³⁻³⁴⁻³⁵ surge como uma resposta proativa. Este regulamento, datado de 2022, foi concebido para preencher as lacunas identificadas pelas políticas públicas, reconhecendo que não há medidas menos restritivas que possam efetivamente alcançar os mesmos objetivos. Assim, o DMA seria fundamental para salvaguardar a ordem pública, proteger a privacidade dos usuários e combater práticas comerciais fraudulentas e enganosas.

De acordo com o Digital Markets Act (DMA), *gatekeeper* é um termo usado para descrever certas plataformas digitais ou intermediários online que detêm significativo poder de mercado. Os *gatekeepers* são centrais para o quadro regulatório do DMA e estão sujeitos a obrigações³⁶ e regras específicas destinadas a garantir uma concorrência justa e proteger os interesses dos consumidores e negócios.

Cabe destacar que o Digital Markets Act (DMA) entrou em vigor em 1º de novembro de 2022, com a maioria das disposições começando a ser aplicadas em 2 de maio de 2023, quando teve início o procedimento de designação de

---

32. Segundo Demircan, o DMA pretende regular os mercados digitais utilizando uma metodologia *ex-ante* com uma abordagem *per se*. Demircan, M. (2023). The DMA and the GDPR: Making Sense of Data Accumulation, Cross-Use and Data Sharing Provisions. In: Bieker, F., Meyer, J., Pape, S., Schiering, I., Weich, A. (Ed.). *Privacy and Identity Management. Privacy and Identity 2022*. IFIP Advances in Information and Communication Technology, vol 671. Springer, Cham.
33. Vicente Bagnoli pontua que o objetivo do Digital Markets Act é permitir que as plataformas desbloqueiem seu potencial máximo, evitando práticas injustas e fraca contestabilidade, e possibilitando que tanto os usuários finais quanto os usuários comerciais obtenham os benefícios completos da economia digital. BAGNOLI, Vicente. Designing competition policy in digital markets for developing economies: how the EU can contribute with the Digital Markets Act and Digital Services Act. *Revista de Defesa da Concorrência*, Brasília, v. 9, n. 2, p. 133-158, dez. 2021.
34. Sob a perspectiva do direito do consumidor, Anna Moskal observa que o DMA perde a oportunidade de fornecer a tão esperada definição atualizada de "consumidor", o que poderia levar a uma recalibração da lei de proteção ao consumidor da UE. Além disso, o DMA não explora totalmente o potencial da proteção ao consumidor. Moskal, Anna, Digital Markets Act (DMA): A Consumer Protection Perspective (January 31, 2023). European Papers, v. 7, 2022, n. 3, p. 1113-1119.
35. "O movimento legislativo europeu teve por base um conjunto de investigações e condenações de Big Techs sobre determinadas condutas consideradas anticoncorrenciais, como discriminação, venda casada e recusa de venda". MARANHÃO, Juliano; BARROS, Josie de Menezes (Coords.). *Regulação de Mercados Digitais no Brasil*: contribuições ao PL 2768/2022. Legal Grounds Institute: São Paulo, 2023.
36. De acordo com Pınar Akman, permanece em questão se todas as obrigações estipuladas são suficientemente claras para proporcionar certeza jurídica, como alegado pelo DMA, um aspecto ainda em discussão. AKMAN, Pınar. Regulating competition in digital platform markets: a critical assessment of the framework and approach of the EU Digital Markets Act. *European Law Review*, Leeds, 2022.

gatekeepers[37]. Tal documento marca um ponto de virada significativo após vinte anos de discussões sobre a subaplicação das leis de concorrência[38].

Em 6 de setembro de 2023, a Comissão Europeia nomeou pela primeira vez seis *gatekeepers* – Alphabet, Amazon, Apple, ByteDance, Meta e Microsoft. Já em 29 de abril de 2024, a Apple foi designada como *gatekeeper*, especificamente em relação ao seu iPadOS, sistema operacional para tablets, conforme o DMA. Em 13 de maio de 2024, a Comissão também designou a Booking como *gatekeeper* pelo seu serviço de intermediação online Booking.com. No total, foram identificados 24 serviços de plataforma essenciais fornecidos por esses *gatekeepers*[39].

A necessidade de compliance é fundamental para os *gatekeepers* designados sob o Digital Markets Act (DMA). Após a designação, os *gatekeepers* devem cumprir as obrigações estabelecidas nos artigos 5, 6 e 7 do DMA dentro de um prazo de seis meses. Dentro desse mesmo prazo, é necessário fornecer à Comissão Europeia um relatório detalhado e transparente, descrevendo as medidas implementadas para assegurar a conformidade com essas obrigações. Além disso, é exigido que publiquem um resumo não confidencial desses relatórios.

Esses relatórios, juntamente com o resumo não confidencial, devem ser atualizados pelo menos anualmente. A transparência e a regularidade na atualização dos relatórios são essenciais para garantir que os *gatekeepers* continuem a cumprir as regras estabelecidas e para permitir a devida fiscalização por parte da Comissão Europeia. Dessa forma, o processo de compliance não só promove a concorrência justa e protege os direitos dos consumidores, mas também fortalece a integridade e a responsabilidade das plataformas digitais no mercado europeu[40].

No que diz respeito às práticas proibidas, o Digital Markets Act (DMA) da União Europeia veda a "venda casada". Em particular, os artigos 5(7) e 5(8) regulam as práticas de amarração (*tying*) e agrupamento (*bundling*), que se relacionam diretamente com essa proibição. Essas medidas têm o objetivo de evitar que *ga-*

---

37. "Diferente da abordagem seguida no direito da concorrência, no entanto, o DMA mantém um teste leve em informações para permitir um sistema prático de designação antecipada de posições de gatekeeper. O objetivo é evitar que o conceito dependa da definição do mercado relevante e da avaliação do poder de mercado e da posição da empresa em relação aos concorrentes. O sistema visa possibilitar a designação rápida das empresas sem incorrer nos custos de testes estruturais" (tradução autora). Petit, Nicolas. The Proposed Digital Markets Act (DMA): A Legal and Policy Review, *Journal of European Competition Law & Practice*, Volume 12, Issue 7, September 2021, Pages 529-541.
38. Demircan, M. (2023). The DMA and the GDPR: Making Sense of Data Accumulation, Cross-Use and Data Sharing Provisions. In: BIEKER, F., MEYER, J., PAPE, S., SCHIERING, I., WEICH, A. (Ed.). *Privacy and Identity Management. Privacy and Identity* 2022. IFIP Advances in Information and Communication Technology, v. 671. Springer, Cham.
39. Disponível em: https://digital-markets-act.ec.europa.eu/gatekeepers_en.
40. Disponível em: https://digital-markets-act-cases.ec.europa.eu/reports/compliance-reports.

tekeepers imponham a combinação forçada de produtos ou serviços, garantindo maior concorrência e liberdade de escolha para os consumidores.

De acordo com o Artigo 5(7) do DMA, o *gatekeeper* não pode exigir que os usuários finais ou usuários comerciais utilizem seus serviços de identificação, motores de navegador ou serviços de pagamento, ou ainda serviços técnicos que suportem a prestação desses serviços de pagamento, como sistemas de pagamento para compras dentro de aplicativos. Essa proibição busca evitar que um *gatekeeper force* os usuários a adotarem serviços adicionais como condição para acessar a plataforma principal, limitando a concorrência.

De acordo com Jafarguliyev, os beneficiários da proibição são claramente definidos. Os utilizadores finais, conforme estabelecido no Artigo 2(20) do Digital Markets Act (DMA), referem-se a "qualquer pessoa física ou jurídica que utiliza os serviços de plataforma principal, exceto como utilizador empresarial". Em outras palavras, isso abrange qualquer indivíduo ou empresa que utilize esses serviços para fins pessoais ou não comerciais, garantindo sua proteção. Por outro lado, os utilizadores empresariais, definidos como "qualquer pessoa física ou jurídica que atue em capacidade comercial ou profissional, utilizando serviços de plataforma principal com o propósito de ou durante a prestação de bens ou serviços aos utilizadores finais", também são protegidos, porém com um escopo mais amplo. Nesse caso, há a proteção de não serem forçados a usar ou oferecer serviços adicionais do *gatekeeper* enquanto prestam seus próprios serviços[41].

Assim, os *gatekeepers* estão impedidos de obrigar os utilizadores finais a "usar" e os utilizadores empresariais a "usar", "oferecer" ou "interoperar com" os quatro serviços mencionados, enquanto utilizam os serviços de plataforma principal do *gatekeeper*. Essa medida visa assegurar que as empresas não utilizem sua posição dominante para impor serviços adicionais aos seus clientes, seja para fins pessoais ou comerciais. Além disso, é fundamental destacar que os utilizadores empresariais não podem ser forçados a aderir a esses serviços ao prestarem seus próprios serviços por meio da plataforma principal do *gatekeeper*. Essa proteção cria um ambiente mais justo e competitivo, onde as empresas podem operar sem a necessidade de depender excessivamente de um único provedor de serviços.

Por fim, cabe destacar que o Artigo 5(7) do DMA proíbe os *gatekeepers* de vincularem ou agruparem certos serviços, como serviços de identificação, navegadores web, serviços de pagamento e serviços técnicos que suportam pagamentos, com seus serviços de plataforma principal (CPS). Esses serviços, definidos no

---

41. JAFARGULIYEV, Amil. *Tying and Bundling in Digital Markets under the European Union Competition Law and Digital Markets Act*. 2023. 30 f. Dissertação (Mestrado em European Business Law) – Lund University, Lund, 2023.

Artigo 2º do DMA, não podem ser impostos aos utilizadores, assegurando que as empresas não criem dependências adicionais para seus clientes.

Já o Artigo 5(8) vai além ao proibir o *gatekeeper* de exigir que os usuários comerciais ou finais se inscrevam ou registrem em outros serviços principais da plataforma como condição para o uso, acesso ou registro em qualquer serviço principal da plataforma do *gatekeeper*. Isso impede que a plataforma condicione o uso de um serviço principal à obrigatoriedade de subscrição de outro serviço, garantindo maior liberdade de escolha aos usuários.

Em adição a essas disposições, o Artigo 6(3) do DMA obriga os *gatekeepers* a permitirem que os utilizadores finais desinstalem facilmente qualquer aplicação de software pré-instalada em seus sistemas operacionais, exceto quando essas aplicações forem essenciais para o funcionamento do sistema ou do dispositivo e não estiverem disponíveis de forma independente por terceiros. Além disso, os *gatekeepers* devem permitir que os utilizadores finais alterem as configurações padrão de sistemas operacionais, assistentes virtuais e navegadores web que redirecionem para outros produtos ou serviços do próprio *gatekeeper*. A medida visa prevenir a amarração técnica ou o agrupamento forçado de aplicações de software.

No Brasil, o Projeto de Lei 2768/2022[42], atualmente em tramitação no Congresso Nacional brasileiro, busca regulamentar o mercado digital no país, em uma iniciativa semelhante ao Digital Markets Act (DMA) da União Europeia. O objetivo do PL é promover uma concorrência justa, proteger os consumidores e garantir igualdade de condições no mercado digital. Inspirado nas diretrizes europeias, o PL 2768/2022 introduz mecanismos que visam equilibrar o poder de mercado e estimular a inovação no setor digital brasileiro.

Uma das principais disposições do PL é a designação de plataformas digitais como *d*etentores de poder de controle de acesso essencial, conceito semelhante ao do *gatekeeper* trazido pelo DMA. Esses detentores de poder de controle de acesso essencial *s*ão plataformas que possuem poder significativo de mercado e, por isso, ficariam sujeitas a obrigações regulatórias específicas para evitar práticas anticompetitivas.

Assim como o DMA, o PL 2768/2022 proíbe práticas que favoreçam indevidamente os próprios produtos ou serviços dos detentores de poder de controle

---

42. O PL 2768/22 visa regulamentar os mercados digitais, abordando questões de concorrência que, segundo a proposta, requerem uma intervenção regulatória específica, além das ações já realizadas pelo Conselho Administrativo de Defesa Econômica (CADE) na repressão a infrações e controle de concentrações no mercado. MARANHÃO, Juliano; BARROS, Josie de Menezes (Coord.). *Regulação de Mercados Digitais no Brasil:* contribuições ao PL 2768/2022. São Paulo: Legal Grounds Institute, 2023.

de acesso essencial em detrimento da concorrência, além de abordar a importância do acesso a dados e da portabilidade de informações. Os detentores de poder de controle de acesso essencial *d*evem garantir que usuários e empresas possam acessar seus dados e transferi-los, o que amplia o controle dos usuários e promove a competição.

Outra semelhança entre o PL brasileiro e o DMA é a possibilidade de investigação de práticas anticompetitivas. As autoridades terão poder para investigar os detentores de poder de controle de acesso essencial *s*uspeitos de comportamentos prejudiciais ao mercado e aplicar medidas corretivas para restabelecer o equilíbrio competitivo.

No artigo 5º, o PL 2768/2022 define os objetivos da regulação das plataformas digitais no Brasil. Entre eles, destacam-se o desenvolvimento econômico com concorrência justa, o acesso à informação e à cultura, o incentivo à inovação, a interoperabilidade por meio de padrões tecnológicos abertos e a portabilidade de dados. Esses objetivos reforçam a busca por um ambiente digital mais competitivo e acessível, alinhado às demandas da economia digital global.

CONSIDERAÇÕES FINAIS

Ao longo deste estudo, ficou demonstrado que o Direito da Concorrência e o Direito do Consumidor, embora regulados por normas distintas – a Lei de Defesa da Concorrência e o Código de Defesa do Consumidor – compartilham um objetivo comum: a promoção do bem-estar do consumidor. No Brasil, a Constituição Federal consagra o princípio da Defesa da Concorrência lado a lado com o da Defesa do Consumidor, demonstrando que, embora sejam institutos autônomos, sua implementação exige coordenação e harmonização.

A repressão à prática da venda casada é uma demonstração dessa interdependência, sendo justificada tanto pela esfera concorrencial quanto pela proteção ao consumidor. Não se trata de um *bis in idem*, mas de uma proteção dúplice, que abrange tanto o controle da concorrência quanto a defesa dos interesses diretos dos consumidores. Todavia, para que essa tutela seja eficaz, é necessária uma interpretação coerente das duas legislações.

O método do Diálogo das Fontes surge como uma ferramenta fundamental para superar aparente (e eventual) conflito entre essas esferas jurídicas. Ele permite que os diferentes microssistemas jurídicos sejam alinhados, promovendo um diálogo que leva em consideração os pontos de conexão e a influência recíproca entre as normativas.

No ambiente digital, o cenário se torna ainda mais complexo. A evolução dos mercados digitais trouxe novos desafios para a regulamentação de práticas como o *tying* e o *bundling*, que adquirem novas formas e complexidades. A integração de aplicativos, sistemas operacionais e plataformas digitais levanta questões não apenas sobre concorrência, mas também sobre a capacidade do consumidor de exercer sua escolha de maneira livre e informada. A linha entre inovação legítima e práticas anticompetitivas se torna tênue, exigindo das autoridades uma abordagem flexível e adaptativa.

A venda casada digital, seja por meio da integração de serviços ou pela negativa de portabilidade de dados, demonstra a necessidade de uma revisão dogmática à luz das novas realidades do mercado. O conceito de servitização, por exemplo, introduz uma nova camada de complexidade ao integrar produtos e serviços em pacotes que buscam atender de maneira completa às necessidades dos consumidores. No entanto, essa integração também pode gerar preocupações quanto a sua juridicidade.

Diante desse cenário, a atuação conjunta e coordenada entre as diferentes esferas de proteção ao consumidor e à concorrência é essencial. Apenas por meio dessa abordagem integrada será possível evitar que práticas aparentemente vantajosas no curto prazo, mas potencialmente prejudiciais no longo prazo, sejam legitimadas pelo sistema jurídico.

Ademais, a introdução de novos regulamentos, como o Digital Markets Act (DMA) na União Europeia e o Projeto de Lei 2768/2022 no Brasil, reflete a necessidade de adaptar as políticas públicas às peculiaridades dos mercados digitais. Essas normativas buscam garantir que o poder das grandes plataformas digitais seja equilibrado por regras claras que promovam a concorrência e protejam os consumidores, evitando a consolidação de monopólios e práticas anticompetitivas.

Em conclusão, a venda casada, tanto nos mercados tradicionais quanto no digital, continua a ser um desafio regulatório que exige atenção constante. A harmonização entre o Direito da Concorrência e o Direito do Consumidor, aliada a uma abordagem regulatória proativa, será fundamental para garantir que o mercado permaneça dinâmico, competitivo e verdadeiramente benéfico aos consumidores.

REFERÊNCIAS

ACOCELLA, Jéssica; SAMPAIO, Rodrigo. Impactos da LGPD sobre a atuação da administração pública: alguns desafios e sua efetividade. In: DAL POZZO, Augusto Neves; MARTINS, Ricardo Marcondes. *LGPD e Administração Pública, ebook*. São Paulo: RT, 2020.

AFUAH, Allan. Are network effects really all about size? The role of structure and conduct. *Strategic Management Journal*, 34, p. 257, 2013.

AGÊNCIA SENADO. *Comissão de Juristas Apresenta Relatório sobre Atualização do CDC*. Disponível em: http://www12.senado.gov.br/noticias/materias/2012/03/14/comissao--de-juristas-encerra-primeira-etapa-do-cdc. Acesso em: 22 ago. 2013.

AKERLOF, George A. The Market for "Lemons": Quality, Uncertainty and The Market Mechanism. *Quarterly Journal of Economics*, n. 84, p. 488-500, 1970.

AKMAN, Pinar. Regulating competition in digital platform markets: a critical assessment of the framework and approach of the EU Digital Markets Act. *European Law Review*, Leeds, 2022.

ALEMANHA. Constituição do Império Alemão de 1919. *Amtsblatt*: 11 de agosto de 1919.

ALSTYNE, Marshall Van. *A Platform Strategy*: Creating New Forms of Value in the Digital Age. Capgemini Consulting, 2016

AMARO, Zoraide. Estrutura Orgânica do Mercosul: Direito de Concorrência no Processo de Integração. *Revista Jurídica da Presidência*, Brasília, v. 9, n. 85, p. 20-39, jun./jul. 2007.

AMERICAN ANTITRUST INSTITUTE. *The Post-Chicago School*. Disponível em: http://www.antitrustinstitute.org/content/post-chicago-school. Acesso em: 11 mar. 2013.

ANDERS, Eduardo Caminati; CORDOVIL, Leonor Augusta Giovanne; BAGNOLI, Vicente; CARVALHO, Vinícius Marques de. *Nova Lei de Defesa da Concorrência Comentada*. São Paulo: RT, 2012.

AUTORITÉ DE LA CONCURRENCE. Bundeskartellamt. *Competition Law and Data*. Disponível em: http://www.autoritedelaconcurrence.fr/doc/reportcompetitionlawanddatafinal.pdf. Acesso em: 7 jul. 2016.

ÁVILA, Humberto. *Teoria dos Princípios*: Da Definição à Aplicação dos Princípios Jurídicos. Porto Alegre: Malheiros Editores, 2008.

BADIN, Arthur. Venda Casada: Interface entre a Defesa da Concorrência e do Consumidor. *Revista de Direito da Concorrência*, Brasília: IOB/CADE, n. 5, p. 49-86, jan./mar. 2005.

BAGNOLI, Vicente. Designing competition policy in digital markets for developing economies: how the EU can contribute with the Digital Markets Act and Digital Services Act. *Revista de Defesa da Concorrência, Brasília*, v. 9, n. 2, p. 133-158, dez. 2021.

BAGNOLI, Vicente. *Introdução ao Direito da Concorrência*. São Paulo: Editora Singular, 2005.

BALFOUR, Brian. *Achieving The Network Effect*: Solving The Chicken or The Egg. Disponível em: https://brianbalfour.com/essays/the-network-effect-marketplaces. Acesso em: 22 jan. 2018.

BASEDOW, Jürgen. *Private Enforcement of Ec Competition Law*. Alphen aan den Rijn: Kluwer Law International, 2007.

BENJAMIN, Antonio Herman de Vasconcellos; WATANABE, Kazuo; FINK, Daniel Roberto; FILOMENO, José Geraldo Brito; GRINOVER, Ada Pellegrini; NERY JR., Nelson; DENARI, Zelmo. *Código Brasileiro de Defesa do Consumidor*: Comentado pelos Autores do Anteprojeto. 5. ed. Rio de Janeiro: Forense Universitária, 1998.

BENJAMIN, Antonio Herman de Vasconcellos. Proteção do Consumidor e Patentes: O Caso dos Medicamentos. *Revista de Direito do Consumidor*. São Paulo: RT, v. 10, p. 21-26, abr./jun. 1994.

BENJAMIN, Antonio Herman de Vasconcellos; MARQUES, Claudia Lima; BESSA, Leonardo Roscoe. *Manual de Direito do Consumidor*. 2 ed., rev., atual. e ampl. São Paulo: RT, 2009.

BERGH, Roger Van Den; CAYSEELE, Patrick Van. *Antitrust Law*. Disponível em: http://encyclo.findlaw.com/5300book.pdf. Acesso em: 1º out. 2012.

BERNINI, Giorgio. *Um Secolo di Filosofia Antitrust*. Bologna: Editrice, 1991.

BIONI, Bruno. *Privacidade e Proteção de Dados Pessoais em 2017*. Disponível em: https://www.jota.info/colunas/agenda-da-privacidade-e-da-protecao-de-dados/privacidade-e-protecao-de-dados-pessoais-em-2017-10012017. Acesso em: 8 jan. 2018.

BOBBIO, Norberto. *Teoria do Ordenamento Jurídico*. 10 ed. Brasília: Editora UNB, 1999.

BORENSTEIN, Severin; MacKie-Mason, Jeffrey; NETZ, Janet. *The Economics of Customer Lock-In and Market Power in Services*. Dordrecht: Springer, 1995.

BORK, Robert H. *The Antitrust Paradox*: A Policy at War with Itself. New York: Free Press, 1993.

BOURGOIGNIE, Thierry. *Droits des Consommateurs et Marché Économique*: Une Perspective Doctrinale. Bruxelles: Story-Scientia, 1993.

BRANCO, Paulo Gustavo Gonet. *Juízo de ponderação na jurisdição constitucional*. Rio de Janeiro: Grupo GEN, 2012.

BRASIL. Código de Defesa do Consumidor: Lei n8.078, de 11 de setembro de 1990. *Diário Oficial da União*: 12 de setembro de 1990.

BRASIL. Conselho Administrativo de Defesa Econômica. Processo Administrativo 08012.000429/2003-21. Conselheiro-Relator: Luiz Carlos Delorme Prado. Julgado em 1º set. 2004.

BRASIL. Conselho Administrativo de Defesa Econômica. Ato de Concentração 08012.001697/2002-89. Partes: Chocolates Garoto S/A e Nestlé Brasil Ltda. Conselheiro Relator Thompson Almeida Andrade. Julgado em 4 fev. 2004.

BRASIL. Conselho Administrativo de Defesa Econômica. Ato de Concentração 08012.004423/2009-18. Partes: Perdigão S.A. e Sadia S.A. Relator: Conselheiro Carlos Emmanuel Joppert Ragazzo.

BRASIL. Conselho Administrativo de Defesa Econômica. Processo Administrativo 08012.006636/1997-43. Partes: Associação dos Lojistas de Shopping do Estado de São Paulo e Condomínio Shopping Center Iguatemi. Relator: Conselheiro Luis Fernando Rigato Vasconcellos. Julgado em 4 set. 2007.

BRASIL. Conselho Administrativo de Defesa Econômica. Processo Administrativo 08012.009888/2003-70. Relator: Conselheiro Fernando Magalhães Furlan. Julgado em 1º set. 2010.

BRASIL. Conselho Administrativo de Defesa Econômica. Processo Administrativo 08012.01271/2001-44. Partes: PROCON/SP e SKF do Brasil Ltda. Relator: Conselheiro Marcos Paulo Verissimo. Julgado em 30 jan. 2013.

BRASIL. Conselho Administrativo de Defesa Econômica. Processo Administrativo 08700.003070/2010-14. Partes: Banco do Brasil S.A. Relator: Conselheiro Marco Paulo Veríssimo.

BRASIL. Conselho Administrativo de Defesa Econômica. Processo 08700.005694/2013-19. Disponível em: http://sei.cade.gov.br/. Acesso em: 1º fev. 2017.

BRASIL. Constituição de 1934. *Diário Oficial:* 16 de julho de 1934.

BRASIL. Constituição de 1946. *Diário Oficial:* 19 de setembro de 1946.

BRASIL. Constituição Federal de 1988. *Diário Oficial da União:* 5 de outubro de 1988.

BRASIL. Escola Nacional de Defesa do Consumidor. *A proteção de dados pessoais nas relações de consumo: para além da informação creditícia.* Brasília: SDE/DPDC, 2010.

BRASIL. Decreto 2.338 de 1997. *Diário Oficial da União:* 8 out. 1997.

BRASIL. Decreto 6.061 de 2007, *Diário Oficial da União:* 16 mar. 2007.

BRASIL. Decreto 99.244, de 10 de maio de 1990. *Diário Oficial:* 11 maio 1990.

BRASIL. Lei 4.137, de 10 de setembro de 1962. *Diário Oficial:* 12 nov. 1962.

BRASIL. Lei 7.347/87 de 24 de julho 85. *Diário Oficial da União:* 25 jul. 1985.

BRASIL. Lei 8.158, de 8 de janeiro de 1991. *Diário Oficial da União:* 9 jan. 1991.

BRASIL. Lei 8.884, de 11 de junho de 1994. *Diário Oficial da União:* 13 jun. 1994.

BRASIL. Lei 12.529, de 30 de novembro de 2011. *Diário Oficial da União*: 30 nov. 2011.

BRASIL. Ministério da Fazenda. Secretaria de Acompanhamento Econômico (SEAE). *Guia para Análise Econômica de Atos de Concentração Horizontal.* Portaria Conjunta SEAE/SDE 50, 1º ago. 2001.

BRASIL. Portaria Interministerial MJ/MF 994 de 30 de maio de 2012. *Diário Oficial:* 30 maio 2012.

BRASIL. Resolução CNSP 296 de 25/10/2013. *Diário Oficial da União:* 28 out. 2013.

BRASIL. Resolução 460, de 19 de março de 2007. *Diário Oficial da União:* 19 mar. 2007.

BRASIL. Superior Tribunal de Justiça. Recurso Especial 744.602. Relator: Ministro Luiz Fux, julgado em 23 mar. 2003.

BRASIL. Superior Tribunal de Justiça. Recurso Especial 384.284-RS. Relator: Ministro Herman Benjamin. Julgado em 15 dez. 2009.

BRASIL. Superior Tribunal de Justiça. Recurso Especial 112.137. Relator: Ministro Paulo de Tarso Sanseverino. Julgado em 3 dez. 2010.

BRASIL. Superior Tribunal de Justiça. Recurso Especial 1.068.944. Partes: Telemar Norte Leste S/A e Maria das Graças Belmiro. Ministro Herman Benjamin. Julgado em 9 fev. 2009.

BRASIL. Superior Tribunal de Justiça. Recurso Especial 1.097.582. Relator: Ministro Marco Buzzi, julgado em 8 abr. 2013.

BRASIL. Superior Tribunal de Justiça. Recurso Especial 1.639.259/SP, relator Ministro Paulo de Tarso Sanseverino, Segunda Seção, julgado em 12 dez. 2018, DJe 17 dez. 2018.

BRASIL. Superior Tribunal de Justiça. Recurso Especial 1.358.23. Partes: Prégia Coltelli Ltda e KUEHNE + NAGEL Serviços Logísticas Ltda. Relatora: Ministra Nancy Andrighi. Terceira Turma. Julgado em 17 jun. 2013.

BRASIL. Superior Tribunal de Justiça. REsp 1.558.086/SP, relator Ministro Humberto Martins, Segunda Turma, julgado em 10 mar. 2016, DJe 15 abr. 2016.

BRASIL. Supremo Tribunal Federal. Ação Direta de Inconstitucionalidade 2.591. Requerente: Confederação Nacional do Sistema Financeiro – CONSIF. Requeridos: Presidente da República e Congresso Nacional. Relator Ministro Carlos Velloso e Relator para Acórdão Ministro Eros Grau. Tribunal Pleno. Julgado em 07 jun. 2006.

BRASIL. Supremo Tribunal Federal. RE 839950, Relator(a): Luiz Fux, Tribunal Pleno, julgado em 24 out. 2018, Processo Eletrônico Repercussão Geral – Mérito DJe-081 Divulg 1º abr. 2020 Public 02 abr. 2020.

BRASIL. Tribunal Regional Federal da 1º Região. Apelação Civil 2002.40.00.003632-7. Quinta Turma. Relator: Desembargadora Selene Maria de Almeida. Julgado em 31 out. 2010.

BRASIL. Tribunal Regional Federal da 1º Região. Apelação Cível 0031266-06.2001.4.01.0000. Relator: Desembargadora Selene Maria de Almeida. Julgado em 1º jul. 2013.

BRASIL. Tribunal Regional Federal da 1ª Região. Partes: Chocolates Garoto S/A, Nestlé Brasil Ltda. e Conselho Administrativo de Defesa Econômica. Terceira Seção. Relator: Desembargador Carlos Moreira Alves.

BRITO, Beatriz Gontijo. *Concentração de Empresas no Direito Brasileiro*. Rio de Janeiro: Forense, 2002.

BUCHAIN, Luiz Carlos. *O Poder Econômico e a Responsabilidade Civil Concorrencial*. Porto Alegre: Nova Prova, 2006.

BULGARELLI, Waldirio. *Fusões, Incorporações e Cisões de Sociedades*. 5. ed. São Paulo: Atlas, 2000.

BYGRAVE, Lee. Minding the Machine: Article 15 of the EC Data Protection Directive and Automated Profiling. *Computer Law & Security Report*, v. 17, p. 18, 2001.

CADE. *Mercados de Plataformas Digitais*. Disponível em: https://cdn.cade.gov.br/Portal/centrais-de-conteudo/publicacoes/estudos-economicos/cadernos-do-cade/plataformas--digitais.pdf. Acesso em: 30 jan. 2021.

CADE. Relatório sobre uma pesquisa acerca da relação entre as autoridades da concorrência e o judiciário - International Competition Network – ICN. *Revista de Direito da Concorrência*, CADE, Brasília: n. 15, jul/set., 2007.

CALAIS-AULOY, Jean; STEINMETZ, Frank. *Droit de la Consommation*. 6. ed. Paris: Dalloz, 2003.

CALO, Ryan. Digital Market Manipulation. *82 George Washington Law Review*. p. 995, 2014.

CAMEX. *Termo de Referência:* Internacionalização de Empresas Brasileiras. Disponível em: http://www.mdic.gov.br/arquivos/dwnl_1260377495.pdf. Acesso em: 19 out. 2012.

CANADA. Competition Act. *R.S.C.*, 1985.

CANADA. Competition Bureau. Canada (Director of Investigation and Research) v. NutraSweet Co., *32 C.P.R.*, 1990.

CANADA. *Enforcement Guidelines on the Abuse of Dominance Provisions*. Gatineau: Competition Bureau, 2001.

CARPENA, Heloísa. Afinal, Quem é Consumidor? Campo de Aplicação do CDC à Luz do Princípio da Vulnerabilidade. *Revista Trimestral de Direito Civil*. Rio de Janeiro, v. 19, ano 5, p. 29-48, jul./set. 2004.

CARPENA, Heloísa. *Consumidor no Direito da Concorrência*. Rio de Janeiro: Renovar, 2005.

CARVALHO, Gilberto de Abreu Sodré. Concorrência e Consumidor no Âmbito da Administração Pública: Uma Relação a Ser Vista Como de Tensão no Plano dos Valores. *Revista de Administração Pública*. Rio de Janeiro: FGV, n. 38, p. 653- 656, jul./ago. 2004.

CARVALHO, Vinícius Marques de. *Discurso de Posse do Presidente do Conselho Administrativo de Defesa Econômica*. Disponível em: http://www.cade.gov.br/upload/Discurso%20de%20posse%20do%20presidente%20do%20Cade%20(vinicius).pdf. Acesso em: 27 maar. 2013.

CARVALHOSA, MODESTO SOUZA BARROS. *Poder Econômico*: A Fenomenologia – Seu Disciplinamento Jurídico. São Paulo: RT, 1967.

CASTELLS, Manuel. *A Galáxia Internet: reflexões sobre a Internet, negócios e a sociedade*. Rio de Janeiro: Jorge Zahar Editor Ltda., 2003.

CAVALIERI FILHO, Sérgio. *Programa de Direito do Consumidor*. 2. ed. São Paulo: Atlas, 2010.

CHEN, Pei-yu; HITT, Lorin. Information Technology and Switching Costs. Disponível em: http://citeseerx.ist.psu.edu/viewdoc/download?doi=10.1.1.458.1995&rep=rep1&type=pdf. Acesso em: 19 de jan. de 2018.

CHINA. Beijing Qihoo Technology Co., Ltd. v. Tencent Technology (Shenzhen) Co., Ltd. & Shenzhen Tencent Computer Systems Co., Ltd. A dispute over abusing dominant market positions. *SPC Guiding Case n. 78*, 6 mar. 2017.

CLAPPERTON, Dale; CORONES, Stephen. Techonological Tying of the Apple Iphone: Unlawful in Australia? *QUT Law and Justice Journal*, v. 7, p. 351-374, 2007.

COATE, Malcolm; FISCHER, Jeffrey. A Practical Guide to the Hypothetical Monopolist Test for Market Definition. *Potomac Papers in Law and Economics*, p. 1-49, October 2007.

COELHO, Fábio Ulhoa. *Curso de Direito Comercial*. 15. ed. São Paulo: Saraiva, 2009.

COMISSÃO EUROPEIA. *Bangemann Report: Europe and the Global Information Society*. Disponível em: http://cordis.europa.eu/news/rcn/2730_en.html. Acesso em: 12 abr. 2017.

COMPARATO, Fábio Konder. A Proteção do Consumidor. Importante Capítulo de Direito Econômico. In: MARQUES, Claudia Lima; MIRAGEM, Bruno (Org.). *Direito do Consumidor*: Doutrinas Essenciais. São Paulo: RT, v. I, cap. 7, p. 167-186, 2011.

CONAR. Representação 138/09. Relator: Conselheiro Roberto Philomena. Julgado em julho de 2009.

CONAR. Representação 330/07. Relatora: Marisa D'Alessandri. Julgado em abril de 2008.

CONDOMINES, Aurélien. *Le Nouveau Droit Français de la Concurrence*. Paris: Jurismanager, 2009.

CONWAY, Carol Elizabeth. Concorrência: A Lei 12.529/2011 e os E-Mercados. In: CARVALHO, Vinicius, Marques. *A Lei 12.529/2011 e a Nova Política de Defesa da Concorrência*. São Paulo: Singular, 2015.

CORDOVIL, Leonor Augusta Giovine; BAGNOLI, Vicente. *Condutas Anticoncorrenciais e a Lei do Cade*. Disponível em: http://paginas.urisantiago.br/ccontabeis/noticia/1124. Acesso em: 16 ago. 2012.

CRANE, Daniel. Private Enforcement Against International Cartels in Latin America. *Cardozo Legal Studies Research Paper*, n. 231, p. 1-40, 2008.

CRAVO, Daniela Copetti. A Natureza da Intervenção Judicial do CADE. In: Secretaria de Acompanhamento Econômico do Ministério da Fazenda. (Org.). *V Prêmio SEAE 2010*: Concurso de Monografias sobre os Temas: Defesa da Concorrência e Regulação Econômica/Ministério da Fazenda. Brasília: Edições Valentim, Secretaria de Acompanhamento Econômico, 2011.

CRUZ, Patrick. *BNDES é Bom Para Quem?* Disponível em: http://exame.abril.com.br/revista-exame/edicoes/1036/noticias/o-bndes-e-bom-para-quem?page=4. Acesso em: 19 mar. 2013.

CSERES, Kati J. The Impact of Consumer Protection on Competition and Competition Law: The Case of Deregulated Markets. *Amsterdam Center for Law & Economics Working Paper*, Amsterdam 05, p. 4, 2006.

CUEVA, Ricardo Villas Bôas. A insuficiente proteção de dados pessoais no Brasil. *Revista de Direito Civil Contemporâneo*, São Paulo, v. 13, ano 4, p. 59-67, out./dez. 2017.

CUTS-International. *La Politique de la Concurrence et la Politique de la Protection des Consommateurs*. Jaipur: Centre for Competition, Investment & Economic Regulation, 2008.

DEMIRCAN, M. (2023). The DMA and the GDPR: Making Sense of Data Accumulation, Cross-Use and Data Sharing Provisions. In: BIEKER, F., MEYER, J., Pape, S., Schiering, I., Weich, A. (Ed.) *Privacy and Identity Management. Privacy and Identity* 2022. IFIP Advances in Information and Communication Technology, v. 671. Springer, Cham.

DONEDA, Danilo; MENDES, Laura Schertel Ferreira. Iniciativas Legislativas sobre Proteção de Dados Pessoais no Brasil. *Revista Uruguaya de Protección de Datos Personales*. Número 2, p. 47, ago., 2017.

DONEDA, Danilo. Panorama Histórico da Proteção de Dados Pessoais. In: MENDES, Laura; DONEDA, Danilo; SARLET, Ingo; RODRIGUES JR., Otavio Luiz (Coord.). *Tratado de Proteção de Dados Pessoais*. Rio de Janeiro: Forense, 2021

DUQUE, Marcelo Schenk. O Transporte da Teoria do Diálogo das Fontes para a Teoria da Constituição. In: MARQUES, Claudia Lima (Coord.): *Diálogo das Fontes*: Do Conflito à Coordenação de Normas do Direito Brasileiro. São Paulo: RT, 2012, p. 125-157.

DURIGAN, Paulo. *Publicidade Comparativa*: Informação Persuasiva e Concorrência. 268 f. Dissertação (Mestrado em Direito). Faculdades Integradas Curitiba. Curitiba, 2007.

DZHAIN, Nikita. *Impact of Switching Costs and Network Effects on Adoption of Mobile Platforms*. 2014, p, 98. Dissertação (Mestrado em Sistemas da Informação). Aalto University School of Business, Helsinque, Finlândia, 2014.

EDPS. *Privacy and Competitiveness in the Age of Big Data*. Disponível em: https://edps.europa.eu/data-protection/our-work/publications/opinions/privacy-and-competitiveness-age-big-data_en. Acesso em: 4 fev. 2022.

EDWARDS, Lilian; HARBINJA, Edina. Protecting Post-Mortem Privacy: Reconsidering the Privacy Interests of the Deceased in a Digital World. *Cardozo Arts & Entertainment Law Journal*, v. 32, n. 1, p. 130, 2013.

ENGELS, Bárbara. Data portability among online platforms. *Internet Policy Review*, 5(2), 2016.

ERGAS, Henry. The Interaction and Coordination of Competition Policy and Consumer Policy: Challenges and Possibilities. Organização para a Cooperação e Desenvolvimento Econômico – OCDE. *The Interface between Competition and Consumer Policies*. Disponível em: http://www.oecd.org/regreform/sectors/40898016.pdf. Acesso em: 05 mar. 2013.

ESCOLA NACIONAL DE DEFESA DO CONSUMIDOR: *Manual de Direito do Consumidor*. Brasília: ENDC, 2010.

ESTADOS UNIDOS DA AMÉRICA. Clayton Act. *National Archives*: 15 out. 1914.

ESTADOS UNIDOS DA AMÉRICA. *Competition and Monopoly*: Single Firm Conduct Under Section 2 of the Sherman Act. Disponível em: http://www.justice.gov/atr/public/reports/236681.htm. Acesso em: 12 abr. 2012.

ESTADOS UNIDOS DA AMÉRICA. Sherman Anti-Trust Act. *National Archives*: 2 jul. 1890.

ESTADOS UNIDOS DA AMÉRICA. Suprema Corte. John R. Bates and Van O'Steen v. State Bar of Arizona. Juiz Presidente: Warren E. Burger, julgado em 1977.

ESTADOS UNIDOS DA AMÉRICA. Suprema Corte. *United States v. Aluminum Co. of America*, 1964.

ESTADOS UNIDOS DA AMÉRICA. Suprema Corte. *United States v. Columbia Steel Co.* 334 U.S. 495. Julgado em jun. de 1948.

ESTADOS UNIDOS DA AMÉRICA. United States District Court for the District of Columbia. United States v. Microsoft Corporation, 2002.

EURICH, Markus; BURTSCHER, Michael. *The Business-to-ConsumerLock-in Effect*. University of Cambridge: Cambridge, 2014.

FAGUNDES, Jorge. *Abuso de Posição Dominante (APD)*: Abordagem e Questões Econômicas. Campos de Jordão: IBRAC –XI Seminário Internacional de Defesa da Concorrência, 2005.

FAGUNDES, Jorge. Excedente do Consumidor, Excedente Agregado e Uso Simulação com Modelo PCAIDS no Caso Nestlé-Garoto. *Revista do IBRAC*, São Paulo: IBRAC, v. 14, n. 1, p. 131-148, 2007.

FARACO, Alexandre Ditzel. O Consumidor e a Regra da Razão no Direito da Concorrência. *Tuiuti: Ciência e Cultura*, Curitiba: Tuiuti, n. 27, FCJ 03, p. 1-21, fev. 2002.

FARINA, Elizabete; TITO, Fabiana. *Nova Era de Defesa da Concorrência Brasileira*. Disponível em: http://www.ibrac.org.br/Noticias.aspx?id=1639. Acesso em: 4 mar. 2013.

FARRELL, Joseph; KLEMPERER, Paul. Coordination and lock-in: competition with switching costs and network effects. In: ARMSTRONG, Mark; PORTER, Robert. *Handbook of Industrial Organization*. North-Holland: Elsevier, 2007. v. 3.

FEDERAL TRADE COMMISSION. *FTC Fact Sheet: Antitrust Laws: A Brief History*. Disponível em: http://www.ftc.gov/bcp/edu/microsites/youarehere/pages/pdf/FTC-Competition_Antitrust-Laws.pdf. Acesso em: 28 fev. 2013.

FEDERAL TRADE COMMISSION. Statement of Federal Trade Commission's Acting Director of the Bureau of Competition on the Agency's Review of Amazon.com, Inc.'s Acquisition of Whole Foods Market Inc. Disponível em: https://www.ftc.gov/news-events/press-releases/2017/08/statement-federal-trade-commissions-acting-director-bureau. Acesso em: 24 jan. 2018.

FERRAZ JR., Tércio Sampaio. Concorrência como Tema Constitucional: Política de Estado e de Governo e o Estado como Agente Normativo e Regulador. *Revista do IBRAC*. São Paulo: IBRAC, v. 16 n. 1. p. 169-186, 2009.

FERRAZ JR., Tércio Sampaio. *Introdução ao Estudo do Direito:* Técnica, Decisão, Dominação. 2. ed. São Paulo: Atlas, 1994.

FERREIRA FILHO, Manoel Gonçalves. *Curso de Direito Constitucional*. 31. ed. São Paulo: Saraiva, 2005.

FORGIONI, Paula Andréa. *Os Fundamentos do Antitruste*. 3. ed. São Paulo: RT, 2008.

FRANÇA. Conseil de la Concurrence. *Avis n. 06-A-07*. 22 mar. 2006.

FRATTAROLI, Sarita. Dodging the Bullet Again: Microsoft III's Reformulation of the Foremost Technological Tying Doctrine. *Boston University Law Review*. Ano 2010, v. 90, p. 1909-1936.

GABAN, Eduardo Molan; DOMINGUES, Juliana Oliveira. *Direito Antitruste*. São Paulo: Saraiva, 2012.

GALGANO, Francesco. *La Globalización en El Espejo del Derecho*. Santa Fé: Rubinzal-Culzoni, 2005.

GEOFFROY, Ricardo Correa. Eficiências Econômicas em Atos de Concentração: Rumo à Incorporação das Eficiências Dinâmicas. Secretaria de Acompanhamento Econômico do Ministério da Fazenda. (Org.). *V Prêmio SEAE 2010*: Concurso de Monografias sobre os Temas: Defesa da Concorrência e Regulação Econômica/ Ministério da Fazenda. Brasília: Edições Valentim, Secretaria de Acompanhamento Econômico, 2011, p. 69-133.

GERADIN, Damien; KUSCHEWSKY, Monika. *Competition Law and Personal Data*: Preliminary Thoughts on a Complex Issue. Disponível em: https://papers.ssrn.com/sol3/papers.cfm?abstract_id=2216088. Acesso em: 25 dez. 2017.

GLÓRIA, Daniel Firmato de Almeida. *A Livre Concorrência como Garantia do Consumidor*. Belo Horizonte: Del Rey; FUMEC, 2003.

GÖLSTAM, Carl Martin. *Article 102 TFEU, Aimed at Serving the Ordoliberal Agenda or European Consumers?* Författare: Ulf Adolphson, 2010.

GOMES, Luiz Flávio. *Súmula 442 do STJ*: Flagrante Violação ao Princípio da Proporcionalidade. Disponível em: http://webserver.mp.ac.gov.br/wp-content/files/Comentarios-a-Sumula--442-do-STJ.pdf. Acesso em: 28 abr. 2012.

GOUVÊA, Sandra. *O direito na era digital*: crimes praticados por meio da informática. Rio de Janeiro: Mauad, 1997.

GRAU, Eros Roberto. *A Ordem Econômica na Constituição de 1988*. 11. ed. São Paulo: Malheiros Editores, 2006.

GRAU, Eros Roberto. *Ensaio e Discurso sobre a Interpretação/Aplicação do Direito*. 3. ed. São Paulo: Malheiros, 2005.

GREENSPAN, Alan. *A Era da Turbulência*. São Paulo: Campus, 2008.

GRINBERG, Mauro. *CADE Precisa de Maior Capacidade Técnica*. Disponível em: http://www.conjur.com.br/2009-nov-01/fimde-entrevista-mauro-grinberg-advogado-especialista--direito-concorrencia. Acesso em: 24 set. 2013.

GUDIN, Charles-Etienne. Qu'est Devenu le Consommateur em Droit Communautaire e de la Concurrence? *Revue des Affaires Européennes*, Paris: v. 8, n. 3, p. 221- 233, 1998.

GURGEL, José Marcelo Monteiro. O Desenvolvimento da Constituição Econômica no Brasil e o Impacto das Reformas Constitucionais no Modelo Econômico. *Caderno de Pós-Graduação em Direito Público*. São Paulo: v. 4, n. 1, p. 33-44, 2004.

HARADA, Kiyoshi. *Execução Fiscal:* Tiranossauro Rex versus Contribuinte. Disponível em: http://www.haradaadvogados.com.br/publicacoes/Artigos/748.pdf. Acesso em: 28 abr. 2012.

HENDRICKSON, Clara; GALSTON, William. *Big technology firms challenge traditional assumptions about antitrust enforcement*. Disponível em: https://www.brookings.edu/

blog/techtank/2017/12/06/big-technology-firms-challenge-traditional-assumptions--about-antitrust-enforcement/. Acesso em: 24 jan. 2017.

HOJNIK, Janja. *Regulatory aspects of servitisation*: study materials for global course. E-knjiga. Maribor: Univerza v Mariboru, Univerzitetna založba, 2024.

HOLZWEBER, S. Tying and bundling in the digital era. *European Competition Journal*, v. 14, n. 2-3, p. 342-366, 2018.

HOVENKAMP, Herbert. *Federal Antitrust Policy*: The Law of Competition and Its Practice. 3. ed. Minnesota: Thomson/West, 2005.

ILLING, Sean. *Why "fake news" is an antitrust problem*. Disponível em: https://www.vox.com/technology/2017/9/22/16330008/facebook-google-amazon-monopoly-antitrust-regulation. Acesso em: 24 jan. 2017.

JAEGER JUNIOR, Augusto. *A Liberdade de Concorrência como a Quinta Liberdade Fundamental: Contribuição para um Mercado Comum do Sul*. 2005. 620 f. Tese (Doutorado em Direito) – Faculdade de Direito, Universidade Federal do Rio Grande do Sul, Porto Alegre, 2005.

JAEGER JUNIOR, Augusto. *Direito Internacional da Concorrência*. Curitiba: Juruá, 2008.

JAFARGULIYEV, Amil. *Tying and Bundling in Digital Markets under the European Union Competition Law and Digital Markets Act*. 2023. 30 f. Dissertação (Mestrado em European Business Law) – Lund University, Lund, 2023.

JAYME, Erik. Direito Internacional Privado e Cultura Pós-Moderna. *Cadernos do Programa de Pós-Graduação em Direito* – PPGDir./UFRGS. v. I, n. I, p. 59-68, mar. 2003.

JAYME, Erik. Visões para uma Teoria Pós-Moderna do Direito Comparado. *Cadernos do Programa de Pós-Graduação em Direito* – PPGDir./UFRGS. v. I, n. I, p. 69-84, mar. 2003.

KISYOMBE, Martha. *Emerging Issues in Consumer Protection*: Complementarities and areas of tension. Geneva: UNCTAD, 2012.

LANDE, Robert H. Consumer Choice as the Best Way to Recenter the Mission of Competition Law. In: ELGAR, Edward (Ed.). *Academic Society for Competition Law*, 2010.

LANDE, Robert H.; AVERITT, Neil W. A Escolha do consumidor: uma Razão Prática para o Direito Antitruste e o Direito de Defesa do Consumidor. *Revista de Direito do Consumidor*, São Paulo: RT, v. 45, p. 26-50, jan./mar. 2003.

LANDE, Robert H.; DAVIS, Joshua. Benefits from Private Antitrust Enforcement: An Analysis of Forty Cases. *University of San Francisco Law Review*, v. 42, p. 879 -918, 2008.

LEHMANN, Urs; WATTER, Rolf. *Merger Control in Switzerland*. Basel: Helbing & Lichtenhahn, 1998.

LESCOP, Denis. *Régulation des Comportements Individuels*. Paris: Université Paris I, 2008.

L'HEUREUX, Nicole. *Droit de la Consommation*. 5. ed. Cowansville: Les Éditions Yvon Blais, 2000.

LILLA, Paulo Eduardo. Elementos para a Caracterização das Vendas Casadas como Infração à Ordem Econômica. *Revista de Direito da Concorrência*, Brasília: IOB/CADE, n. 10, p. 9-46, abr./jun. 2006.

LOPATKA, John E.; PAGE, William H. *Post-Chicago Developments in Antitrust Law*. Massachusetts: Edward Elgar Publishing Limited, 2002.

LOPES, José Reinaldo Lima. Direito da Concorrência e Direito do Consumidor. *Revista de Direito do Consumidor*. São Paulo: RT, v. 34, p. 79-87, abr./jun. 2000.

LORENZETTI, Ricardo. *Comercio Electrónico*. Buenos Aires: Abeledo-Perrot. 2001.

LUCERO, Everton. *Governança de Internet*: Aspectos da Formação de um Regime Global e Oportunidades para a Ação Diplomática. Brasília: Fundação Alexandre Gusmão, 2011.

LUNDQVIST, Bjorn. *Portability in Datasets under Intellectual Property, Competition Law, and Blockchain*. Stockholm University Research Paper n. 62, 2018.

MACEDO JR., Ronaldo Porto. Íntegra Entrevista Pensando o Direito. Secretaria de Assuntos Legislativos do Ministério da Justiça. *Agências Reguladoras e a Tutela do Consumidor*. SAL: Brasília, 2010.

MANKIW, Gregory. *Introdução à Economia*: Princípios de Micro e Macroeconomia. Rio de Janeiro: Elsevier, 2001.

MARANHÃO, Juliano; BARROS, Josie de Menezes (Coord.). *Regulação de Mercados Digitais no Brasil*: contribuições ao PL 2768/2022. Legal Grounds Institute: São Paulo, 2023.

MARQUES, Claudia Lima. *A Insuficiente Proteção do Consumidor nas Normas de Direito Internacional Privado* – Da Necessidade de uma Convenção Interamericana (CIDIP) sobre Lei Aplicável a Alguns Contratos e Relações de Consumo. Disponível em: http://www.oas.org/dil/esp/CIDIPVII_home_temas_cidipvii_proteccionalconsumidor_leyaplicable_apoyo_propuestabrasil_port.pdf - Cláudia LIMA MARQUES 2001. Acesso em: 14 abr. 2012.

MARQUES, Claudia Lima; BENJAMIN, Antonio Herman; MIRAGEM, Bruno. *Comentários ao Código de Defesa do Consumidor*. 2. ed., atual. e ampl. São Paulo: RT, 2015.

MARQUES, Claudia Lima. *Contratos no Código de Defesa do Consumidor*: o novo regime das relações contratuais. São Paulo: RT, 1999.

MARQUES, Claudia Lima. *Contratos no Código de Defesa do Consumidor*: O Novo Regime das Relações Contratuais. 5. ed. São Paulo: RT, 2005.

MARQUES, Claudia Lima. O "Diálogo das Fontes" como Método da Nova Teoria Geral do Direito: Um Tributo a Erik Jayme. In: MARQUES, Claudia Lima (Coord.): *Diálogo das Fontes*: Do Conflito à Coordenação de Normas do Direito Brasileiro. São Paulo: RT, 2012.

MARQUES, Claudia Lima. Superação das Antinomias pelo Diálogo das Fontes: O Modelo Brasileiro de Coexistência entre o Código de Defesa do Consumidor e o Código Civil de 2002. In: AZEVEDO, Antonio Junqueira de; Tôrres, Heleno Tavares; CARBONE, Paulo: *Princípios do Novo Código Civil Brasileiro e Outros Temas Homenagem a Tullio Ascarelli*. 2. ed. São Paulo: Editora Quartier Latin do Brasil, 2010.

MARTINEZ, Ana Paula. A Defesa dos Interesses dos Consumidores pelo Direito da Concorrência. *Revista do Ibrac*, São Paulo: IBRAC, v. 11, n. 01, p. 67-99, 2004.

MARTINS, Guilherme Magalhães; FALEIROS JÚNIOR, José Luiz de Moura. O direito à portabilidade de dados pessoais e sua função na efetiva proteção às relações concorrenciais e de consumo. In: LÓSSIO, Claudio Joel Brito; NASCIMENTO, Luciano; TREMEL, Rosangela. (Org.). *Cibernética jurídica: estudos sobre direito digital*. Campina Grande: EDUEPB, 2020.

MARTINS, Humberto; MARINI, Caio. Fundamentos do Modelo Matricial de Gestão. *PROGE-AL*, Integrando Planejamento e Gestão para o Desenvolvimento de Alagoas. Alagoas, 2006.

MATION, Gisela. *Ações Civis para Cessação e Reparação de Danos Causados por Condutas Anticoncorrenciais no Brasil*. Disponível em: http://www.esaf.fazenda.gov.br/esafsite/premios/SEAE/arquivos/monografias_2008/Categoria_Estudantes/T1/2L/MONOGRAFIA.pdf. Acesso em: 10 mar. 2013.

MATTOS, César. *Projeto de Lei 5877/2005*: Reestrutura o Sistema Brasileiro de Defesa da Concorrência (SBDC). Disponível em: http://www.econ.puc-rio.br/pdf/seminario/2007/Resumo%20Projeto%20de%20Lei%205877.pdf. Acesso em: 11 fev. 2012.

MATTOS, Paulo Todescam. Política Industrial e Política de Defesa da Concorrência: Conflito ou Convergência? *Revista Conjuntura Econômica*: FGV/IBRE, Rio de Janeiro, 1º jul. 2009.

MAZILI, Hugo Nigro. *A Defesa dos Interesses Difusos em Juízo:* Meio Ambiente, Consumidor, Patrimônio Cultural, Patrimônio Público e Outros Interesses. São Paulo: Saraiva, 2003.

MCDONALD, J. Bruce. *Cowboys and Gentlemen*. Brussels: Second Annual Conference, 2005.

MELEDO-BRIAND, Danièle. A Consideração do Interesse do Consumidor e o Direito da Concorrência. *Revista de Direito do Consumido*, São Paulo: RT, v. 35, p. 39-59, jul./set. 2000.

MENDES, Gilmar. *Jurisdição Constitucional no Brasil e seu Significado para a Liberdade e a Igualdade*. Disponível em: http://www.stf.jus.br/arquivo/cms/noticiaartigodiscurso/anexo/munster_port.pdf. Acesso em: 29 ago. 2013.

MENDES, Laura Schertel; DONEDA, Danilo. Marco Jurídico para a cidadania digital: uma análise do Projeto de Lei 5.276/2016. *Revista de Direito Civil Contemporâneo*, v. 9, p. 37, 2016.

MENDES, Laura Schertel. *Privacidade, proteção de dados e defesa do consumidor*: linhas gerais de um novo direito fundamental. São Paulo: Saraiva, 2014.

MENÉNDEZ MATO, Juan Carlos. *El Contrato Via Internet*. Barcelona: Bosch, 2005.

MENKE, Fabiano. A proteção de dados e novo direito fundamental à garantia da confidencialidade e da integridade dos sistemas técnico-informacionais no direito alemão. In: MENDES, Gilmar; SARLET, Ingo; COELHO, Alexandre. (Org.). *Direito, Inovação e Tecnologia*. São Paulo: Saraiva, 2014.

MÉXICO. Constituição da República do México de 1917. *Diario Oficial de la Federación*: 5 de fevereiro de 1917.

MIRAGEM, Bruno. *Curso de Direito do Consumidor*. 3. ed. São Paulo: RT, 2012.

MIRAGEM, Bruno. Eppur Si Muove: Diálogo das Fontes como Método de Interpretação Sistemática no Direito Brasileiro. In: MARQUES, Claudia Lima (Coord.): *Diálogo das Fontes*: Do Conflito à Coordenação de Normas do Direito Brasileiro. São Paulo: RT, 2012.

MOREIRA, Gabriel Pinto. *A Dosimetria das Multas Impostas em Resposta às Infrações Contra a Ordem Econômica*: uma análise da Lei de Defesa da Concorrência e de sua aplicação pelo Cade. Secretaria de Acompanhamento Econômico do Ministério da Fazenda. (Org.). *V Prêmio SEAE 2010*: Concurso de Monografias sobre os Temas: Defesa da Concorrência e Regulação Econômica/Ministério da Fazenda. Brasília: Edições Valentim, Secretaria de Acompanhamento Econômico, 2011.

MOREIRA, Gabriel Pinto. *A infração Compensa na Nova Lei de Defesa da Concorrência?* Disponível em: http://www.valor.com.br/opiniao/3004748/infracao-compensa-na-nova-lei-de-defesa-da-concorrencia#ixzz2Mc1d7oN3. Acesso em: 4 mar. 2013.

MOSKAL, Anna, Digital Markets Act (DMA): A Consumer Protection Perspective (January 31, 2023). *European Papers*, v. 7, n. 3, p. 1113-1119, 2022.

MOTTA, Lucas Griebeler da. *Análise Multijurisdicional de Aquisições Centradas em Dados*: diagnóstico atual e propostas de política pública para o Brasil. São Paulo: Associação Data Privacy Brasil de Pesquisa, 2021.

MURRAY, Kyle; HÄUBL, Gerald. Explaining Cognitive Lock-In: The Role of Skill-Based Habits of Use in Consumer Choice. *Journal of Consumer Research*, v. 34. p. 2, June 2007.

NASSIF, Erick Viana Salomão. Efeitos das Práticas Restritivas Sobre Economia Brasileira, e a Repressão às Condutas Anticoncorrenciais.Secretaria de Acompanhamento Econômico do Ministério da Fazenda. (Org.). *V Prêmio SEAE 2010*: Concurso de Monografias sobre os Temas: Defesa da Concorrência e Regulação Econômica/Ministério da Fazenda. Brasília: Edições Valentim, Secretaria de Acompanhamento Econômico, 2011.

OECD. *Data Portability, Interoperability and Competition* – Note by Brazil. Disponível em: https://www.oecd.org/officialdocuments/publicdisplaydocumentpdf/?cote=DAF/COMP/WD(2021)30&docLanguage=En. Acesso em: 30 jan. 2022.

OECD. *Global Trends in Government Innovation 2023*, OECD Public Governance Reviews, OECD Publishing, Paris, 2023.

OFFICE OF FAIR TRADE. *Interactions Between Competition and Consumer Policy*. Londres: OFT, 2008.

OFFICE OF FAIR TRADE. *Switching Costs*. Londres: OFT, 2003.

OLIVEIRA, Amanda Flávio. Defesa da Concorrência e Proteção do Consumidor – Análise da Situação Político institucional Brasileira em Relação à Defesa do Consumidor e da Concorrência tendo em Perspectiva os Estudos Empreendidos por Ocasião dos 90 Anos da Federal Trade Comission. *Revista do IBRAC,* São Paulo: IBRAC, v. 14, n. 1, p. 169-181, Jan. 2007.

OLIVEIRA, Gesner. *Modelo Fujimori para a defesa da concorrência?* Disponível em: http://www1.folha.uol.com.br/fsp/dinheiro/fi2810200004.htm. Aceso em: 2 mar. 2013.

OLIVEIRA, Gesner; TUROLLA, Frederico. Política Econômica do Segundo Governo FHC: Mudança em Condições Adversas. *Tempo Social*, São Paulo: v. 15, n. 2, nov. 2003.

OPPLIGER, Rolf. *Internet and Intranet Security*. Boston: Artech House, 2002.

ORGANIZAÇÃO PARA COOPERAÇÃO E DESENVOLVIMENTO ECONÔMICO. *Abuse of Dominance and Monopolisation*. OCDE: Paris, 1996.

ORGANIZATION FOR ECONOMIC COOPERATION AND DEVELOPMENT. *Fighting Hard Core Cartels*: Harm, Effective Sanctions and Leniency programmes. Paris, 2002. Disponível em: http://www.oecd.org/dataoecd/41/44/1841891.pdf. Acesso em: 20 abr. 2012.

ORGANIZATION FOR ECONOMIC COOPERATION AND DEVELOPMENT. *Lei e Política de Concorrência no Brasil*: Uma Revisão Pelos Pares. Disponível em: http://www.oecd.org/dataoecd/4/41/45154401.pdf. Acesso em: 11 fev. 2012.

ORGANIZATION FOR ECONOMIC COOPERATION AND DEVELOPMENT. *The Interface between Competition and Consumer Policies*. Disponível em: http://www.oecd.org/regreform/sectors/40898016.pdf. Acesso em: 5 mar. 2013.

PAGE, William. The Ideological Origins and Evolution of U.S Antitruste Law. *ABA Section of Antitrust Law*, v. 1, n. 1, p. 1-17, 2008.

PARKER, Geoffrey; ALSTYNE, Marshall. Two-Sided Network Effects: A Theory of Information Product Design. *Management Science*. v. 51, n. 10, p. 1504, October 2005.

PASQUALOTTO, Adalberto. Fundamentalidade e Efetividade da Defesa do Consumidor. *Direitos Fundamentais & Justiça*, v. 9, p. 66-100, 2009.

PASTOR SEMPERE, Maria del Carmen. *Dinero Electrónico*. Madrid: Nueva Imprenta, 2003.

PETIT, Nicolas. The Proposed Digital Markets Act (DMA): *A Legal and Policy Review*, Journal of European Competition Law & Practice, v. 12, Issue 7, Pages 529-541, September 2021.

PFEIFFER, Roberto Augusto Castelhanos. Proteção do Consumidor e Defesa da Concorrência: Paralelo entre Práticas Abusivas e Infrações contra a Ordem Econômica. *Revista de Direito do Consumidor*. São Paulo: RT, ano 19, n. 76, p. 137, out./dez. 2010.

PFEIFFER, Roberto Augusto Castelhanos. Proteção do Consumidor e Defesa da Concorrência: Paralelo entre Práticas Abusivas e Infrações contra a Ordem Econômica. *Revista de Direito do Consumidor*. ano 19, n. 76, p. 131-151, out./dez. 2010.

PINDYCK, Robert; RUBINFELD, Daniel. *Microeconomia*. São Paulo: Makron Books, 1999.

PIRAINO. Thomas A. Reconciling the Reconciling the Harvard and Chicago Schools: A New Antitrust Approach for the 21st Century. *Indiana Law Journal*, v. 82, p. 346-409, 2007.

PITOFSKY, Robert. Beyond Nader: Consumer Protection and the Regulation of Advertising. *Harvard Law Review*, v. 90, n. 4, p. 674, 1977.

POSSAS, Mario Luiz. Os conceitos de mercado relevante e de poder de mercado no âmbito da defesa da concorrência. *Revista do IBRAC*, São Paulo, v. 3, n. 5, p. 93, maio 1996.

PRECHAL, S.; OOIK, R.; JANS, J.; MORTELMANS, K. *'Europeanisation' of the Law*: Consequences for the Dutch Judiciary. Disponível em: http://www.rechtspraak.nl/English/Publications/Documents/europeanisation-of-the-law.pdf. Acesso em: 28 maio 2013.

PURTOVA, Nadezhda. The law of everything. Broad concept of personal data and future of EU data protection law. *Law, Innovation and Technology*, v. 10, 2018.

RAGAZZO, Carlos Emmanuel Joppert; MACHADO, Kenys Menezes. Desafios da Análise do CADE no Setor de Planos de Saúde. In: PERILLO, Eduardo Bueno da Fonseca; AMORIM,

Maria Cristina Sanches. (Org.). *Para Entender a Saúde no Brasil*. 4. ed. São Paulo: LCTE, 2011.

RAYMOND, Guy. *Incidences de La Loi MURCEF (Loi n. 2001-1168, 11 déc. 2001) sur le Marketing des Établissements de Crédit*. Limoges: Pulim, 2004.

REALE, Miguel. Abuso do Poder Econômico e Garantias Individuais. In: FRANCESCHINI, José Inácio Gonzaga; FRANCESCHINI, José Luiz Vicente de Azevedo. *Poder Econômico*: Exercício e Abuso. São Paulo: RT, 1985.

RIO GRANDE DO SUL. Comarca de Tramandaí. Cautelar Inominada 073/1.11.0008404-7. Partes: WMS Supermercados do Brasil e Bom Mercado Comércio de Alimentos. 1ª Vara Cível. Juíza de Direito Laura Ullmann López. Julgado em 25 jan. 2012.

RODRIGUEZ, Daniel Pineiro. *O Direito Fundamental à Proteção de Dados*. Rio de Janeiro: Lumen Juris, 2021.

ROGERS, C. Paul. A Concise History of Corporate Mergers and the Antitrust Laws in the United States. *National Law School of India Review*, v. 24, n. 2, p. 13, 2013.

ROSS, Alf. *Direito e Justiça*. Bauru: EDIPRO, 2003.

ROSS, Alf. Tribunal de Justiça do Rio Grande do Sul. Apelação 70049402944. Partes: WMS Supermercados do Brasil e Bom Mercado Comércio de Alimentos. Décima Câmara Cível. Relator: Desembargador Marcelo Cezar Müller. Julgado em 27 set. 2012.

RUA, Maria das Graças e Carvalho. *O Estudo da Política*: Tópicos Selecionados. Brasília: Paralelo 15, 1998.

RUARO, Regina; RODRIGUEZ, Daniel Piñeiro; FINGER, Brunize. O direito à proteção de dados pessoais e a privacidade. *Revista da Faculdade de Direito* (UFPR), v. 53, p. 64, 2012.

RUDOLPH, J. R. Peritz. *Competition Policy in America*: 1888-1992. New York: Oxford University Press. 1996.

RUIZ, Ricardo; GAMA, Marina. A Práxis Antitruste no Brasil: Uma Análise do CADE no Período 1994-2004. *Economia e Sociedade,* Campinas: UNICAMP, v. 16, p. 237-262, 2007.

SANSEVERINO, Paulo de Tarso Vieira. *Responsabilidade Civil no Código do Consumidor e a Defesa do Fornecedor*. 3. ed. São Paulo: Saraiva, 2010.

SALGADO, Lúcia Helena; MORAIS, Rafael Pinho. *Pesadelo para o Consumidor*. Disponível em: http://www.ipea.gov.br/portal/index.php?option=com_content&view=article&id=9547&Itemid=75. Acesso em: 19 mar. 2013.

SALOMÃO FILHO, Calixto. *Direito Concorrencial*: As Condutas. São Paulo: Malheiros, 2003.

SALOMÃO FILHO, Calixto. *Regulação da Atividade Econômica*: Princípios e Fundamentos Jurídicos. São Paulo: Malheiros, 2001.

SARLET, Ingo. Fundamentos Constitucionais: O Direito Fundamental à Proteção de Dados. In: MENDES, Laura; DONEDA, Danilo; SARLET, Ingo; RODRIGUES JR., Otavio Luiz (Coord.). *Tratado de Proteção de Dados Pessoais*. Rio de Janeiro: Forense, 2021.

SARNEY, José. *Discurso Presidente Sarney por ocasião da posse da Comissão de Atualização do Código de Defesa do Consumidor*. Disponível em: http://www.senado.gov.br/senado/codconsumidor/palavra_presidente.asp. Acesso em: 5 jun. 2013.

SCHANZENBACH, Max. Network Effects and Antitrust Law: Predation, Affirmative Defenses, and the Case of U.S. v. Microsoft. *Stanford Technology Law Review*. n. 4, 2002.

SCHMITT, Cristiano Heineck. A Proteção do Interesse do Consumidor por Meio da Garantia à Liberdade de Concorrência. *Revista dos Tribunais: Doutrina Civil*, São Paulo: RT, ano 98, fev. 2009.

SCHNEIDER, Andressa. Aspectos do controle de atos de concentração e da tutela do consumidor: cotejo entre as Leis 8.884/1994 e 12.529/2011. *Boletim Latino Americano de Concorrência*, v. 31, p. 70-77, 2012.

SCHNEIDER, Andressa. *A Tutela do Consumidor no Controle de Concentrações de Empresas*: Uma Análise Jurídica a partir da Lei 8884/1994. 2011. Dissertação (Mestrado em Direito) – Faculdade de Direito, Universidade Federal do Rio Grande do Sul, Porto Alegre, 2011.

SCHUARTZ, Luis Fernando. *A Desconstitucionalização do Direito de Defesa da Concorrência*. Disponível em: http://academico.direito-rio.fgv.br/ccmw/images/e/e0/Schuartz_-_Desconstitucionaliza%C3%A7%C3%A3o.pdf. Acesso em: 1º fev. 2013.

SCHUARTZ, Luis Fernando. Ilícito Antitruste e acordos entre concorrentes. In: POSSAS, Mário L. (Org.). *Ensaios sobre Economia e Direito da Concorrência*. São Paulo: Singular, 2002.

SCHUARTZ, Luis Fernando; SAMPAIO, Patrícia. *Direito da Concorrência*. Disponível em: http://www.capital.com.br/Aulas/0/0/NTLLM09/010337/000/02%20Apostila_Direito%20da%20Concorrencia.pdf. Acesso em: 28 mar. 2013.

SEIDMAN, Harold. *Politics, Position, and Power*. New York: Oxford University Press, 1970.

SHAH, Yunfan Wang and Anuj. *Supporting Data Portability in the Cloud Under the GDPR*. Disponível em: http://alicloud-common.oss-ap-southeast-1.aliyuncs.com/Supporting_Data_Portability_in_the_Cloud_Under_the_GDPR.pdf?spm=a3c0i.170826.889865.14.6a7c-5d44kKqXFP&file=Supporting_Data_Portability_in_the_Cloud_Under_the_GDPR.pdf. Acesso em: 3 fev. 2022.

SHAPIRO, Carl. *Antitrust in a Time of Populism*. Disponível em: https://faculty.haas.berkeley.edu/shapiro/antitrustpopulism.pdf. Acesso em: 24 jan. 2017.

SHMILOVICI, Uzi. *The Complete Guide to Freemium Business Models*. Disponível em: https://techcrunch.com/2011/09/04/complete-guide-freemium/. Acesso em: 21 jan. 2018.

SISTEMA BRASILEIRO DE DEFESA DA CONCORRÊNCIA. *O Sistema Brasileiro de Defesa da Concorrência*: Uma Proposta de Reestruturação. Brasília: SEAE, CADE e SDE, 2002.

SOUZA, Washington Peluso Albino de. *Primeiras Linhas de Direito Econômico*. 4. ed. São Paulo: LTR, 1999.

STUCKE, Maurice E. Reconsidering Antitrust's Goals. *Boston College Law Review*. v. 53, p. 551-629, 2012.

SULLIVAM, Lawrence A.; GRIMES, Warren S. *The Law of Antitrust: An Integrated Handbook*. St. Paul: West Group, 2000.

SUNDFELD, Carlos Ari; ROSILHO, André. A Governança Não Estatal da Internet e o Direito Brasileiro. *Revista de Direito Administrativo*. Rio de Janeiro, v. 270, p. 43, set./dez. 2015.

SWIRE, Peter; LAGOS, Yianni. Why the Right to Data Portability Likely Reduces Consumer Welfare: Antitrust and Privacy Critique. *Maryland Law Review*, n. 335, p. 363, 2013.

SYLVAN, Louise. *Activating Competition*: The Consumer Protection – Competition Interface. Trade Practices Workshop, University South Australia, 2004.

TAUFICK, Roberto Domingos. *Nova Lei Antitruste Brasileira*. Rio de Janeiro: Forense, 2012.

TEIXEIRA, José Marques. *Conquistas Obtidas pelos Consumidores e Proposta de Reformulação do CDC em Curso no Senado Federal*. Audiência Pública – Comissão de Defesa do Consumidor da Câmara dos Deputados, 2011.

TEPEDINO, Gustavo. As Relações de Consumo e a Nova Teoria Contratual. In: TEPEDINO, Gustavo (Coord.). *Temas de direito civil*. 2. ed. Rio de Janeiro: Renovar, 2001.

THE ECONOMIST. *Too Little, Too Late*. Disponível em: http://www.economist.com/node/18929248. Acesso em: 19 mar. 2013.

THIERER, Adam. The Case for Internet Optimism, Part 2: Saving the Net from its Supporters. In: SZOKA, Berin; MARCUS, Adam. *The Next Digital Decade: Essays on the Future of the Internet*. Washington DC: TechFreedom, 2010.

TIMM, Luciano Benetti. *O Novo Direito Civil*: Ensaios sobre o Mercado, a Reprivatização do Direito Civil e a Privatização do Direito Público. Porto Alegre: Livraria do Advogado, 2008.

TJSP. ACF 15.997/2022 (Oposição JV) 8ª Câmara de Direito Público Apelação 1090663-42.2018.8.26.0100.

UNIÃO EUROPEIA. *DG Competition Discussion Paper on the Application of Article 82 of the Treaty to Exclusionary Abuses*. Disponível em: http://ec.europa.eu/competition/antitrust/art82/discpaper2005.pdf. Acesso em: 12 abr. 2012.

UNIÃO EUROPEIA. Regulamento (CE) 1/2003 do Conselho. *Jornal Oficial da União Europeia*: 16 dez. 2002.

UNIÃO EUROPEIA. Tratado sobre o Funcionamento da União Europeia. *Jornal Oficial da União Europeia*. 30 mar. 2010.

UNIÃO EUROPEIA. Tribunal de Justiça da União Europeia. Hoffmann-La Roche & Co. AG v. Comissão das Comunidades Europeias. Julgado em 13 fev. 1979.

UNIÃO EUROPEIA. Tribunal de Justiça da União Europeia. United Brands Company/ United Brands Continental BV v. Comissão das Comunidades Europeias. Julgado em 14 fev. 1978.

UNITED NATIONS CONFERENCE ON TRADE AND DEVELOPMENT. *Model Law on Competition*. Geneva, United Nations, 2000.

UNITED NATIONS. *The Right to Privacy in the Digital Age*. Disponível em: www.Ohchr.org/en/issues/digitalage/pages/digitalageIndex.aspx. Acesso em: 6 jan. 2018.

VAZ, Isabel. *Direito Econômico da Concorrência*. Rio de Janeiro: Forense, 1993.

VEGA, José Antonio. *Derecho de las Nuevas Tecnologias*: Contratos Eletrónicos y Protección de los Consumidores. Madrid: Editora Reus, 2005.

VENÂNCIO FILHO, Alberto. *A Intervenção do Estado no Domínio Econômico*: O Direito Público Econômico no Brasil. Rio de Janeiro: FGV, 1968.

VERONESE, Alexandre. Os direitos de explicação e de oposição frente às decisões totalmente automatizadas: comparando o RGPD da União Europeia com a LGPD brasileira. In: TEPEDINO, Gustavo; FRAZÃO, Ana; OLIVA, Milena (Org.). *Lei Geral de Proteção de Dados Pessoais e suas repercussões no Direito Brasileiro*. São Paulo: Thomson Reuters Brasil, 2019. v. 1.

WANG, Henry; YANG, Bill. Fixed and Sunk Costs Revisited. *Journal of Economic Education*. p. 179, Sprinig, 2001.

WILS, Wouter. Should Private Antitrust Enforcement Be Encouraged in Europe? *World Competition*, v. 26, Issue 3, p. 473-488, September 2003.

WUBBEN, Martine; SCHERMER, Bart; TETERISSA, Deniece. *Legal aspects of the Digital Single Market Current framework, barriers and developments*. Amsterdã: Considerati, 2012.

WU, Qian; PHILIPSEN, Niels J. The law and economics of tying in digital platforms: comparing Tencent and Android. *Journal of Competition Law & Economics*, v. 19, n. 1, p. 103-122, mar. 2023.

YOO, Christopher. When Antitrust Met Facebook. *George Mason Law Review*. v. 19:5, p. 1155, 2012.

YOSIFON, David. Consumer Lock-In and the Theory of the Firm. *Seattle University Law Review*, v. 35:1429, p. 1456, 2012.

ZANATTA, Rafael. A Proteção de Dados entre Leis, Códigos e Programação: os limites do Marco Civil da Internet. In: DE LUCCA, Newton; SIMÃO FILHO, Adalberto; PEREIRA DE LIMA, Cíntia Rosa. *Direito e Internet III*: Marco Civil da Internet. São Paulo: Quartier Latin, p. 454, 2015.